잊히지 않는 것과 잊을 수 없는 것

이만열 지음

1판 1쇄 발행 2015. 2. 2 | **1판 3쇄 발행** 2019. 1. 26 | **발행처** 포이에마 | **발행인** 고세규 | **편집** 강영특 | **디자인** 안희정 | **등록번호** 제300-2006-190호 | **등록일자** 2006. 10. 16 | 서울특별시 종로구 북촌로 63-3 우편번호 03052 | 마케팅부 02)3668-3260, 편집부 02)730-8648, 팩시밀리 02)745-4827

값은 뒤표지에 있습니다. ISBN 979-11-5809-000-5 03230 | 독자의견 전화 02)730-8648 | 이메일 masterpiece@poiema.co.kr | 좋은 독자가 좋은 책을 만듭니다. | 포이에마는 독자 여러분의 의견에 항상 귀를 기울이고 있습니다.

이 도서의 국립중앙도서관 출판예정도서목록(CIP)은 서지정보유통지원시스템 홈페이지(http://seoji.nl.go.kr)와 국가자료공동목록시스템(http://www.nl.go.kr/kolisnet)에서 이용하실 수 있습니다.(CIP제어번호: CIP2015002289)

한 역사학자의 시대 읽기, 하나님의 뜻 찾기

잊히지 않는 것과
잊을 수 없는 것

이만열 산문집

포이에마
POIEMA

책머리에

지난해 말, 포이에마의 김도완 대표로부터 갑작스런 제의가 있었다. 내 컴퓨터에 저장되어 있는 글을 좀 뒤적이고 싶다는 것이다. 그 글을 뒤적이다 보면 뭔가 쓸 만한 내용들이 있지 않을까 하는 기대에서 한 말이다. 그 뒤 어느 날 김 대표가 와서 하루 종일 내 서재에 앉아 컴퓨터를 뒤졌다. 점심시간에는 요즘 새로 뜨는 '서촌'의 어느 비프스테이크 집으로 나를 안내했다. 어느 정도 승산이 있었던 모양이다. 그가 인도한 곳은 종로 지역이라고는 도저히 믿기지 않는 어느 허름한 골목이었다. 옥호屋號도, 젊은이에게는 몰라도, 서촌의 전통적인 분위기와는 전혀 맞지 않는 '칼질의 재발견'이었다. 김 대표는 이 점심을 통해 내 입에서 엉뚱한 말이 나오지 않도록 '칼질'을 했다. 이런 분위기 속에서 이 책이 얼굴을 내밀게 되었다. 그 바람에 편집과 교정을 맡은 강영특 편집장만 고생시키지 않았나 싶다.

2003년 대학에서 정년은퇴한 후 3년간 국사편찬위원장 직에 있다 물러났다. 곧 '잃어버린 10년'을 맹공하면서 노획물을 잔

뜩 물고 MB정권이 들어섰다. 이전 정권의 유산은 무조건 배격하겠다면서 MB가 남긴 것은, '통일·남북 문제', '4대강 사업', '방산비리', '자원외교 탕진', '선거부정'과 그와 연관된 이루 말할 수 없는 지저분한 떡고물들이었다. 나는 MB 시대를 단순히 정치학적 수사修辭로 평가하고 싶지 않다. 그가 교회 장로로서 교계와 신앙마저 권력 남용의 수단으로 삼았기에 종교적 의미를 곁들여 평가하고 싶다. 그러다 보니 한마디로 '사악한 정권'으로 단정하게 되었다. 이런 '사악성'에 한통속이 되어 떡고물을 나눈 자들은 그와 함께 정리될 필요도 있다고 생각했다. 그때가 한창 《친일인명사전》으로 역사의식이 고조된 때이기도 해서, MB 시대를 적나라하게 정리하는 하나의 방법으로 《4대강 인명사전》이나 《천안함 인명사전》 같은 것을 만들어보자는 의견도 제시했다. 박근혜 정권이 들어섰지만 더 기대하기 어려운 상황으로 떨어지고 있다. 지난 2년간은 그의 '신뢰'만 갉아먹었고, 국가경영의 비전도 경륜도 능력도 보여주지 못한 채, '불통 정권'에 민주주의마저 위협하고 있다.

이런 상황에서 종교계 특히 기독교계는 어떠한가. 올해는 복음 선교사 아펜젤러와 언더우드가 처음 이 땅에 온 지 130주년이 되는 해다. 아펜젤러가 1885년 4월 5일 부활주일에 한국에 도착하면서 행한 "오늘 사망의 빗장을 산산이 깨뜨리시고 부활하신 주께서 이 나라 백성들이 얽매여 있는 굴레를 끊으사 그들에게 하나님의 자녀가 누리는 빛과 자유를 주옵소서!"라는 기도를 되새겨보면서 그것이 얼마나 실현되었는지를 묻지 않을 수 없다. 그동안 기독교는 한국에서 세계선교사상 유례없는 성장과 발전을 했고 그 영향력이 한국 사회에 크게 미치는 듯했지만, 이 땅에 하나님의 나라를 건설, 확장함에 과연 얼마나 선한 영향력을 미쳐왔는지 다시 묻지 않을 수 없다. 한국 사회의 전반적 영성靈性 향상에 얼마나 기여했으며, 기독교적 도덕·윤리와 정의·사랑에 바탕한 공동체를 이뤄왔는지도 자성해봐야 한다. 시장화의 물결이 교회에도 범람하여 기독교적 가치관은 찾아볼 수 없게 된 딱한 현실을 보면서, 이제는 어디에서부터 손을 써야 할 것인지 모를 정도로 안타까운 상황에 빠져버리고 말았다. 시장과 자본이 휩쓸어버린 교회의 맨살 모습, 그것은 머리털 깎인 삼손의 신세와 다를 바가 없다.

정치와 교회가 이 지경이 되어버리니 경제, 교육, 사회도 희망을 말하기가 어렵게 되었다. 경쟁에 맡겨버린 교육은 유·초등학교에서부터 창의성을 잃어버렸고, 신자유주의 물결에 휩쓸려버린 젊은이들은 열심히 스펙은 쌓지만 미래의 희망을 볼 수 없어 연애와 결혼, 출산을 포기한 삼포三抛세대의 늪에 빠져들고 있다. 크게는 자본과 노동이 충돌하고 취업과 미취업, 정규직과 비정규직이 갈라진다. 거기에다 남북 간, 지역 간, 세대 간, 계층 간, 이념 간의 갈등은 심화되고 있다. 공동체는 붕괴되고 극단적인 개인주의가 판을 친다. 상대를 인정하지 않고 배제하려는 풍조는 남을 정죄하고 고립시키는 데 능숙하고, 이를 조금도 거리끼지 않는다. 어디서 배워왔는지 상대를 저주하고 몰아내는 수법은 이제 '종북'이라는 우리 속에 반대자를 몰아넣고 난타하기에 여념이 없다. 극단적인 말로 상대를 단죄하는 그 수법이야말로 정말 '종북스럽다'고 하지 않을 수 없다. 정치는 편 가르기에 바쁘니 더 이상 통섭할 능력을 잃었고, 종교마저 교리의 이름으로 남을 정죄하기에 혈안이 되어 사랑의 공동체를 갈기갈기 갈라놓고 있으니, 어디에서 통섭과 화해, 용서와 평화를 찾아볼 수 있겠는가.

이런 세태 속에서 글을 쓴다는 것이 여간 괴롭지 않다. 전문적인 글쟁이도 아니지만, 이 시대에 산다는 것이 너무 부끄러워 허튼소리라도 지르지 않으면 미칠 것 같다. 나잇값을 하라고 핀잔할 수도 있다. 그래서 옛 어른들이 침묵은 금이라고 했을까. 그래도 뒷날 메시아가 나타나기라도 해 역사를 광정匡正한다고 하면, 그 근거라도 있어야 하지 않을까 싶어, 헛소리로 뒷북치는 것이라 하더라도 시대를 향한 소리를 남기기로 했다. 잊지 않기 위해서다. 잊어서는 안 된다고 생각했기 때문이다. 그래서 제목도 《잊히지 않는 것과 잊을 수 없는 것》이라 달았다. 소리는 신문이나 잡지를 통해 나타나기도 했고 최근 몇 년 동안에는 페이스북을 통해 드러내기도 했다. 울림은 미미하기 짝이 없었고 반향은 없는 거나 마찬가지다. 그래도 시대를 증언하는 소리는 필요하지 않을까. 그러니까 이 책에 수록된 단편적인 글은 소위 '잃어버린 10년'이라고 매도되는 시기에서 시작, 이젠 '더 잃어버린 시대'로 매도되고 '더 잃어버릴 것도 없는 시대'로 점입하는 시기에 이르기까지, 세련되지 못한 덜된 소리들을 모은 것이다. 스스로 모은 것도 아니니 모은 분이 들려주고 싶은 소리에 따랐을 뿐이다. 독자들이 그걸 발견할 수 있다면 이 책은 햇빛을 본 보람이 있다. 소리 지르는 데 두서가 없다 보니 더러 반복되는 내용도 없지 않다. 이 점, 독자들의 양해를 구한다.

최근에 와서 책을 펴낼 때 그 끝머리에 교우기交友記 형식으로 선배와 친구의 글을 남기기도 했다. 이 땅에 와서 이런 선배·친구들의 도움으로 생을 누렸다는 것을 감사하기 위해서다. 이 책에도 외우 이이화李離和 형의 글을 청해 실었다. 이 형께 감사한다.

전에는 책을 낼 때 두려움이 있더니, 이제는 점차 뻔뻔해지고 있다. 허튼소리를 질렀지만 그래도 언어 순화에는 역행하지 않았으면 하는 간절함은 있다. 아직도 이런 소리를 귀담아 들어줄지도 모를 우리 공동체가 있음을 감사한다.

2015. 2. 25.
필운동 서재에서

이만열

차례

2

역사란
무엇인가

**역사를
생각한다**

3

일생지계
재어근

**인생에 관한
짧은 생각**

1   인간의 끝은 하나님의 시작입니다

한국 사회를 생각한다

인간의 끝은 하나님의 시작입니다

언제부터인가 광화문 네거리 주변은 민초들이 개인 혹은 집단으로 자기 의사를 표출하는 시위장소로 변모했다. 처음에는 복원된 청계천 주변이 촛불시위와 평화행진의 장소로 이용되었다. 그 무렵 서울시청 앞 광장도 그런 역할을 했지만 때로는 극우세력의 반공시위에 이용되기도 했다. 한편 건너편 대한문 앞은 약자들의 한을 푸는 제의장소가 되었다.

가톨릭의 교종님이 시복식을 거행한 후 광화문이 잊히는가 했는데, 세월호 특별법 제정을 계기로 새롭게 태어나고 있다. 김영오 님이 40여 일간 세월호 참사 진상규명을 호소하면서 단식을 결행하자 이곳은 동조단식의 장소로 변했고, 한때 대한민국 정치의 1번지가 되는 듯했다. 이순신 장군의 동상 앞에 즐비한 천막은 동조단식자들의 공간으로 변했다. "우는 자들과 함께 울라"(롬 12:15)는 말씀을 생각하면, 이곳이야말로 공감과 연민, 슬픔과 고통을 나누는 장소다. 이들의 단식은 세월호 참사로 먼저 간 이들의 죽음을 애도하고, 유족들의 고통에 동참하며, 진실 접근에 무관심한 이들을 조용히 깨우치고, 특별법 제정을 방해하는 자들에게 침묵으로 타이른다.

지난 15일 저녁 8시부터 16일 정오까지 이곳 세종대왕상 앞에서 특별한 행사가 있었다. 참사 5개월을 맞아 304위를 기억하면서 목회자 304인이 철야기도회를 가졌다. 15일 저녁부터 16일 낮까지로 시간을 잡은 것은 세월호가 인천을 출발하던 4월 15일 저녁 시간과, 완전히 침몰한 4월 16일 정오에다 맞췄기 때문이다. 네 차례(15일 저녁 8시와 12시, 16일 새벽 6시와 10시) 예배를 드리고 첫 예배와 마지막 예배 뒤에는 성찬식이 거행되었다. 떡과 포도주를 취함으로 십자가의 죽음에 참예한 이들이 그리스도 안에서 하나 됨을 확인했다. 중요한 것은 한국의 진보·보수를 망라한 목회자 304명(저녁에는 500여 명이 참석했다고 한다)이 이웃의 아픔과 겨레의 고통에 동참하면서 하룻밤을 같이 지냈다는 것이다. 과거 북한을 돕기 위해 한국 교회 보수와 진보가 손을 잡은 적이 있는데, 이번에도 민족적 아픔을 끌어안기 위해 진보권과 복음주의권이 하나가 된 것이다. 이를 두고 한국 교회사에서 초유의 사건으로 대서특필할 만한 것이라고 말하는 분도 있다.

19일(금) 오후 단식하는 장소를 찾았다. 마침 이날 〈한겨레〉에 24일째 단식하는 방인성 목사에 대한 칼럼이 있은 터라, 방인성 목사와 김홍술 목사의 단식처소가 그렇게 외롭게 보이지 않았다. 이들 곁에는 3-4일씩 동조단식하면서 두 분의 위급 시에 대처하려는 이웃들이 함께 있었다. 눈물이 핑 돌았다. 나는 22년 전 영국 옥스퍼드를 방문했을 때 방인성 목사에게 대접받은 일이 있는데, 그는 그곳에서 신학 공부를 하면서 옥스퍼드 한인교회 목회자로 시무하고 있었다. 귀국 후 그는 강단에서 외치는 것 못지않게 실천하는 목회로 일관했다. 그가 10년 전에 자신의 신장 하나를 기증한 것이나, 교회개혁실천운동과 통일평화운동의 현장에는 언제나 그가 선두에 서 있었다는 것, 그리고 세월호 유족을 격려하면서 그 진실규명에 앞장서고 있는 것은 자신의 목회철학에 기반한 것이다.

그러고 보니 그의 조부대로부터 시작된 듯한 영성적 전통을 무시할 수 없겠구나 하는 생각이 들었다. 3대째 목회자로 계승되고 있는 그 집안에서 그의 조부(방계성)는 일제 말 평양 산정현교회에서 주기철 목사와 함께 신사참배반대투쟁을 하다 옥고를 치렀고, 해방 후에는 "강단에 인공기를 내걸라는 북한군의 지시를 무시했다가 총살"당했다. 이것만 보면 그는 오늘날 '종북'이라는 말을 입에 물고 다니는 여느 극우적 목사들 못지않게 '반북反北멸공'의 최전선에 서야 할 목사다. 그러나 그는 십자가의 사랑으로 민족적 아픔을 승화시켜나갔다. 그러기에 그의 복음주의 목회활동과 활발한 통일평화운동의 바탕에는 용서와 화해, 사랑과 공의를 실현하려는 의지가 녹아 있다.

이날 오후 광화문 거리에는 방인성, 김홍술 목사의 단식과 또 다른 많은 분들의 단식만이 있었던 것이 아니다. 동상 아래 천막 쪽에는 올해 들어 몇 번이나 단식 투쟁에 나섰다가 병원에 실려가 다시 삶을 회복한 춘몽春夢님이 회색빛 거사 복장에 "대법원은 2013년 1월 4일 제기한 18대 대선 선거무효소송을 속행하라", "19대 대선은 개표조작까지 저지른 총체적 부정선거!!!" 등을 쓴 팻말을 앞세우고 1인 시위를 하고 있었다. 그와는 반대로 길 건너편 교통안전지대에는 태극기를 내걸고 십자가가 그려진 플래카드에 "세월호 특별법 웬 말이냐(전 국민이 특별법 반대한다/종북 세력들 북한으로 가라!)"고 써 붙이고서 몇 사람이 마이크를 잡고 건너편의 단식농성자들을 향해 들으라는 듯 확성기의 볼륨을 높였다. 불교 거사의 조용한 1인 시위와 십자가의 '소란'스런 시위가 대조되는 듯했다. 십자가가 남을 저주하는 데에 사용되는 듯 이렇게 남용되어도 괜찮은 것인지, '종북'을 소리 높여 외치는 그리스도인들에게 묻고 싶다.

얼마 전에는 일베류의 '패륜과 야만'의 폭식행패가 공공연했으나 마치 우리 사회가 자신의 성숙한 모습을 보이기라도 하듯 아무런 제재를 하지 않았다. 거기에 더해 이제는 십자가를 내세워 단식농성자들을 '종북'으로 몰아가는 듯한 행태를 목도하게 된다. 이게 사랑과 정의의 상징인 십자가를 앞세우는 이들의 진심에서 우러나온 행동일 수 있을까 하는 의구심이 들었다. 저들이 어떤 종류의 십자가 열심꾼들인지는 알 수 없으나 이들이야말로 십자가의 길을 가로막는, 마치 '예수천국 불신지옥'을 외치는 자들 모양으로, 반십자가적 세력이 아닐까 하는 생각도 스쳤다. 여기서 우리는 '십자가'의 길이냐 '십자군'의 길이냐 선택의 기로에서, 자기를 희생해야만 하는 십자가의 길을 심각하게 되묻지 않을 수 없는 위기에 처해 있다. 이게 2014년 9월 중순, 광화문 거리에서 나타나고 있는 우리 사회와 종교계의 상징적인 한 장면이다.

두 분 목사님과 여러 시민 단체의 단식 농성은 외롭고 긴 투쟁이다. 어쩌면 계란으로 바위를 치는 것 같은 어리석은 노릇일 수 있다. 몇 년 전에 쌓았던 '명박산성'과는 달리 '근혜산성'은 형태도 드러내지 않은 채 더 강고한 듯이 보인다. 거인 골리앗과 애송이 다윗의 대결같이 보이는 이 싸움은 인간적으로 보면 승산이 없어 보인다. 단식 농성을 하는 이들도 그것을 모르지는 않을 것이다. 그러나 희망은 가능성을 계산하는 데서가 아니라 인간이 내 힘으로는 도저히 불가능하다고 철저히 절망하는 데서 시작된다고 믿는다. 그래서 인간의 철저한 절망이 하나님의 전능하신 능력을 바라보게 되는 신앙적 결단을 가져오게 된다. 나는 두 분 목사님과 동조 단식하는 이들에게 다음의 말로 위로, 격려하고 그 자리를 떴다. "인간의 끝은 하나님의 시작입니다."

_2014. 9. 20.

19

세월호 진실규명은 역사의 요구다

세월호 참사 5개월을 맞는다. 희생자들을 생각하면 가슴이 메고, 불귀의 10위를 생각하면 숨 쉰다는 것이 부끄럽다. 먼저 돌아가신 이들의 명복을 빌고, 유족들과 동조단식자 및 온 국민에게 따뜻한 위로와 새 희망이 깃들기를 빈다. 진상을 밝혀 참사가 재발하지 않도록 하는 것이 산 자들의 책임이거늘, 특별법이 정쟁의 대상이 되고 있으니 곡할 노릇이다. 최근에는 '세월호 피로감'이니 '이제 그만하자'는 말에다 세월호 유족들에 대해 근거 없는 유언비어와 극우세력의 패륜과 야만까지 난무하고 있다. 뻔뻔스러움이 점차 대담해지는데도 수수방관하고 있으니 공동체의 일원이라는 것이 부끄럽다.

세월호 참사의 핵심은 간단하다. 사고가 일어난 지 3시간 내지 3일간의 골든타임에 아이들을 구해내지 못한 것이 사건의 본질이다. 그 앞뒤로 외연을 확대하면, 세월호의 갑작스런 급회전 등 여러 가지를 더 따질 수 있다. 그러나 사건의 핵심은, 사고가 났을 때 국가의 방대한 조직과 장비로 아이들을 구할 수 있는 충분한 시간이 있었는데도 제대로 구하지 못했다는 데에 있다.

이를 지실知悉한 듯, 정부 수장은 진상규명과 특별법 제정을 신속히 약속했다. 세월호 특별법은 책임을 의식한 정부 여당이 내놓은 자구책이기도 하다. 때문에 그 참화의 진상을 제대로 규명하여 다시는 그런 참사가 발생하지 않도록 담보해야 한다. 세월호 특별법은 유족의 애틋한 심정을 담아야 하고 합리성과 강제성을 부여하여 그간의 실패를 되풀이해서는 안 된다.

여기서 여야가 두 차례나 합의한 법안을 떠올려본다. 경험에 의하면, 그것으로는 조사가 시작될 것 같지도 않고 더더구나 진실을 밝힐 수도 없다. 세월호 국정조사가 청와대의 벽을 넘지 못했듯이, 강제 수단이 없는 법안으로는 접근조차 할 수 없는 기관이 너무 많다. 청와대의 '7시간'이 도마 위에 오르게 되면, 그것은 특위의 종말을 의미할 수도 있다. 합의한 법안은 진실 밝히기를 꺼리는 세력에 의한 것이 분명하지만, 진상규명이 불가능한데도 이걸 우기는 것은 국민을 기만하려는 것이 뻔하다. 입법 당사자들에게 묻는다. 그런 법안으로 진실이 밝혀질 것으로 '정말 기대하는가?' 속으로 진실을 외면하면서 겉으로는 궤변을 늘어놓는다면 국민 모독이다. 잔꾀小貪大失가 아니라 큰길大道無門이 정답이다.

세월호 참사 후 정부는, 304명을 수장시킨 무능함 못지않게,

책임전가의 교활함을 보였다. 참사가 난 직후 유병언을 등장시켰다. 언론은 지극정성 그 뻔뻔함에 동조, 보필했다. 희생양은 국민의 눈을 가리고 속이는 데 충분히 공헌했다. 최근에는 세월호 참사를 경제 위축의 주범으로 만들고 '세월호 피로감' 여론도 확산시킨다. 그러나 세월호 참사에도 가계의 외식비·숙박비 지출이 증가했다는 통계청 발표는 세월호 참사가 경기침체의 주범인 양 떠들어댄 정부 여당을 궁지로 몰았다. 하지만 국민을 기만하려는 시도가 들통 나도 사과 한마디 없다.

세월호 유족들의 상처에 소금을 뿌리는 작태는 더 있다. 요즘 SNS를 통해 유포되는, 나도 수차례 받은 바 있는 악성 유언비어다. 이를 의식한 듯, 기독교윤리실천운동(기윤실)은 "세월호 특별법, 오해와 진실: 10가지 오해에 대해 답하다"를 누리집에 올렸다. 유족들이 '피해자 전원 의사자 지정'을 요구했다는 사항 등에 대해 기윤실은 자신의 명예를 걸고 조목조목 해명했다. 특히 "특위에 수사권과 기소권을 부여하는 것이 사법체계를 흔들어 위헌의 소지가 있다"는 주장에 대해서도, 그것은 "사법체계를 흔드는 것과 전혀 상관이 없으며 헌법이나 법률에 위반되지 않습니다"라고 강조했다. 이는 법학자 230여 명이 낸 성명과도 일치하는 것으로, '위헌'을 빌미 삼아 유족들의 특별법 제안에 딴죽을 걸고 있는 세력에 대한 비판이다. 간과할 수 없는 것은 이런 악성 유언비어를 방치, 조장하는 사회 분위기와 당국의 미온적인 태도다. 유언비어는 신뢰사회를 붕괴시키는 공적이며 척결의 대상으로, 유리하다고 방치하고 불리하다고 단속할 그런 성질의 것이 아니다. 이걸 방조하고 즐기는 듯한 국가공권력은 비판받아 마땅하다.

이 정권은 정통성에 취약점을 갖고 출발했다. 지난 정권이 저지른 것이지만, 국가정보원, 국방부 등의 선거 개입과 개표 과정의 불법성 의혹이 정통성에 심대한 하자를 남겼다. 그렇다면 이 정권은 무엇보다 신뢰 회복에 힘써야 한다. 대선공약의 파기로 신뢰에 심대한 타격을 주었지만, 이번 세월호 참사는 신뢰 회복과 정통성 의혹 극복에 절호의 기회다. 그걸 의식했음인지 몇 차례에 걸쳐 진실을 밝히겠다고 공언했고, 진정성을 보이느라 눈물까지 흘리며 '국가개조'라는 말까지 끄집어냈다. 그러나 그 약속마저 헌신짝처럼 폐기처분하는 중이다.

그래도 역사는 귀중하다고 생각하는지, 이 정권은 자기들의 역사 인식을 주입시키려고 애쓴다. 검정교과서 수정 지시와 교학사 교과서로도 불가능하니까 역사 교과서의 국정화를 기도하고 있다. 역사가 중요한 줄 안다면, 역사 왜곡의 잔꾀를 부릴 것이 아니라, 지나간 역사를 반면교사 삼아 현재 진행 중인 역사를 제대로 만드는 데 지혜를 모아야 한다. 세월호 참사가 한국사의 분수령이 될 것이라고 한다. 그렇다면 이 사건을 제대로 처리하는 것만으로도 역사에 살아남을 수 있다.

추석 전 4주간 페이스북에 오른 231만 건의 글에서 4주차의

38만 건을 분석한 어느 여론조사 기관의 결론이다. "여당은 국민에게 관심이 없고, 야당은 집권세력과 타협했다." 이게 자신의 글로 이 시국을 대하는 국민의 진솔한 여론이다. 그런데도 '선거 승리'와 지지도 보장의 '여론조사'에 눈이 먼 정부 여당은 계속 잔꾀를 부리고 있다. 맹자가 인용했던《서경》의 한 구절을 떠올려본다. "하늘은 백성의 눈을 통해서 보고, 백성의 귀를 통해서 듣는다."

_ 2014. 9. 15. 〈한겨레〉

팽목항을 다녀와서

세월호 참사가 일어난 지 67일째 되는 날이다. 너무 늦었지만 오늘에야 참사 현장 가까운 진도군 팽목항을 다녀왔다. 그동안 한시도 잊은 적이 없었지만, 이렇게 늦게 찾은 것은 죄스럽기 짝이 없다. 목포대학교 최성락 교수 내외의 인도를 받아 아내와 함께 다녀왔지만, 혹시라도 내 마음속의 부담감을 해소하려는, 의례적인 '방문'에 그치지 않았는가 하는 심정을 금할 수 없다. 그동안 정말 울어야 할 때 더불어 울지 못했고. 위로와 격려의 말을 전해야 할 때 적절한 때를 찾지 못했던 것이다. 그런 죄스러운 마음을 안고 참사현장이 멀리 보인다는 팽목항과 유족들이 임시 거처하는 진도체육관, 그리고 세월호참사진도군분향소를 찾았다.

세월호 탑승자를 476명으로 추정할 때 지금까지 알려진 바로는 생존 172명, 사망확인 292명, 실종 12명이다. 실종자를 가족 품에 안겨주는 일은 벌써 며칠 동안 진전이 없는 채 답보상태다. 아직도 슬픔을 이기지 못하는 유족들은 말할 것도 없고, 현장에서 수고하는 잠수사와 관계자들, 그리고 이제껏 '공황 상태'를 벗어나지 못한 국민들에게 안타까움만 가중시키고 있다. 이런 상황에서 국회의 국정조사는 지지부진하여 가족들의 분노마저 자아내고, 국가 차원의 책임자 처벌에 대한 확실한 전망은 보여주지 못한 채 유병언만 체포하면 모든 문제가 해결될 것처럼 거기에 시선을 돌리게 하고 국력을 쏟아붓고 있는 듯한 느낌이다. 이를 두고 정부가 세월호 참사 처리의 초점을 흐리게 하고 희생양을 만들려는 것이 아닌가 하는 시선이 나오는 것도 무리가 아니다.

팽목항을 찾았을 때는 오후 2시경, 비가 부슬부슬 내리고 있었다. 바람은 거의 없었고 근해의 파도도 잔잔한 편이었다. 날씨 때문이었을까? 토요일 오후인데도 이곳을 찾는 내방객이 거의 없었다. 팽목항 부두 근처에는 아직도 많은 천막들이 쳐져 있었으나 경비와 봉사 책임을 맡은 분들 외에는 거의 보이지 않았다. 여러 구호단체와 자원봉사단체, 교육단체, 종교단체를 지키는 이가 있었고, YTN을 비롯한 언론기관들의 차량과 취재진 몇 사람이 보였다. 팽목항 등대로 가는 둑에 설치한 천막불당에서는 스님 네 분이 독경을 하고 있었다. 그곳을 지키는 몇 분에게 세월호 조난 지점이 어느 방향이냐고 물었지만, 조도와 맹골도의 방향을 가늠도 할 수 없는지 '잘 모른다'고 고개만 저었다.

가끔 뉴스를 통해 세월호 참사를 중계해주던 팽목항이 이제

뉴스의 화면을 장식하는 장소로 변하고 있었다. 팽목항을 뒤로 한 채 진도군청 소재지로 향했다. 실종자 유족들의 임시거처인 진도체육관과 진도군분향소를 찾기 위해서다. 찾는 사람이 없기는 팽목항과 마찬가지였다. 자원봉사자들과 경찰은 자리를 지키고 친절하게 안내했지만, 내방자는 거의 볼 수 없었다. 마침 강당 안에서 바깥으로 나온 유족 한 분과 인사를 나누고 위로를 전했다. 그 순간 눈물이 왈칵 쏟아지고 목이 메었다. 진도체육관에서 거의 2킬로미터 정도 떨어진 진도군분향소를 찾았으나 군청 직원 두 분이 자리를 지키고 있을 뿐 찾는 사람이 거의 없었다. 방명록에 적힌 명단도 그렇고 헌화대의 꽃도 몇 송이 되지 않았다. 헌화 분향하고 스티커에 젊은이들께 용서를 비는 글귀를 써서 벽에 붙이고 돌아섰다. 그동안 전국에서 이곳을 내방한 많은 분들이 사방 벽면 가득히 스티커와 리본을 달아 애도를 표한 것을 보고 가슴 뭉클했다. 이것이야말로 온 국민의 진심 어린 애도사가 아니고 무엇일까?

그러나 67일이 지나고 있는 지금, 우리 모두 그렇게 잊지 않겠다고 다짐했던 세월호 희생자들은 점차, 아니 벌써 잊혀지고 있었다. 그들이 잊혀지면 언제 그런 일이 있었더냐는 듯이, 세월호 사건으로 드러난 여러 형태의 '마피아'들은 다시 권토중래할 것이고, 그들을 뒤에서 조종해왔던 자본은 한국 사회에 점령군처럼 군림할 것이다. 슬프다, 꽃 같은 젊은이들의 그 죽음이 민족사에 새로운 싹을 틔우지 못한 채 잊혀지게 되다니. 바야흐로 기억과 의분이 필요한 때다. 세월호 참사를 겪고도 다시 망각하고 분노하지 않는다면 우리에게 어떤 역사가 되풀이되겠는가.

_2014. 6. 21.

감히 말하는 자가 없어졌다

《삼국사기》권 28 백제 의자왕 16년(656)조에는 그냥 넘겨서는 안 될 기사가 보인다. 의자왕이 궁인과 더불어 황음, 탐락, 음주를 그치지 않자 좌평 성충成忠이 극간했다. 왕이 노하여 성충을 옥에 집어넣으니, "이로 말미암아 감히 말하는 자가 없어졌다由是無敢言者"는 대목이다. 사가가 이 기록을 남겨 후세에 당부하고자 하는 교훈은 무엇이었을까?

이 기사를 처음 읽으면서 "이로 말미암아 감히 말하는 자가 없어졌다"는 말에 큰 충격을 받았다. 백제 쇠망의 한 원인이 이 기사와 관련 있지 않을까 생각했기 때문이다. 실제 660년에 무너진 백제는 이 말의 동선을 따라 쇠망의 길을 걸었다. 왕의 실정을 충간한 대신을 투옥했을 정도라면, 그 후 군신 간의 언로 소통 또한 어느 정도였을지 상상하기 어렵지 않다. "감히 말하는 자가 없어졌다"는 사가의 뼈있는 이 한마디가 천 년 이상 큰 울림으로 남는 것은 충간이 제거되고 백제가 멸망의 길로 내달았다는 것 때문만은 아니다.

백제 의자왕은 무왕의 태자. 효도와 우애로써 '해동증자海東曾子'의 칭호를 받던 인물이다. 즉위하자 그는 대야성(합천)을 공략, 김춘추의 사위 품석 부부를 제압할 정도로 신라와의 전쟁에서 승기도 잡았다. 즉위 초의 승리를 발판으로 그가 신라 공격을 계속하자, 나당羅唐동맹은 가속화되었고 백제의 위기는 고조되었다. 초기에 성군에 가까웠던 의자왕은 바른 소리를 멀리하고 소통을 폐쇄하면서 그 뒤 국가안보에 대한 판단력마저 흐려졌다.

옥에서 죽기 전, 성충은 "충신은 죽음에 임해서도 임금을 잊지 않는다 했는데, 원컨대 한마디만 하겠습니다" 하고, 자신이 관찰한 시변時變과 대책을 진언했다. 장차 전쟁이 있을 터이니, 침략군이 쳐들어오면 침현과 기벌포를 단단히 방어해야 한다고 충신답게 당부했다. 그러나 의자왕은 그 소리마저도 주의 깊게 듣지 않았다王不省焉.

소통부재가 판단력을 흐리게 하는 것은 당연하다. 나당연합군의 침략이 급박하자 의자왕은 군신을 모아 방어책을 논의했다. 10년 이상 야전군 사령관으로 있었던 의직義直은 기벌포에서 당군을 타멸해야 한다고 주장했다. 하지만 왕의 측근들은 반대했다. 귀양살이 중이던 홍수興首에게 파발을 보내 물었다. 홍수 역시 백강(기벌포)과 탄현(침현)을 굳게 지키면 승리한다고 간곡하게 권했다. 이 또한 성충의 전략과 다르지 않았다. 여기서

왕은 결단해야 했다. 그러나 어용측근들은 홍수가 유배 중이므로 임금을 원망하고 나라를 사랑하지 않을 터이니 그 전략은 쓸 수 없다고 했다. 아첨배들은 충신·전문가의 방어전략을 이렇게 조직적으로 묵살시켰다. 신라군이 탄현을 넘고 당나라 군대가 기벌포에 상륙, 백제가 돌이킬 수 없게 된 것은 이 때문이다.

상상컨대 의자왕과 측근들은 성충·홍수의 입을 틀어막고 희희낙락했을 것이다. 비판세력이 제거되고 곡학아세와 부화뇌동이 범람하면 왕 또한 그 패거리에 순치되는 법, 그러나 그것은 태평가 가락으로 국가위기 경보음을 막은 것이나 다름없다. '감히 말할 수 없는' 사회에는 이미 경보장치가 제거된 것과 같다. 언로를 막으면 처변處變의 지혜까지 말려버린다. 의자왕은 결국 입막음·소통부재 정책으로 자기 무덤을 팠고 나라를 그 지경에 빠뜨렸다.

최근 한 사람의 인터넷 논객을 두고 나라가 떠들썩하다. 그의 글이 적절한 것이었는지 혹세무민했는지, 그걸 여기서 말하고자 함이 아니다. 눈여겨보는 것은 그의 투옥 뒤 인터넷 공간을 달구었던 민초들의 여론 열기가 식어버렸다는 것이다. 권력이 노린 진정효과는 이미 십분 달성되었다. 혹시라도 그 효과 뒤에서 '감히 말하는 자가 없어졌다'며 희희낙락하는 자들은 없을까? 인터넷 여론 공간을 죽이고 제도화된 공간만 남게 되면, 치열하게 여론 밭을 일궈가던 민초들의 다양한 의견은 어떻게 수렴할까? 이리저리 튀어 걷잡을 수 없는 것이지만, 그 여론을 활용하면 국민의 잠재력을 창의적으로 발양할 수도 있을 터인데 그걸 눌러버리다니, 안타깝다. 한술 더 떠 인터넷 언론에 재갈까지 물리려는 섣부른 입법까지 계획하고 있단다. 역사에서 답을 찾는다면 어떤 답이 주어질 것 같은가.

* 이 글은 2009년 1월 28일자 〈경향신문〉에 게재한 글이다. 그때 '미네르바'라는 필명으로 사이버 공간에서 낙양의 지가를 올리는 한 젊은이가 있었다. MB의 검찰은 그를 기소, 수감시켰으나 무죄로 석방되었다. 이 정권의 '언론통제'에 사이버 망명이 줄을 잇고 있단다. 이 시기에 왜 그때 쓴 글을 그대로 다시 떠올리는가, 독자들의 해석에 맡기겠다.

_ **2014. 10. 18.**

공짜 지하철 타는 신세이고 보니

'공짜 지하철'을 타게 되면서 여러 가지를 느낀다. 무엇보다 감사하는 마음이다. 나라가 있으니 생전에 이런 대접을 받게 되는구나, 그러면서 노인을 배려하는 이런 따뜻한 복지가 계속되자면 나라 살림에 주름살이 없어야겠다고 기도한다. 미안하게 생각하는 때도 없지 않다. 아직은 여유가 있는데 대접을 그대로받는 것이 염치없는 짓 아닌가 하는 생각이다. 지하철의 노약자보호석 주변에 몰려 있는 노인들을 볼 때는 더욱 그렇다. 그런때는 이 늙은것들이 다음 세대의 짐이 되어서는 안 되는데 하는생각도 한다.

신임 김황식 총리가 작심한 듯 현행 복지에 이의를 제기하면서 노인들의 공짜표도 언급했다. 그는 "약자라고 무조건 봐주지는 말아야 한다", "부자와 가난한 사람 모두가 혜택 받는 보편적 복지에 반대한다"고 하면서, 지하철이 적자를 면치 못하는데 65세 이상이라고 무조건 공짜 표를 주는 것은 문제라고 했다. 노령수당도 문제 삼았다. 그는 법과 원칙에 따라 사회적 약자를 돌봐주는 복지여야 함을 주장하면서, 필요한 사람은 도와주되 부자들에게는 혜택을 줄여야 한다는 의미의 복지를 언급했다.

발언의 의도는 수긍 못할 바가 아니다. 원칙적으로 맞는 말이다. 그동안 이런 생각을 갖고 있으면서도 감히 말을 꺼내지 못한 정치인들에 비하면 꽤 용기 있는 말이다. 그의 발언에는 자신의 이해관계를 먼저 따지는 약삭빠름이 안 보였고, 청문회 때의 자신을 향해 가졌을 국민의 부정적인 의식도 개의치 않았다. 인기에 연연하지 않은 그의 발언은 이 나라 공직자들의 귀감이 될 만했다. 그런 소신에 존경심까지 생긴다.

총리의 발언이 돌출적인 것이 아니고 또 개인적인 소신을 밝힌 것이 아니라면, 발언에 앞서 더 숙고했으면 좋았겠다는 생각도 있다. 발언 후 시중 여론에는 수십조에 이르는 부자감세를 그대로 둔 채 행한 그의 발언이 과연 균형 잡힌 것인가 하는 반응이 있었다. 노령수당을 시비하기 전에 공무원 월봉에 복지수당이 필요한 이유도 숙고해야 했다. 총리의 말이 아니더라도 지하철 혜택을 못 받는 농어촌에 더 큰 배려가 있었으면 좋겠다는 생각도 한다.

한편 지하철의 적자문제와 관련, 이런 생각도 했다. 들건대 서울지하철에는 노인의 공짜표로 연간 2,000억 원이 넘는 적자가 난다고 한다. 그렇다고 그 거금은 부가적 효과를 유발하지 않는가? 아니다. 눈에 보이진 않지만, 그보다 몇 배의 경제적 효과를 내고 있다. 몇 년 전 공짜표를 걱정하는 고위공직자에게, 그 액수가 엄청나다 하더라도 노인들을 뒷방살이 시켜 생겨날 스트레스 등으로 인한 사회적 비용에 비하면 훨씬 적을 것이라고 했다. 무슨 말이냐고 의아해 하기에 이렇게 말했다. 공짜표는 노인들을 지하철로 가게 했고 건강을 유지하게 했다. 공짜표는 노인들이 집에 틀어박혀 있음으로 나타날 수 있는 가족 간의 갈등을 예방하는 효과도 유발했다. 노인의 외출은 가족 간의 마찰을 줄였고 그로 인한 사회적 비용도 엄청나게 줄였다. 이것은 몇천억 원으로는 도저히 얻을 수 없는 효과다. 이를 알았기 때문일까, 부모를 모신 서울시의 한 간부는 지하철이야말로 일등효자라고 성언했다.

여기서 지하철 공짜표가 한국의 노인복지의 수준이나 한국 복지의 현주소, 한국의 높아진 국격을 의미한다는 말은 불필요하다. 지금의 민주화와 산업화가 지하철 공짜표 세대가 피땀 흘린 대가라는, 속 보이는 말도 하지 않겠다. 다만 경제적 이해득실로 봐서라도 지하철 공짜표에 투입되는 재정 효과만 한 투자가 있는지를 묻고 싶다. 휙휙 표를 내던지듯이 하던 매표구 직원의 무례한 행동으로 자존심 상했던 시절, 이왕 노인들에게 무료권을 주려면 자존심을 살려달라는 건의를 받아 시니어카드를 도입한 배려에 고마운 심정이었는데, 총리의 '사리분명한' 발언으로 공짜표 승차에 더 수치감을 느끼게 될까 우려한다.

개인적으로 외출할 때마다 승용차를 이용하느냐, 지하철을 타느냐 고민한다. 그러나 승용차 유혹을 뿌리치면서, 교통체증과 대기오염이라도 줄여줄 수 있다면 그 또한 늙은이로서의 사회봉사가 아니겠느냐는 생각을 하곤 한다. 총리의 소신에 따라 지하철 공짜표에 변동이 생긴다면 혹시라도 노인들의 스트레스가 늘어나 사회적 비용이 증가하고 교통체증, 대기오염이 더 심화되지 않을까 염려도 해본다. 기우일까. _ 2010. 10. 22. 〈경향신문〉

대학 평가에 대한 단상

최근 몇몇 후배 교수들과 대화를 나눠본 적이 있다. 대화를 나눌 때마다 대학의 변화에 대해 실감하게 되었다. 그 변화는 우리가 재직할 때는 상상도 할 수 없는 것들이어서 놀랍기도 하고 한편 걱정스럽기도 했다. 10여 년 전 은퇴할 때만 해도 변화를 어렴풋이 감지했지만, 이렇게 급격하게 달라질 줄은 미처 몰랐다. 그때까지만 하더라도 중세 이래 지속되어온 전통적인 대학 이념이 유지될 것으로 보았다. 그러나 지금은 전통적인 대학상이 존속할 것인가에 대한 회의마저 갖게 되었다.

대학이 변하고 있다고 해서 두려워할 필요는 없다. 시대 변화에 따라 대학도 변화해야 한다. 가끔 나의 걱정이 시대 변화를 제대로 읽지 못하는 편견 때문일 것이라고 생각한다. 그런 생각을 하면 대학을 두고 걱정하는 내 생각이 얼마나 객관적인지도 의심하지 않을 수 없다. 그러나 이 사람 저 사람으로부터 거의 공통되는 우려를 들었을 때, 그런 걱정이 단순히 어떤 개인의 생각이 아니고 대학사회가 공동적으로 느끼고 있는 것이라는 점도 어렴풋이 느끼게 되었다.

그들이 대학을 두고 걱정하는 것 중 대학 평가 하나만 언급하겠다. 대학 평가는 교육부에서 행해오던 것인데, 최근에는 모 언론매체에서도 하고 있다고 들었다. 교육부와 언론기관은 나름대로 전문가에 의해 다듬어진 평가시스템을 가지고 전국의 대학을 평가할 것으로 안다. 교육부는 대학 평가에 따라 막대한 인센티브를 주거나 제재를 가하면서 무기로 활용하고 있다. 대학은 교육부의 이런 전횡에 주눅이 들어 있고 눈치 보기에 급급하다. 평가는 교육부에서만 하는 것이 아니다. 모 언론기관에서도 최근 수년간 평가의 노하우를 축적하고 나름대로 평가기준을 개선시켜가면서 계속해왔다. 직접적인 인센티브나 제재는 없지만 언론의 영향력 또한 교육부 못지않다. 대학들은 교육부나 언론기관의 평가에 크게 신경 쓰지 않을 수 없게 되었다. 앞으로 대학에 진학할 학생 수가 축소됨에 따라 대학 구조조정을 하지 않을 수 없는 상황이고 보니, 이런 평가는 대학의 생존문제와도 직결된다고 할 수 있다.

평가의 기준 가운데는 졸업생들의 취업률이 상당한 비중을 차지한다는 이야기를 들었다. 그래서 취업률을 올리고 실업률을 낮추기 위해서 여러 가지 방법을 동원하고 있다. 그러다 보니 연구와 교수에 힘을 쏟아야 할 교수들이 졸업생들의 취업에 더 신경을 쓰면서 그 방면에 노력하지 않을 수 없게 되었다. 한편 이해됨 직하면서도 한편 서글프지 않을 수 없다. 대학이 전문 직업학교로서 기능해야 할 때가 머지않을까, 아울러 지성인으로서의 대학 교수가 거간꾼쯤으로 전락하는 현상이 오지 않을까 두렵다.

졸업생들의 취직 문제는 곧 연구와 교수에도 영향을 미치지 않을 수 없다. 몇몇 재벌이 인수한 대학에서 사회수요에 따라 학과와 강의를 구조조정한다는 것은 이미 상식화되어 있다. 실용적이지 않은 학문이 퇴출되고 그런 학과는 폐쇄당한다. 그 희생의 대상은 결국 인문학으로 거의 귀결된다. 철학과가 문을 닫고 철학 강의가 사라진다. 인간과 세계에 대한 근원적인 물음인 철학을 퇴출시키는 형국이라면, 대학이 존재할 이유가 있을까? 세계관과 상상력 등과 관련되어 있는 인문학이 봉쇄당한다면, 실용적인 분야가 양적으로 팽창한다고 해서 질적인 성장을 담보할 수 있을까? 그렇게 될 수 없다. 사립대학과 함께 국공립대학에서마저 일어나는 이런 현상을 좌시해야 할까? 최근 어느 기업에서 실용적인 분야를 담당한 부서에 그 분야와는 거의 관련성이 없는 인문학 전공자를 선출했다는 이야기를 들은 적이 있다. 그 깊은 속은 알 수 없지만 세계관에 대한 근원적 질문이나 인문학적 상상력이 없이는 실용적인 분야도 병진竝進 발전할 수 없다는 것을 깨달았기 때문일까?

대학 평가는 곧 교수 개개인에 대한 평가로 이어진다. 교수에게 주어진 임무는 결국 연구와 교수(가르침)일 것이다. 가르치는 문제는 학생들에 의한 강의평가 등으로도 이뤄지기 때문에 여기서는 굳이 언급하지 않겠다. 문제는 연구다. 대학이 연구의 산실이 되어야 한다는 것은 당연하다. 문제는 오늘날 시행되고 있는 연구평가 시스템으로써 대학 연구의 질을 어느 정도 담보할 수 있을까 하는 것이다. 외국 저널에 게재하여 세계학계의 평가를 중요시한다고 하지만, 국내의 경우는 대부분 평가의 일차적인 기준을 연구의 양에 두고 있다. 그러다 보니 논문을 양산하는 경향이 뚜렷해졌다. 양이 질을 유도할 수 있다는 말도 있지만, 이렇게 다작의 연구가 평가에 그대로 흡수되고 보니 너나없이 논문의 양산에 유혹을 느끼지 않을 수 없게 된다. 자연계는 그렇다 치더라도, 인문사회계에서 1년에 10편 이상의 논문을 쓴 경우가 있다니, 한마디로 놀랍다. 이게 한국 대학의 현실이다.

논문의 양산에는 결국 피상적인 리서치를 통해 얻은 통계수치에 의한 간단한 현장 조사 같은 것이 주를 이루고 있다고 한다. 물론 상황에 따라서는 그런 간단한 조사에 의한 리서치가 논문으로 좋은 구실을 할 경우가 없지 않을 것이다. 그러나 이런 식의 연구 분위기가 대학사회를 휩쓸게 되면 이론적인 연구는 거의 어렵게 될 것이다. 수십 편의 자료를 이용하여 숙성시킨 논문은, 논문의 양으로 교수의 연구업적을 평가하는 분위기에서는 쉽게 자리 잡지 못할 것이다. 따라서 사회의 병리를 찾아내고 그 근원적 치유에 시간을 쏟는 심원한 연구가 쉽게 자리하지 못하리라는 것은 명약관화하다. 연구평가를 어떻게 하는 것이 온당한가에 대한 객관적 기준이 없다는 이유로, 양적 기준으로 연구를 평가한다면 일생을 그 한 권의 저술을 위해 고민하는 교수는 나올 수 없을 것이다. 대학이 그렇게 된다면, 우리 사회의 지도이념을 고민하는 아카데미즘은 사라질 것이 뻔하고, 대학의 존재 이유도 되묻지 않을 수 없는 상황이 재래할 것이다.

상황이 이런데도 대학에서는 자구책을 마련하지 못하고 있다. 교육부에서 뿌리는 막대한 지원금은 이렇게 대학의 자율성을 마비시키고 건전한 상식마저 폐쇄시키려 하고 있다. 그 많은 프로젝트로 대학의 자구적 발전을 위한 연구에 투자하라. 지성인들 사이에서는 가장 먼저 퇴출시켜야 할 정부의 부처로 교육부를 지목해왔는데, 대학이 그 평가에 목을 매고 있다면 대학의 질적인 발전은 더 이상 기할 수 없을 것이다. 또 대학이 가장 시장친화적인 언론사에서 하는 평가에 눈치를 본다면 그 또한 대학을 시장논리에 내맡기는 것이나 다름없다. 대학이 교육부와 언론사의 평가를 벗어나야 할 이유는 이 밖에도 있을 것이다.

양산체제로 연구평가를 전환시킨 결과, 연구에 긴 시간을 투자한 연구가 나오지 않게 되는 것은 당연하다. 이렇게 되면 또한, 대학의 학문적 고민을 통해 생산된 지성·사상이 치유해야 할 사회문제에 대해서도, 단기적이고 단견적인 처방밖에는 내놓을 수 없다. 양산체제하에서 생산된 연구가 강의의 주조를 이루게 된다면, 거기서 배우는 학생들의 지성과 인격이 어떻게 될 것인지 불문이가지不問而可知다. 단견적이고 경쟁적이며 이기적인 인간으로 배양할 것이 틀림없다. 얼마 전 후배 교수들에게 대들듯이 말했다. 오늘날 학생들이 스펙 쌓기에 바쁘고 찰나적인 인간으로 화하고 정의감이 무디어지는 것은 바로 대학 강단의 책임이 크지 않겠느냐는 것이다. MB정권 기간, 저 거짓되고 사악한 행태를 보면서도 한 번도 제대로 항거하지 못한 대학생들을 양산한 것은 바로 이런 대학의 존재 행태와 무관하지 않을 것이라고.   _ **2013. 12. 15.**

며칠 전 지하철 경복궁역에서 경험한 일이다. 대여섯 명의 건장한 젊은이들이 제대로 차표를 소지하지 않은 채 개찰구의 철책을 넘어 지하철 탑승구로 향하고 있었다. 철책을 허락 없이 넘을 때 그들을 향해 "젊은이들은 왜 차표를 끊지 않고 불법으로 개찰구를 드나드는 거요?"라고 고함을 치니, 그들은 멀거니 나를 쳐다보면서, "우린 차표 안 타요"라고만 말했다. 그들이 '서울지하철공사'라는 글자를 새긴 윗도리를 입고 있기에, "혹시 젊은이들은 지하철에서 일하고 있는 공익요원들이오?"라고 물으니 그들은 "그렇다"고 대답했다. "그렇다면 왜 지하철공사에서 당신네들이 이용할 수 있는 차표를 주지 않는 거요?"라고 재차 물으니, "몰라요, 안 줘요. 아저씨가 높은 곳에 좀 말해줘요"라고만 말하고 저만큼 달아나버렸다.

한동안 해괴하다고 느끼면서 왜 저런 현상이 일어나고 있는지 이해할 수가 없었다. 그들이 지하철에서 근무하는 공익요원이요, 떼를 지어 다니는 것을 보면 틀림없이 어떤 명령을 받아 움직이는 것 같은데 그렇다면 으레 공공활동에 사용할 차표나 패스포트를 주거나 아니면 자기 돈으로 꼭 표를 사서 다니도록 만들었어야 했다. 그럼에도 불구하고 그들은 버젓이 '서울지하철공사'라는 유니폼을 입은 채 개찰구의 철책을 넘어들어서, 그것이 마치 그들의 당연한 권리인 것처럼 생각하고 있는 듯했다. 그들은 자신들의 그런 행동이 불법인 줄 알지 못하고 자기들은 으레 그런 행동을 자행해도 되는 것처럼 생각하고 있었던 것이다. 죄의식이 없이 그렇게 행동하는 젊은이들도 문제려니와 그렇게 하도록 방조하고 있는 지하철 당국도 반성해야 할 것이라고 생각했다.

우리는 종종 큰 거리나 골목에서, 차량을 세워두지 못할 장소에 교통순찰차가 서 있는 것을 보기도 하고, 공무상의 위급한 일이 아닌 것 같은데도 불법적인 회전이나 운행을 하는 교통순찰차를 목도하게 된다. 아직 시민들의 법 감정이 예민하지 못해서인지, 그런 경찰에게 시비를 걸거나 그들의 그런 행동을 고발하는 것이 잦지는 않은 것으로 알고 있다. 그러나 그런 모습을 볼 때마다, 법을 가장 솔선해서 지켜야 할 사람들이 오히려 법을 파괴하고 법의 권위를 무너뜨리고 있다는 인상을 받고 있다. 우리 사회의 질서가 지켜지지 않는 것은 법을 집행하는 이들의 탈법적이고 초법적인 행동으로 법의 권위가 무너지고 있기 때문이라는 지적은 그래서 마냥 공허한 말이 아니다. 이런 현상이고 보니, 얼마 전에는 당시 사법연수원에서 수련을 받고 있는 한 젊은이가 자기 여자친구의 교통위반을 감싸주기 위해 교통순경 앞에서 자신이 검사인 양 행사하는 웃지 못할 촌극이 벌어졌던 것이다. 사법시험에 합격, 장차 판검사를 지망하고 있던 그 젊은이는 판검사가 되면 법을 더 잘 지켜야 한다는 것을 잠시 잊은 듯, 오히려 법 위에 군림할 수 있다고 판단했던 것이 아닌가 생각된다. 그래서 전직 대통령을 교도소에 집어넣는 법의 위력에도 불구하고, 법이 만인에게 평등하다는 것은 법문에 있는 말이고 실제로는 약자에게만 군림하고 있다는 인상을 아직도 주고 있는 것이 우리 사회다. 이런 견해에 의하면, 전직 대통령을 감옥에 가둘 수 있었던 것은 법의 권위가 아니라 정치권력이었던 것이라고 말해야 옳을 것이다.

아직도 우리 사회에는 상식과 법을 초월한 특권의식이 많다. 자그마한 사건에서부터 큰 정치적 사건에 이르기까지 상존하고 있는 그런 특권의식은 국가보안법 같은 법의 시행에서도 극명하게 대조적으로 나타나고 있다. 국가보안법 개폐 주장은 이미 십수 년간 계속되었고 김대중 정권이 내세운 선거공약이었음에도 불구하고 아직도 엄연히 실정법으로 존재하며 많은 사람들이 그 법에 따라 처벌받고 있다. 그 법은 지하철 전동차 안에서 공지사항을 통해서나 한총련 등의 학생집회를 통해서 엄연히 존재함을 실감케 한다. 그러나 재작년 6·15공동선언을 전후하여 대통령을 비롯한 대한민국의 지휘부가 평양을 방문했을 때는 그 누구도 국가보안법상의 '적 수괴'와의 접촉이나 찬양고무죄를 들먹이지 않았다. 국가보안법을 그대로 시행한다면 당시 대통령을 비롯하여 동행했던 인사들은 모두 몇 년씩의 옥살이를 각오하지 않으면 안 되었을 것이다. 국가통수권자에게는 존재하나마나 할 정도의 무력한 법이, 한총련계의 학생들에게는 아직도 정상적인 학생활동마저 제약하는 비수로 존재하고 있는 것이다.

 법의 공정성이 무너지면 사회질서는 그만큼 금이 가고 있는 것이다. 법과 규칙이 고무줄처럼 늘어났다 줄어들었다 하는 것은 사회적 불균형이 그만큼 심화되고 있다는 증좌일 것이다. 내 경험과 관련하여 말하자면, 문화재 문제를 처리하면서 딱딱하고 화석화되어 생명력을 잃어버렸거나 탄력성을 상실한 법령을 대하면서 딱하다는 느낌도 받거니와, 생명력과 탄력성을 이유로 공정성과 보편성을 상실한 법 집행도 안타까이 생각할 때가 종종 있다. 고발자를 보호하여 부정부패를 사전에 차단하려는 조처가 환영할 만한 방법이긴 하지만, 고발자를 보호한다는 이유로 무고자에게까지 면죄부를 주는 듯한 법 집행도 균형감각이 있다고 말할 수는 없을 것이다.

 초법적이거나 탈법적인 특권의식을 지양하는 것은 사회의 성숙도와 관련이 깊다. 특권을 행사하도록 유혹받는 위치에 있는 권력자들이 먼저 법 앞에서 절제하는 것은 상식이면서 미덕이다. 권력 주변에 있는 이들일수록 법을 더욱 두려워해야 한다.

이번 검찰총장의 낙마는 권력자들일수록 자신과 자기 주변을 철저히 관리해야 한다는 교훈을 남겨준 좋은 사례가 아닐 수 없다.

_ **2002. 1. 26. CBS 칼럼**

소말리아를 생각한다

한국군 청해부대는 지난 1월 21일 '소말리아 해적'을 제압하기 위해 '아덴만 여명작전'을 감행했다. 그날 오후 이 대통령은 청와대 춘추관에서 TV생중계로 긴급 대통령 담화를 발표, 작전을 수행한 군을 치하하고 협조한 우방에 감사했다. 자신감에 차 그걸 발표하던 대통령에게서 그전 연평도 사건을 통해 움츠러들었던 모습은 볼 수 없었다. 빈정거리는 사람들은 대통령 담화를 두고 이런저런 구설수를 내뱉기도 했다. 이때 세계 몇 위를 자랑하는 대한민국은 기껏 '해적' 10여 명을 제압함으로 '상징조작'에 성공했다!

그 후 국민들은 삼호주얼리호 석해균 선장을 향한 안타까운 심정을 금치 못했고 지극정성 그의 회복을 기원했다. 그가 의식을 회복했을 때 한국의 언론들은 다시 영웅 만들기에 나섰다. 덕분에 석 선장의 몸에서 나왔다는, '바닥을 스쳐 튀어 올랐다는 유탄들'에 대한 의구심은 싹 지워져버렸다. 선장의 생명을 위협한 총탄은 '해적들'의 소행에 의한 것으로 자연스럽게 귀결되어버리고 말았다.

MB 정권의 치적 몇 호에 해당하는 이 사건을 떠올리는 것은 이유가 있다. '해적들의 국가'로 각인된 소말리아를 우리의 성찰의 대상으로 올려놓아보자는 뜻에서다. 예수교인들에게는 인구의 99퍼센트가 무슬림으로 구성되어 있다는 사실만으로도 소말리아를 떠올리는 것이 쉽지 않다. 거기에다 몇 차례에 걸쳐 한국의 선박을 납치하여 이 대명천지에 '해적의 국가'로 낙인찍힌 그 나라를 다시 생각하다니, 이건 냉철한 이성을 가진 이들에게는 쉽지 않은 일이다.

그러나 생각해야 한다. 한국인이니까 생각해야 하고 한국의 복음주의자들이니까 더 생각해야 한다. 소말리아의 오늘이 바로 강대국이 남긴 비극적 산물이라는 것을 생각하게 되면, 강대국의 식민지로 같은 고통을 겪었던 우리는 거기에 연민의 정을 가져야 한다. 작년 한국의 국권강탈 100주년을 맞으면서 나는 그 식민지의 상처를 성숙한 시민의식으로 극복해야 한다고 여러 번 강조했다. 요지는 강대국으로부터 받은 그 상처를 복수나 원한으로 묵히는 대신 이제 그것을 승화하여 우리와 같이 고통받는 이들에게 다가가 그들의 눈물을 씻어주고 그들의 고통에 동참하는 성숙한 자세를 가져야 한다는 것이었다.

여러 자료를 종합해보면 소말리아의 사정은 이렇다. '아프리카의 뿔'로 알려져 있는 소말리아는 고대에 이집트, 페니키아,

미케네 등과 함께 인도, 그리스, 로마와도 교역, 수백 년간 동아프리카의 중개무역을 장악했고, 이슬람이 발흥하자 아랍 상인들의 영향을 받아 점차 무슬림화했다. 19세기 말 제국주의의 침략 앞에서도 나름대로 독립을 지켰고 제1차 세계대전 중에도 아프리카에서 유일한 독립국가로 있었다. 그 뒤 영국과 이탈리아가 각각 침입, 점령당했다가 1960년에 두 식민지역을 통합하여 소말리아 민주공화국으로 독립했다. 1969년 쿠데타로 정권을 잡은 바레는 처음엔 소련에 기대어 사회주의 노선을 추구했고, 1980년대에는 미국과 손을 잡는 등 곡예를 부리며 22년간 독재정치를 감행했다. 그러는 동안 반정부 저항세력이 양산되었다. 1991년 아이디드가 바레 정권을 뒤엎었지만 권력 다툼이 내전 양상으로 발전, 소말리아는 무정부 상태로 내몰렸다.

인도양과 홍해의 군사적 요충지로 활용도가 높은 소말리아는 일찍부터 소련과 미국이 눈독을 들였다. 먼저 소련이 내전에 시달리던 바레 정권에 막대한 양의 무기를 공급하면서 사회주의 기지를 건설하려 했고, 이어서 미국 또한 경쟁적으로 막대한 무기를 공급했다. 소련과 미국이 공급한 무기는 결국 내전을 심화시키는 온상이 되었다. 여기에다 알카에다가 이곳에 활동영역을 넓혀가면서 내전 양상은 국제적으로 뒤엉키게 되었다. 1991년 쿠데타 후 내전상태가 심화되자 이듬해 유엔은 PKO군(평화유지군)을 파견, 치안을 회복했다. 그 뒤 미 해병대의 철수와 치안상황의 악화, 미국의 '블랙호크다운' 사건의 실패 등으로 상황이 더 악화되다가 1996년 아이디드마저 암살당하자 소말리아는 걷잡을 수 없는 무정부 상태의 내전으로 돌입하게 되었다.

소말리아의 비극은 여기에서 그치지 않는다. 여러 군벌로 나뉘져 내전에 열중하는 동안 소말리아의 영해는 다른 나라의 불법어장으로 변해갔다. 외국 어선들은 소말리아 어장에서 닥치는 대로 고기를 잡아갔고 자국의 쓰레기를 내다버렸으며 심지어는 핵폐기물까지 버려 아예 바다를 죽여버렸다. 가련한 어부들은 정부가 지켜주지 못하는 바다를 지키려고 무장하기 시작했다. 소말리아를 걱정하는 사람들은 이구동성으로 이것이 오늘날 '소말리아 해적'의 출발이라고 지적한다.

이 글의 목적은 결단코 공해상에까지 진출한 소말리아 해적을 두둔하는 데 있지 않다. 누가 그런 해적의 행위를 옹호하겠는가? 그럼에도 21세기 문명세계의 시계를 거꾸로 돌려놓는 해적의 출몰은 심각하게 받아들여야 한다. 그것도 세계에서 최빈국의 하나인 소말리아가 '생계형 해적'을 자행하는 것은 세계인들이 같이 고민해야 할 문제다. 그 비극적 결과의 이유를 알고 보니 그 나라의 국민과 독재자들의 책임 못지않게 소말리아의 지정학적 위치에 눈독 들인 세계 강대국의 경쟁적 탐욕이 있었다. 결국 소말리아 해적은 20세기 침략적 제국주의와 탐욕적 이념투쟁이 남겨놓은 파생상품이다.

일찍이 소말리아의 비극과 가난에 주목했던 인도주의자들이 있었다. 오드리 헵번은 인생의 마지막 해를 그곳에서 보내며 가난을 도와 그의 청순한 아름다움 이상으로 영성의 아름다움을 남겼다. 우리나라의 국민배우 김혜자도 한때 그곳 어린이들을 위해 봉사활동을 벌였고, 한국군도 1993년 유엔 PKO군으로 파견된 적이 있다. 이런 나라를 두고, 만에 하나 연평도 사건의 '실패'를 만회하기 위한 상징조작의 기회로 삼으려 했다면, 이건 시쳇말로 '쪽팔리는' 짓이 아닌가!

이제 복음주의자들은 소말리아 해적에 관심을 가져야 한다. 청해부대의 작전성공에 박수치고 석 선장의 쾌유에 기뻐하는 것 못지않게 고민할 수 있어야 한다. 시야를 넓혀 그들의 처지와 고통에 연민하는 자세가 필요하지 않을까? 하여 한국에서 재판을 받고 있는 소말리아 해적이나 그 가족들을 도울 수는 없을까? 죽음의 땅으로 변한 소말리아 민중의 눈물을 씻겨주고 그들의 고난에 동참하는 방안은 강구할 수 없을까? 다른 나라는 몰라도 한때 제국주의 침략의 희생자였던 우리는, 현재 소말리아인들이 겪고 있는 고통과 눈물이 당시 우리 민족이 뼈저리게 경험한 그 고난과 다름이 없다면, 그 '해적국가'를 향해 최소한의 동정과 지원을 실천해야 하지 않을까? _ **2011. 4. 〈복음과상황〉**

다락밭 정책과 4대강 사업

1990년대 중반에 들었던 이야기다. 평야가 적은 북한에서 '주체농법'의 일환으로 산을 깎아 다락밭(계단밭)을 만드는 정책을 널리 시행했다. 당시 김일성 주석이 어느 지역을 시찰하면서 다닥다닥 이뤄진 다락밭을 보고 '영감'을 얻었다는 소문도 있었다. 북한의 경작지 문제를 해결하는 방법으로 그럴듯해 보였던 것이다. 북한 당국이 김 주석의 지시에 따라 산비탈에 옥수수 재배를 위한 다락밭 개간을 서둘렀을 것은 그 속성상 보지 않아도 뻔하다.

그 결과가 어떻게 되었을까? 일시적인 생산량 증가는 가능했던 것으로 보인다. 따라서 북한의 식량난 해결에 도움이 된다고 판단했을 것으로 짐작된다. 생산량이 증가하자 당과 관리들은 앞뒤 가리지 않고 '다락밭 정책' 실천에 충성경쟁을 벌였다. 어느 영이라고 주저하거나 회의하겠는가. "수령의 명령이다"라고 큰소리치면서, 지형이나 입지조건을 고려하지 않고 다락밭 정책을 밀어붙였을 것임에 틀림없다. 내가 가 본 북한 곳곳의 다락밭은 1990년대 중반에 들었던 이야기를 연상시켜주었다.

북한 전문가들 중에는 김일성 부자의 주체농법 전반을 실패로 평가하면서 그것이 오히려 농지와 자연환경의 파괴를 야기해 식량난을 가중시켰다고 지적하기도 한다. 그들의 평가에는 주체농법이 과거 일시적인 생산량 증산에는 성공했음에도 불구하고 결국 농지의 사막화와 민둥산의 결과만 불러왔다는 지적도 있다.

다락밭 정책의 한계는 '주체농법'이란 용어를 다룬 사전에서도 확인된다. "대부분이 산악 지대인 북한에서 농지를 확보하기 위해 개간된 것이 다락밭이다. 원래 다락밭에는 다년생 식물을 심어 바람에 견디도록 하고 토사 유실도 방지해야 하나, 북한은 많은 비료를 필요로 하는 1년생 옥수수를 재배해왔다. 이에 따라 집중호우 때마다 토사 유실이 발생하고 있다. 최근 연이은 북한 지방의 대홍수도 다락밭 개간으로 산림이 황폐해진 것과 관련이 있는 것으로 알려졌다"(브리태니커백과사전). "북한의 농지와 자연 환경이 파괴되어 오히려 식량난을 가져왔다고 여겨진다. … 산을 개간하고 계단식 논을 만들게 되었지만 이러한 농법에 의해 산은 민둥산이 되고, 홍수의 원인이 되었다"(온라인 백과사전 위키피디아).

결국 북한의 '큰물' 피해는 다락밭 정책과 밀접하게 관련되었음이 드러났다. 수령의 명령과 당의 독촉에 따라 급조된 다락밭은 호우가 쏟아지자 맥없이 무너져버렸고, 다락밭에서 하천으로 밀려 내려온 토사와 돌멩이는 하상을 뒤덮으면서 강물의 범람을 가져왔다. 하상에서 넘쳐난 흙과 모래는 하천 주변의 들을 뒤덮어버렸다. 평야마저 황폐화시켰던 것이다.

아마도 북한의 전문가들은 다락밭 정책이 가져올 이 같은 참혹한 결과를 예상하지 못했을 리가 없다. 다락밭이나 다락논은 급조되어서는 안 된다는 것이 상식이니, 전문가들이 어찌 그걸 예상하지 못했다고 할 수 있겠는가. 지리산 연곡사 입구 계곡에서 다닥다닥 보이는 다락논처럼, 다락논이란 장구한 세월에 걸쳐 조성되어야 하며 그래야만 유실되지 않는다는 것도 모르지 않았을 것이다. 그러나 수령과 당의 명령으로 시행되는 '정책' 앞에서 어느 전문가도 제대로 자기 의견을 제시하지 못했다. 한마디의 비판도 용납되지 않은 사회이니까, 비판과 만류는 목숨을 내놓는 것이나 다름없다. 결국 다락밭이 집중호우 때 토사 유실과 하천 범람, 산림 황폐와 민둥산의 원인이 되었던 것은 자연재해가 아니라 인재였던 것이다.

4대강 사업을 두고 그간 학계와 시민단체들이 지속적으로 반대해왔다. 그러나 묵묵부답이다. 며칠 전에는 드디어 천주교 주교회의에서 들고 일어났다. 그들은 "우리 산하에 회복이 가능할 것 같지 않은 대규모 공사를 국민적 합의도 없이 법과 절차를 우회하면서까지 급하게 밀어붙여야 하는 이유를 도저히 이해할 수 없다"고 주장했고, "미래의 세대에게 책임 있고 양심적인 길을 택할 수 있기를 기도한다"고 간곡하게 애소했다.

'제왕적 대통령'의 영도하에 초고속으로 질주하면서 전문가의 말에도 좌고우면하지 않는 4대강 사업은, 수령이 밀어붙이면 그 누구도 반대하지 못하고 그 회복에 수십 년의 세월과 경국傾國의 재원을 쏟아부어야 할 북한의 다락밭 정책과 닮아가는 것은 아닐까? 그렇다면, 남북이 이런 데서 닮아야 하는 것이 정말 서글프다.

_ 2010. 3. 13. 〈국제신문〉

거의 한 달 동안 페이스북 친구들을 만나지 못했다. 굳이 변명하자면, 세월호 참사 뒤처리를 보면서 정부 여당에 분노하고, 가까이 지내던 목회자들 중에서 문 모 씨의 역사관을 지지, 찬양하는 이들을 보면서 내가 잘못 살고 있지 않나 하는 느낌도 받았으며, 재보궐선거 결과를 보면서 예레미야가 탄식한 "이 땅에 무섭고 놀라운 일이 있도다. 선지자들은 거짓을 예언하며 제사장들은 자기 권력으로 다스리며 내 백성은 그것을 좋게 여기니 마지막에는 너희가 어찌하려느냐"(렘 5:30-31)는 탄식에 공감, 자신에게 절망했기 때문일 것이다.

얼마 전 안산영광교회에서 "건강한 미래를 위한 국민포럼—세월호 100일에 즈음하여"에 발제자로 참여했다. 제목은 "세월호 참사로 본 대한민국"이었다. 발제는 세월호 참사의 원인과 본질, 정부와 청와대 책임론, 그 책임을 회피하려는 꼼수들, 세월호 참사에서 밝혀야 할 것들 및 세월호 특별법 등으로 구분,

설명했다. 세월호 참사의 본질은 사고가 일어난 직후 아이들을 구할 수 있었던 3시간-3일간을 허송한 정부의 무능에 있다. 그렇게 될 수밖에 없었던 구조적인 원인의 하나가 정부 책임자가 그날 7시간 동안 행방이 묘연했다는 것이다. 그럼에도 정부와 언론은 곧 유병언을 등장시켜 책임을 전가시키고 여론의 화살을 피했다. 발제에서 세월호 특별법에 수사권과 기소권을 부여하지 않으면 진상은 규명되지 않을 것이라고 강하게 주장했다.

점심시간에 주최 측과 다른 발제자들이 합석하게 되었다. 식사 자리에서 어느 분은 청와대의 7시간 행방묘연이 무슨 대수로운 일이냐고 내게 핀잔을 주었다. 분위기가 묘하게 돌아갔다. 나는 개전開戰 몇 시간 안에 승패가 결정될 수도 있는 현대전에서 전쟁지휘부가 몇 시간 동안 잠적해도 그렇게 말할 수 있느냐고 반문했다. 청와대는 그만큼 중요한 존재다. 어느 분은 5·18 광주민주화운동을 폄훼하면서 북한군이 개입했다고 몇 가지 증거를 들어 강변했다. 나는 그렇다면 당시 군 지휘부에 있었던 고관들이 그 일로 책임진 일이 있느냐고 묻고 그런 유언비어에 귀 기울이는 것 자체가 국론분열에 편승하는 것이라고 했다. 그러자 그는 다시 말을 이었다. 당시 북한군이 광주에 내려왔다는 것은 북한 교과서에도 나왔다는 것이다. 나는 북한 교과서에 나왔다는 사실은 확인하기도 어렵거니와 만약 나왔다고 하더라도 그것은 믿을 수 없다고 했다. 다음 대답이 걸작이다. "북한 교과서에 나왔다는데도 안 믿어요?"

나는 북한 교과서를 폄하할 생각은 없다. 그러나 그 교과서가 모두 사실을 정직하게 기술하는가에 대해서는 회의적이다. 교조적·이념적 편향성 때문이다. '북한지상천국론'도 그렇고 6·25를 남측에서 도발했다는 소위 '북침론'에 이르면 할 말이 없다. 묻는다. 북한 교과서의 가르침에 따라 북한군의 광주민주화운동 개입을 확신하는 자들은 우리 정부의 부정에도 불구하고 북한 주장을 따르므로 종북론자라고 부르면 어떨까? 북한 교과서에 기록되었다고 해서 광주민주화운동 북한군개입설을 믿는 사람들은 북한 교과서에 나오기 때문에 북한의 '6·25 북침설' 주장에도 따르는가? 북한 교과서에 그렇게 되어 있는데도 북침설을 믿지 않는다면, 그는 북한의 교과서를 믿기도 하고 믿지 않기도 하는, 자기 이해에 따라 선별적으로 믿는 사람이다. 자기에게 유리하면 믿고 불리하면 믿지 않는다. 이런 사람이야말로 '얌체 종북론자'요, '우파 종북론자'다. 자기 이해관계에 따라 간에도 붙고 쓸개에도 붙기 때문에 더 위험한 종북론자일 수도 있다.

_ 2014. 8. 7.

종북, 공북, 화북

며칠 전 어느 교회에서 초기 선교사들에 대한 강의를 했다. 그 강의 끝에 한 분이 '이승만 대통령이 세운 대한민국'을 강조하고, '선교를 제국주의 침략으로 간주하는 종북 세력' 운운하는 자기 과시적 질문을 했다. 답하면서 대한민국이 1919년 대한민국 임시정부부터 시작되어야 한다는 것을 설명하고, 1948년에는 대한민국이 건국되었다기보다 대한민국 정부가 수립된 것으로 봐야 한다고 하면서 여러 증거들을 댔다. 이것은 이승만을 비롯하여 1948년 당시 정부 수립에 참여한 주체들이 공통적으로 생각했던 것이다. 한편 '종북' 세력 운운한 질문에 대해서는 '종북從北'이 구체적으로 무얼 말하는지를 되물었다. 그분은 '대한민국을 부인하고 태극기와 애국가를 사용하지 않는 세력'이라고 단정적으로 말했다. 나는 대한민국을 부인하는 사람이 현재도 한국 안에 존재하느냐고 묻고, "태극기와 애국가를 사용하지 않는 것은 작년 총선 이후 일부 진보세력에 의해 확인된 것이지만, '종북'이란 말은 그보다 훨씬 이전에 활개를 쳐온 것이 아닌가. 작년 총선 이전에 '종북'이란 말이 어떤 의미를 가진 것인지를 말해달라"고 다시 요청했다. 그러나 그분은 답을 하지 않았다. 답을 할 수 없었을는지도 모른다. '종북'이란 단어는 '북을 따른다'는 뜻 외에 그 정의가 뚜렷이 밝혀지지 않은 채, 대북 햇볕정책 이후에 나타나 주로 진보적인 세력을 엮어 공격하는 '테러적 용어'로 사용되었다.

그분에게 대답하면서, '종북', '공북'을 거쳐 '화북'으로 가야 한다고 말장난 같은 말을 했다. 이 단어들은 '북北'이란 말 앞에 한자 수식어를 붙인 것이다. 이 밖에도 수식어를 더 붙일 수 있지만, 이 정도로 정리하여 말을 풀어갔다. 위의 말 중 '종북'이란 말 이외는 내가 지어낸 말이다. '종북'이란 말이 사전에 실려 있는지는 몰라도, 이 단어만큼 괴력을 발휘해온 말도 없다. 선거 때만 되면 서슬 퍼렇게 날을 세워 앞뒤 가리지 않고 난도질을 해댄다. 때문에 종북이란 말이 평화와 통일을 고민하는 사람에게는 옆에 두어야 할 말인지 고민해보지 않을 수 없다.

'종북'은 말 그대로는 '북(의 주장)을 따른다'는 의미다. 이 말은 '좌빨'이란 말과 함께 흔히 사용되고 있다. '종북좌빨', '북을 따르는 좌익 빨갱이'쯤으로 이해해서 틀리진 않을 것이다. 그런데 이 말은 파괴력이 큰 만큼 애매한 것도 사실이다. 종북을 입에 달고 다니는 사람에게도 무엇이 종북이냐고 물으면 정확한 답변이 나올 수 있을까? 앞서 말한 그분도 거침없이 '종북'이란 말을 내뱉었지만 막상 물었을 때 제대로 답하지 못했다. 북의 무엇을 따른다는 말인가. 북에서 애국가를 부르지 않고 태극기를 사용하지 않으니 남쪽에서 그렇게 하는 사람은 '종북'이라고 그는 말했다. 남쪽에서 태극기 걸지 않고 애국가 부르지 않는 사람이 왜 진보 측 사람들뿐이겠는가. 진보 측의 그런 행동을 추호도 변호할 생각이 없지만, 애국가·태극기와 관련하여 '종북'이라고 낙인찍는다면 '종북'을 외치는 사람들도 때로는 애국가·태극기와 관련하여 '종북'적 행동을 하지 않는다고 단언할 수 없을 것이다. 간혹 국경일에 태극기를 게양하지 않을 수도 있을 것이고, 그들이 주최하는 예식에서 애국가 제창을 생략할 수도 있지 않을까? 외국인들은 애국가니 태극기에 아예 관심이 없을 터인데, 설마 그들에게 '종북'의 딱지를 붙이지는 않을 것이다.

'종북'이 북(의 주장)을 따른다는 의미라면, 남쪽에는 '종북' 현상이 없을까? 북은 세습 때문에 비판과 비난을 가장 많이 받는다. 3대 세습을 두고 비난하지 않는 사람이 없다. 표면으로 비난하지 않는 사람도 마음속으로는 그렇지 않다. 그러면 남측에서는 북의 그런 세습행태를 따르는 곳이 없을까? 있다. 세습현상이 대표적으로 나타나는 데가 재벌과 대형교회다. 요즘은 굳이 세습이라고는 할 수 없지만, 돈이 있는 집안의 자식들이 좋은 대학에 진학하고 사회적 지위를 대물림하고 있다고 한다. 북과 거의 비슷하고 북을 본받았을지도 모를 세습을 두고 '종북'이라고 부르는가? 그렇지 않다. 그걸 '종북'과 연계시키지 않았고, 그런 행위를 '종북'이라고 말하는 것을 들어본 적도 없다. 대형 교회의 목사들 중에는 '종북'이란 말을 입에 달고 다니는 이들이 있다. 그런데도 세습을 감행하는 그들 자신을 향해서는 북의 세습과 닮았다고 말하지도 않고 더구나 '종북'이란 말도 쓰지 않는다. '종북'이란 말은 이렇게 진영논리 위에 충실히 서 있다.

공산주의의 상징처럼 되어 있는 붉은 색깔(적색)은 또 어떤가? 노동자들이 시위를 하면서 이마에 붉은 띠를 매었을 때, 그걸 공산당과 동일시하려는 이들이 있었다. 한때 붉은색 사용이 공공적인 데서는 금지된 적도 있었다. 붉은 띠만 봐도 격렬한 반응을 일으켰던 것을 기억한다. 그러나 지금은 그렇지 않다. 붉은 색깔을 사용한다고 해서 '종북'과 연계시키지 않는다. 지난해 총선과 대선에서 붉은 색깔은 나라 전체를 누볐고, 그들은 그 색깔로 완승했다. 공산당과 '종북'의 상징이 이제 승리의 상징처럼 되었다. 선거에서만 그친 것이 아니고 최근 프로야구 10구단 선정에서도 회장부터 붉은 색깔 옷을 입고 나왔던 KT가 쟁취했다. 만약 유신 때에 붉은색을 공공장소에서 사용금지한 것을 알았다면 새누리당은 어떤 태도를 보였을까? 이제 대한민국에서 붉은색은 승리의 상징이지 공산당이나 '종북'과 연계시킬 수가 없게 되었다. 과거에는 '불그스레'하기만 해도 종북에 좌빨로 취급되었다. 그런데 한 가지 질문을 던지고 싶다. 만약 새누리당에서 그 색깔을 사용하지 않고 진보진영이나 제1

야당에서 붉은 색깔을 사용했다면, 언론매체나 대형교회들에서 어떻게 반응했을까? 레드 콤플렉스에 빠진 그들은 당장 이들을 '종북좌빨'로 규정하지 않았을까? 그런 점에서 우리 사회를 레드 콤플렉스에서 해방시켜준 새누리당에 진심으로 감사한다.

몇 년 전의 서울시장 보궐선거를 기억하고 있다. 진보적 색채를 띤 후보를 두고 '종북' 세력으로 몰아 얼마나 난타했는지 모른다. 보편적 학교급식이나 반값등록금 정책을 두고도 '종북'에 '좌빨'이라고 이를 갈았다. 그런데 작년 말 대선 전후의 박근혜 당선인이 제시했던 공약은 과거 '종북'으로 낙인찍은 이들의 정책은 저리가라 할 정도로 '좌 클릭'을 했다고 지적된다. 0세에서 5세까지의 전면 무상보육이나, 노인들을 위한 기초노령연금, 4대 중증질환 무료진료 등에서는 과거 '종북좌빨' 세력의 주장을 무색케 하고 있다. 이런 호재를 두고는 과거 '종북' 타령을 하던 이들이 왜 침묵하고 있는지 정말 궁금하다.

여기서 분명해진 것은 '종북'이라는 비난도 편 가르기를 하고 있다는 것이다. 확실한 기준에 입각하여 '종북'을 따지는 것이 아니고 어느 쪽이 하느냐에 따라서 '종북'이 결정되는 것이다. 내가 하면 로맨스고, 그가 하면 스캔들이라는 식이다. 파스칼의 《팡세》에 등장하는, 강 이편과 강 저편에 따라 가치관이 결정되는 현상이다. 이중 잣대를 사용하는 것이다. '종북' 타령을 하는 이들의 이중적인 잣대가 어찌 여기서만 사용되겠는가. 무능 국방과 관련, '노크 귀순'을 보고도 '가스통 할배들'조차 묵언수행을 계속하지 않는가. 원칙을 잃어버린 '종북'이란 말은 더 이상 존재할 가치가 없다. 그래서일까, 이 땅의 극우논객 한 분은 새로 태어난 대한민국이 "종북從北을 종북終北시킬 것"이라고 했다. 그 종북終北이란 말이, 그럴 리야 없겠지만, '종북從北'이란 말을 마치終도록 하는 예언이었으면 좋겠다.

질문에 답하면서, '공북'이란 말을 사용했다. 같은 '공북'이란 말도 한자에 따라서 의미가 달라진다. 공북恐北, 공북攻北, 그리고 공북共北이다. '공북恐北'은 북을 두려워하는 것이다. 북한과의 문제가 터졌을 때, 이 땅 최고위층의 병역미필자 몇 분이 청와대 벙커를 사용했다는 전언이 있었다. 그들이 북을 두려워해서 그렇게 했다고는 결코 믿기지 않기에, 이것이 '공북恐北'에서 나온 행위라고는 생각지 않는다. 그들이 벙커에 들어갈 형편이었으면, 국민들에게 먼저 '국가적 위기'를 알리고 같이 벙커에 들어가자고 했어야 하는 것이 순서가 아닐까? 그런데 두려움이 많은 자는 역으로 공격적일 수도 있다. 이게 북을 공격하려는 '공북攻北'이 된다. 그래서 '공북恐北'이 때로 '공북攻北'으로 변할 수 있다는 것은 이상한 일이 아니다. '공북恐北'자의 공격성은 허장성세일 수도 있다. 6·25 직후에도 허장성세를 부렸던 이승만과 국방관계자들의 일화는 지금도 조롱거리다.

'공북攻北'은 무력 사용으로 발전할 수 있다. 그러나 무력을 통해서는 평화통일을 기할 수 없다. 그것은 6·25가 입증해주었

다. 한때 '북한 붕괴론'을 만지작거리면서 그때를 대비한다고
도 했다. 그러나 북한이 붕괴한다고 해도 휴전선에서 더 나아갈
수 있을까? 엄연히 북도 유엔에 가입한 나라요, 중국과의 관계
가 어떤지는 말할 필요도 없다. '북한 붕괴'를 기다리는 것보다
는 통일 접근성에서 어렵지만 더 빠른 길이 있다. 그게 '공북共
北'하는 길과, 그다음 단계로 '화북和北'하는 길이다. '공북共北'은
북과의 공존을, '화북和北'은 북과의 평화를 모색하는 길이다. 공
존하면서 평화를 모색하는 것, 이것이 평화통일의 길이다. 대화
와 타협이 때로는 어설프게 보이겠지만 그게 승리하는 길이라
고 믿는다.

그날 저녁, 질문이 계속되면서 어느 분은 연평도 사건이 일
어났는데도 어떻게 화북할 수 있는지를 물었다. "그 대답은 질
문하신 선생님이 갖고 계실 것"이라고 하고, 꼭 필요하다면 강
의 끝난 후에 대화시간을 갖자고 했다. 과거 연평도 사건에 비
길 수 없는 엄청난 6·25 동족상잔을 겪고서도 남북이 다시 만
났다는 것을 말하고 싶었다. 또 '화북和北', '화남和南'의 길에 대
해서는, 포탄이 오가는 극단적 대결 속에서도, 화해와 인내로써
교류해야 하는 길 외에 뾰쪽한 수가 없다고 말해야 하는 자신도
안타깝다.

나는 평소 개성공단 같은 남북협력사업을 열 개만 만들 수 있
어도, 평화통일의 시동을 거는 것이며, 백 개를 만들 수 있다면
통일된 것이나 다름없을 것이라고 말해왔다. 무력대치보다는

서해안에 평화지대를 만들고 금강산 관광벨트를 확충하여 남북이 공생의 길을 마련하는 길은 후손에게 통일의 희망을 주는 것이다. 이렇게 한다면 기업에 활력을 주고, 통일비전을 가진 젊은이들에게는 남북협력을 통한 일자리 창출도 가능할 것으로 본다. 올해 계사년癸巳年, 새로 들어설 대통령은 남북관계와 통일을 전망하면서 새로운 비전을 제시하여 꽁꽁 얼어붙은 남북관계를 풀어야 할 것으로 믿는다. 1주갑(60년) 전 계사년에 체결된 정전협정이 평화협정으로 승화되도록 간절히 기대한다. 이것이 '화북'을 구체적으로 실현하는 길의 하나다. 편파적이고 진영논리로 오용되고 있는 '종북'이란 말은 역사적 유물로 안치하고, '공북共北', '화북和北'의 길을 모색하는 새 정권이 창출되기를 기원한다.

— **2013. 1. 15.**

선지자 오뎃과 에브라임의 네 지도자

오늘 강남 어느 교회에서 구약성경 역대하 28장 8-15절을 본문으로 하여 '구약의 남북문제와 그 교훈'이라는 제목으로 다음과 같이 강론했다. 이스라엘 분단시대 말기, 유다 왕 아하스(주전 735-715 재위) 때에 아람·이스라엘 동맹군이 차례로 남쪽 유다를 침략했다. 아람 군대가 유다 백성을 포로로 잡아 다메섹으로 돌아갔고, 이어서 북 이스라엘 왕 베가(주전 752-732 재위)도 예루살렘에 쳐들어와 하루에 용사 12만 명을 죽이고, 20만 명을 포로로 잡아가는 참극을 벌였다.

남북 대결의 동족상잔을 안타까워하면서 자성自省의 소리는 승리한 북 이스라엘에서 먼저 나왔다. 북 이스라엘 군대가 동족 포로를 끌고 사마리아로 개선할 때, 예언자 오뎃이 자기 군대를 향해서 다음과 같이 꾸짖었다. "주 당신들의 조상의 하나님께서 유다 백성에게 진노하셔서, 그들을 당신들의 손에 붙이신 것은 사실이오. 하지만 당신들이 살기가 등등하여 그들을 살육하고, 그것으로 성이 차지 않아서, 유다와 예루살렘의 남녀들까지 노예로 삼을 작정을 하고 있소. 당신들도 주 하나님을 거역하는 죄를 지었다는 것을 알아야 하오. 당신들은 이제 내가 하는 말을 들으시오. 당신들이 잡아 온 이 포로들은 바로 당신들의 형제자매이니, 곧 풀어주어 돌아가게 하시오. 그렇게 하지 않으면, 주님께서 진노하셔서 당장 당신들을 벌하실 것이오"(대하 28:9-11, 새번역).

또 에브라임 자손의 지도자 네 사람(아사랴, 베레갸, 여히스기야, 아마사)도 개선하는 군대를 막아서며 말했다. "이 포로들을 이리로 끌어들이지 마시오. 이런 일을 저질렀기 때문에, 우리가 모두 주님 앞에서 죄인이 되었소. 당신들은 우리의 죄와 허물을 더욱 많게 하였소. 우리의 허물이 이렇게 많아져서, 우리 이스라엘이 주님의 진노를 피할 수 없게 되었소"(대하 28:13, 새번역).

이 말을 듣고, 군인들은 포로와 전리품을 백성과 지도자에게 넘겼다. 네 사람은 포로를 돌보는 일을 맡았다. 네 사람의 주도로 헐벗은 이들을 입히고, 맨발로 걸어온 이들에게 신을 신기고, 먹을 것과 마실 것을 가져다주고, 상처받은 이들에게는 기름을 발라 치료해주고, 환자들은 나귀에 태워 모두 유다의 국경 도시인 여리고 성으로 데리고 가서 그들의 친척에게 넘겨준 뒤 사마리아로 되돌아왔다.

선지자 오뎃과 에브라임의 네 지도자들은, 형제 나라 유다를 침략하여 포로로 잡아오는 이스라엘 군 장병들을 크게 책망했다. 이스라엘 장병들은 포로들을 재산처럼 처분할 수 있는 권리를 갖고 있었지만 포기하고 친절하게 그들을 대우했다. 왕의 명령이 아니라 예언자의 말에 감화되어 그렇게 했다. 백성들은 유다의 포로들을 '형제들'이라고 부르며, 조직적인 포로 구조 활동을 펼쳤다. 전쟁에 승리한 군사들이 노획물을 갖는 것이 정당하다고 보았던 그 시기에 이스라엘 장병들의 행동이 의롭지 않다는 예언자의 지적은 의외라고 할 수 있다. 그러나 북 이스라엘 장병들은 그 책망에 순종했다. 그들은 형제 된 자들을 포로로 잡아온 것이 죄악임을 깨닫고 회개했고, 자신들의 죄가 하나님의 진노를 초래했음을 인정했다. 이렇게 북 왕국의 장병들은 자신들의 죄를 뉘우치고 회개함으로써 민족 화해에 이르게 되었다. 김회권 교수는, "이렇게 인도주의적이고 종교적인 대의명분에 추동된 사람들의 공동체가 성경 어디에서도 발견되지 않는다"고 지적했다.

동족 유다를 치고 많은 포로와 노획물을 얻어 승리감에 도취해 있을 때, 하나님의 사람들은 그 동족상잔의 죄악성을 직시하고 동족 포로들을 고향으로 돌려보내도록 했다. 동족을 노략질하고 죽이기까지 하면서 승리를 만끽하려는 북 이스라엘 장병들을 향해 하나님의 사람들은 준열히 꾸짖고 회개하라고 외쳤다. 이것은 오늘날 동족끼리 대치하고 있는 상황에서, 이 땅의 그리스도인들이 본받아야 할 자세가 아닐까?

동족을 저주하라고 선동하면서, 평화를 말하는 자를 '종북'으로 매도하는 이런 극단적인 사회 분위기에서 하나님의 교회와 하나님의 자녀들이 취해야 할 자세는 어때야 할까? 바로 이들 이스라엘의 선지자와 지도자들이 취했던 자세여야 하지 않을 까? '평화를 만드는 자는 하나님의 자녀라 일컬음을 받을 것'이 라고 했다. 일부 목회자들조차 입에 거품을 물고 '종북', '종북' 을 외치면서 이념논쟁에 부화뇌동하고 있을 때, 그래도 '화해와 평화'만이 이 땅의 영구분단을 막고 통일의 희망을 가꾸는 길이 라는 것을 믿고 외쳐야 하는 것이 그리스도인이어야 하지 않을 까? 이것이 바로 이 땅에 평화의 왕으로 오신 우리 주님의 뜻을 따르는 길일 터이다. 저 사마리아 성의 오뎃이라는 예언자와 에 브라임 자손의 지도자 네 사람같이, 동족을 유린하고 얻은 자신 들의 승리를 오히려 부끄러워하면서, 벗은 자에게 입히고, 신을 신기며, 먹이고 마시게 하며, 곪은 상처에 기름을 발라주면서 이 땅에 용서와 화해를 가져오도록 노력하는 것이 진정한 그리 스도인이 아닐까?　　　　　　　　　　　　　　　　　_ **2014. 4. 6.**

중립화 통일론

금년 들어 '통일대박론'이 '불거졌다'. '불거졌다'는 것은 그동안 '신뢰 프로세스'라는 말 외에는 통일에 대해서 아무런 의견이나 행동을 보인 적이 없는 이 정권이 뜬금없이 '통일대박론'을 언급했기 때문이다. 어떤 이는 준비 없는 '통일대박'은 '통일쪽박'일 수 있다고 하지만, 통일 문제에 무관심한 것같이 보였던 이 정권이, 정치적 위기를 모면하는 방편으로 이런 발언을 했다 하더라도, 통일 문제를 환기시킨 것은 다행스럽다. '통일대박론'에 이어 '통일준비위원회' 설치도 언급하고 있으니, 그 당부當否를 떠나서 귀추를 주목할 일이다.

분단 이후 그동안 남북한에서 내세운 통일론은 다양하다. 남쪽에서는 무력통일론, 북진통일론, 승공통일론 등을 거쳐 4·19 후에 평화통일론이 대두되었다가 5·16군사쿠데타로 철퇴를 맞았다. 그 뒤 한민족공동체통일론과 국가연합통일론이 나왔다. 북쪽은 '무력통일'을 시도했다가, '적화통일론'의 의도를 숨긴 채 연방제통일론을 제기했다. 연방제통일론도 초기엔 중앙정부의 역할을 강조하는 듯하다가 그 뒤에는 지방정부의 강화를 주장하는 것으로 바뀌었다. 남북은 2000년 '6·15공동선언'에서 표명한, "남측의 연합제 안과 북측의 낮은 단계의 연방제 안이 서로 공통점이 있다"는 선에서 타협, 공유하는 통일론으로 정리했다.

그동안 무력정복을 통해 '통일'하겠다는 시도는 실패했고, 더 기도되어서도 안 된다. 베트남식 통일이 재현될 수 없는 이유다. 독일 통일에서 보듯이 흡수통일을 꿈꾸는 이들도 없지 않다. '북한붕괴론'도 따지고 보면 거기에 근거해 있다. 그러나 그것은 또 하나의 내전이나 '북한동맹국'과의 국제전쟁, 나아가서는 제2의 6·25를 의미할 수도 있다. 이런 상황에서 그 대안의 하나로 중립화통일론을 상정할 수 있다. 많은 지혜와 합의, 설득과 인내가 필요하고 그 실현에는 난관이 첩첩이다. 그러나 이 길은 한반도의 항구적 평화통일 방법의 하나로 고려될 수 있다.

한반도의 중립화론이 대두된 것은 오래다. 한반도가 처한 지정학적 입지 때문이다. 한반도는 대륙세력과 해양세력이 충돌하는 곳이어서, 그러한 역사적 순간마다 간헐적으로 중립화론이 제기되었다. 거슬러 올라가면 고·중세에도 비슷한 주장이 있었다. 특히 중·일 간 1882년 임오군란과 1884년 갑신정변 때 중립화론이 대두되었고, 1885년 거문도사건 때에는 유길준이 중립화론을 제기했다. 그 뒤 러·일이 각축을 벌이던 시기에 러시아·일본·미국 3대국이 보장하는 한반도중립화 안이 나타났다. 1904년 2월 러일전쟁을 앞두고 한국이 국외중립을 선언한 것은 이런 맥락에서였지만, 일본은 이 선언을 무시하고 한일의정서를 늑약했다.

해방 후에도 한국 중립화론은 더 자주 나타났다. 미·소공위가 결렬상태에 있을 때 미국의 웨드마이어 장군 등이 중립화론을 제기했다. 6·25 후 휴전협정을 전후한 때도 이승만의 비서겸 고문이었던 올리버, 미 국무장관 덜레스, 상원의원 노울랜드, 맨스필드 의원이 중립화론을 제기했고, 재미 한국인 김용중·최봉윤·황인관과 한때 〈동아일보〉 편집국장을 지낸 재일교포 김삼규도 주장했다. 그 뒤에도 한반도의 중립화 안은 끊임없이 제기되었다.

한반도 중립화 안은 중립화통일론에 다름 아니다. 중립화 안은 국내외의 상황이 상응해야 하기 때문에 스위스나 오스트리아 외에는 성공한 전례도 거의 없다. 과거 평화통일론이 적화통일론의 아류로 취급되었기 때문에 중립화통일론은 아예 거론조차 할 수 없었다. 그러나 한민족의 먼 장래를 바라본다면 중립화론은 가장 깊이 고민해야 할 통일론의 하나다. 남북, 해외동포가 이 문제를 두고 머리를 맞대야 하고 주변 국가들의 전폭적인 동의도 구해야 한다. 주변국이 비록 성현의 나라라고 해도 중립을 해칠 수 있기 때문에 침략에는 단연 무력으로 맞설 수 있어야 한다. 이 중립화통일론은 '시급한 통일'에 대한 열망과는 거리가 있기에 주저할 수 있다. 그러나 강대국 사이에서 뒷날 이런 통일을 떳떳이 누릴 후손들을 생각하면 지금 준비해도 늦지 않다.

_ 2014. 3. 6.

괴뢰와 사팔뜨기

중고등학교 시절, 60대 이상이면 누구나 궐기대회 같은 곳에 동원된 경험을 갖고 있다. 당시에는 궐기대회가 주로 반공적 성격을 띠고 있었다. 해방 이후에는 지방에도 좌우익의 갈등과 살육이 자행되어 국가적으로는 반공의식을 강화할 필요성이 제기되었고, 6·25 이후에는 공산주의에 대한 적대의식을 강화할 필요가 커진 탓이다.

이런 궐기대회 중 지금도 잊히지 않는 것이 있다. 공산권의 원폭실험 반대 궐기대회였다. 소련(현 러시아)이 1949년 핵실험에 성공하자 핵은 미국의 독점에서 벗어나 공산권에도 지분이 주어졌다. 핵의 양극체제가 이뤄지게 된 것이다. 이때 중고생으로서 소련의 핵실험과 핵보유를 반대하는 궐기대회에 참여하게 되었다. 참석하면서도 약간 찜찜하게 느껴진 점도 있었다. 그것은 미국이 핵실험을 할 때에는 조용히 있다가 소련이 할 때에는 궐기대회를 서두른다는 것이었다. 말하자면 핵실험 반대가 일관되지 않았다는 것이다. 이상하게 느꼈지만 젊은 시절의 투철한 '반공정신'과 '애국심'은 그걸 어렵지 않게 눌러버렸다.

그 뒤 영국(1952)과 프랑스(1960)에 이어 1964년에는 '중공'도 핵을 갖게 되었다. 핵의 다극체제 시대가 도래한 것이다. 이때는 중고등학교 교사로서 핵실험반대 궐기대회에 학생들을 동원해야 하는 위치가 되었다. 그즈음 프랑스가 태평양 가운데서 핵실험을 했던 것으로 기억한다. 그때는 문제를 삼지 않았다. 그러나 '중공'의 핵실험에는 반대했다. 이유는 '중공' 핵실험의 낙진이 한국에 뿌려진다는 것이었다. 오늘날 황사 현상과 비교해보면 과학적인 근거도 갖고 있었을 것이다. 그렇다면 태평양을 오염시킬 수 있는 프랑스의 핵실험은 간과해도 되는 것인가? 한국의 입장에서는 원근의 문제가 있었지만, 진영논리가 배제된 것은 아니었다. 바다오염이나 낙진보다는 오히려 핵실험의 주체가 우리와 어떤 관계에 있느냐 하는 것이 묵인과 반대의 기준이 되었다. 핵실험 반대의 기준은 핵이 인류에게 유해하다는 관점이다. 그것이 어디에서 행하여지든 인류 전체로 본다면 유해하다는 관점에서 반대해야 한다는 것이다. 낙진을 내세우고는 있었지만, 핵이라는 잣대보다는 관계라는 잣대가 찬성과 반대를 지배했다. 이때도 용기가 없어 핵이라는 본질 문제에 접근하지 못한 채 진영논리에 편승하고 말았다.

이렇게 시작된, 객관적 입장과 진영논리 간의 갈등은 점차 사고의 중립성을 고민하도록 만들었다. 결국 객관적이고 중립적인 사고는 이해관계나 피아의 진영논리를 초월하지 않으면 불가능하다는 결론에 이르게 되었다. 그러다가 최근에 다시 비슷한 현상을 맞으면서 고민하게 되었다. 그것은 거의 같은 시기에 남북에서 쏘아올린 로켓이 계기가 되었다. 북한은 그들의 말대로라면 "지난해 12월 지구관측위성 광명성 3호의 2호기를 운반 로켓인 은하 3호에 실어 발사"했고, 한국은 올 1월에 '나로호(KSLV-I)'라는 우주발사체를 이용하여 100킬로그램 급의 인공위성을 지구 저궤도에 진입시켰다. 우주를 향해 쏘아올린 두 로켓에 대한 평가는 매우 달랐다.

우주를 향해 발사한 로켓이 한국의 것은 우주발사체고, 북한의 것은 국정원 분석에 의하면 대륙간탄도미사일이라는 것이다. 유엔 안보리에서 중국까지 가세하여 경고를 발한 것으로 보아 북한의 것을 그렇게 보는 데는 상당한 근거가 있을 것임에 틀림없고, 나로서는 두 로켓을 그렇게 정의한 데 대해서 시비할 능력도 없고 그럴 위치도 아니다. 문제는 국제정치에서 그렇게 정의된 것이 진영논리를 제거한 세계보편적 관점에서 보았을 때도 그럴까 하는 점이다. 진영논리를 허물어버린 관점에서 보았을 때도 두 로켓은 근본적인 차이를 갖고 있는 것일까? 두 로켓은 우주 공간에서 계속 돌리면 인공위성이 되는 것이고, 목표지점에 떨어뜨리면 대륙간탄도미사일이 되는 것이 아닌가? 이런 생각이 문외한의 단순 무식의 소치일까? 이런 생각이 가능하다면, 두 로켓에 대한 지금의 평가는 엄밀한 객관성을 담보했다고 할 수 있을까? 어린 시절, 핵실험에서 유발된 진영논리에 대한 의구심이 이런 문제에는 적용되지 않았으면 하는 것이 솔직한 심정이다.

언제부터인가 남북은 사물을 진영논리에 입각한 적대적 시각에서 봐온 전력을 갖고 있다. 그 시각에 서서 보게 되면 같은 사물을 완전히 다르게 볼 수 있다. 북한 핵 문제도 그럴 수 있지 않을까? 북한 핵을 비판하지 않을 사람은 없다. 나도 마찬가지다. 그러나 내 초점은 북한이기 때문에 반대한다기보다는 핵이기 때문에 반대하는 것이다. 그런 점에서 본다면 우리가 핵을 갖겠다는 것도 분명히 반대한다. 역시 핵이기 때문에 반대하는 것이다. 이같은 관점에서 본다면 나는 중국과 러시아의 핵도 반대하지만 미국과 영국 등의 핵도 반대한다. 때문에 핵에 대한 관점을 분명히 할 필요가 있다. 핵을 갖지 못해서 핵의 피해자가 될 수 있기 때문에 반대한다는 진영논리가 아니라 핵이기 때문에, 그것이 인류와 자연과 환경을 파괴할 것이기 때문에 반대하는 것이다.

여기서 북한 핵 문제에 대한 해결의 논리도 이 같은 입지에서 출발하게 된다면 지금까지 핵보유국이 취해왔던 진영논리를 벗어나 새로운 대안을 모색할 수 있지 않을까? 지금까지 핵보유국은 핵에 대한 자신의 기득권을 유지하면서 핵을 더 이상 확산시키지 않으려는 자세를 고수하고 있다. 이른바 핵 확산 방지다. 그 방안은 핵을 가진 자와 갖지 못한 자의 공정한 룰이 될 수 없고 또한 전 지구적인 생존을 대변한 것이라고도 할 수 없다. 핵보유 여부를 초월한 관점에서라야만 핵 문제를 공정하게 다룰 수 있고, 전 지구를 살리는 길이 어떤 것인지를 모색하게 될 것이다. 이런 관점에서 이뤄지는 논의는 결국 핵을 지구상에서 '모두' 제거하자는 논의로 발전될 수 있을 것이다. 거기에서라야만 핵 이해관계를 떠나서 핵 문제를 전 인류의 생존과 관련해서 진지하게 논의할 수 있게 될 것이다.

거의 20년 전에 백범강좌에서 한국의 원자력 전문가를 모시고 강연을 들은 적이 있다. 그때 핵을 개발하려는 국가에 대해서 제재를 가하려고 하면서도, 핵보유국이 먼저 취해야 할 핵 폐기 조치에는 왜 소홀한지, 핵보유국이 먼저 핵을 폐기함으로써 핵 개발의 유혹을 봉쇄하는 관점에 대해서는 왜 그렇게 무관심한지를 물었던 적이 있다. 핵 개발의 유혹을 받지 않도록 하는 것은 바로 핵보유국도 자기의 핵을 파기하는 의지를 행동화함으로써 가능하지 않겠느냐고 물었던 것이다. 핵은 인류의 생존을 위협하는 괴물이다. 진영에 관계없이, 핵을 갖는 것은 인류를 파멸로 이끈다. 때문에 북한 핵 문제도 NPT 체제를 넘어서는, 지구상의 핵을 모두 제거해야 한다는 관점에 서서 핵에 대한 유혹을 막고 핵 억지를 설득할 수는 없는 것인지?

1950년대 함석헌은 "생각하는 백성이라야 산다"고 외쳤다. 남북이 서로를 향해 '괴뢰(꼭두각시)'라고 비난하고 있을 때, 그는 남북이 서로를 향해 괴뢰라고 하는 걸 보면, "한반도에는 괴뢰밖에는 없다"고 탄식했다. 그러면서 먼저 조종자의 손놀림에 의해 움직이는 이 '괴뢰적'인 환경과 사고에서 벗어나야 한다고 설파했다. 괴뢰적인 사고가 뭔가? 자기의 사고가 아니라 진영 논리에 편승하는 사고요, 꼭두각시 조종자의 손놀림에 따르는, 주체를 망각한 사고다. 괴뢰적인 사고를 벗어난다는 것은 곧 한 반도의 민족 문제를 통전적인 관점에서, 초월적이면서 포용적 으로 고민하자는 것이 아니겠는가? 이것은 곧 남북을 아우르 는, 객관적이고 보편적인 관점에서 한민족의 문제를 고민하자 는 것으로 보인다.

문익환은 〈꿈을 비는 마음〉에서 이렇게 읊었다.

벗들이여!

이런 꿈은 어떻겠오?

155마일 휴전선을

해 뜨는 동해 바다 쪽으로 거슬러 오르다가 오르다가

푸른 바다가 굽어 보이는 산정에 다달아

국군의 피로 뒤범벅이 되었던 북녘 땅 한 삽

공산군의 살이 썩은 남녘 땅 한 삽씩 떠서

합장을 지내는 꿈,

그 무덤은 우리 5천만 겨레의 순례지가 되겠지!

그 앞에서 눈물을 글썽이다 보면

사팔뜨기가 된 우리의 눈들이 제대로 돌아

산이 산으로, 내가 내로, 하늘이 하늘로

나무가 나무로, 새가 새로, 짐승이 짐승으로

사람이 사람으로 제대로 보이는

어처구니없는 꿈 말이외다.

문익환은 사팔뜨기가 된 눈, 한쪽에 치우친 진영의 논리로써
는 민족의 상황을 객관적으로 보지도, 고민하지도, 사고하지도,
해결하지도 못한다고 외쳤던 것이 아니겠는가?

_ 2013. 2. 11. 〈성숙의 불씨〉

풍선에 실어 보내는 사랑

벌써 두 번째다. 새터민들과 남쪽 동포들로 구성된 교회에서 동포 사랑의 뜻을 담은 라면을 풍선에 실어 북으로 날려 보냈다. 지난번에는 강원도 쪽으로, 이번에는 황해도 쪽으로 보냈다. 다시 바람 방향이 잡히게 되면 이 일은 재개될 것이다.

그 교회에는 풍선을 이용하여 물건 보내는 일에 전문적인 지식을 가진 젊은이들이 있다. 그들의 전문적 지식은 한때 북에 선전삐라를 보내는 데 이용되었다. 그러나 그들이 예수 그리스도를 통해 동포사랑의 비결을 깨닫고 난 뒤에는 북한 동포에게 선전삐라 대신 사랑을 담아 보내는 것을 고민하게 되었다. 풍선에 넣을 가스와 그 풍선에 달 알맞은 무게, 그리고 적당한 거리를 날아간 후 공중에서 낙하할 시간을 알리는 타이머, 이런 것들은 전문가가 아니면 제대로 활용할 수가 없다.

천안함 사건과 5·24조치 이후 남북관계는, 그동안 당국 간의 줄다리기에서 보인 바와 같이, 그야말로 꽉 막혀 있다. 당국은 민간부문의 대북관계도 틀어막았다. 그 업보를 어떻게 감당할 것인지 어떤 때는 두렵기도 하다. 겉으로는 인도적인 것이 가능한 것같이 호언하지만 내막은 전혀 그렇지 않다. 수재를 돕겠다면서 기껏 보내겠다는 것이 초코파이 수준을 넘지 못하는가 하면, 쌀과 시멘트가 아니면 절대 받지 않겠다는 고집은 바늘 끝만큼의 여유도 용납하지 않으려는, 말하자면 양측의 치기 그것을 그대로 노출시키고 있다. 평화통일이라는 절체절명의 민족적 과제가 이런 수준의 인간들에게 맡겨졌다는 것은 그것 자체가 또 하나의 비극이다.

이런 상황에서 그 교회는 어떻게 하면 북녘에 우리의 사랑을 전달할 수 있을까를 늘 고민하면서 기도하고 준비해왔다. 때문에 두 번에 걸쳐서 띄워 보낸 라면에는 그걸 어떻게 요리해서 먹을 수 있는가를 북한 용어로 간단하게 적은 몇 줄 외에는 아무것도 써넣지 않았다. 그래도 그 하잘것없는 주머니에는, 민족분단의 죄책적 고민을 담았고 평화통일의 의지를 담았으며 북녘 동포의 곤경에 동참하겠다는 연민의 정도 담았다. 그들의 얼굴에 흐르는 눈물을 직접 닦아주지는 못할지라도 어디엔가 당신들의 배고픔에 역시 아파하는 동족이 있으며, 포탄이 오가는 살벌한 남북관계에서도 당신들을 눈여겨보려는 사랑하는 동족이 있음을 보여주려 했다. 그러면서 우리 안에서는 "구제를 좋아하는 자는 풍족하여질 것이요, 남을 윤택하게 하는 자는 자기도 윤택하여지리라(잠 11:25)"는 믿음이 확대되는 분위기를 감지할 수 있었다.

풍선 날리기에 북녘에서 온 새터민 젊은이들이 앞장섰지만, 거기에는 남녘 동포들도 힘을 합쳤다. 한 풍선에 진공 포장한 라면 23개를 한 주머니에 넣어 달고 총 100개의 풍선을 띄우는 데는 적지 않은 비용이 들었다. 그걸 그 교회의 식구들과 이웃 교회와 무명의 그리스도인들이 기꺼이 부담했다. 그걸 날려 보내면서 벅차오르는 감격이 있었고 기쁨이 있었으며, 허물을 용서하고 화해를 추구하는 의지가 분명했다. 이 일에는 한국의 평화통일을 염원하는 외국인들도 참여했다. 그들 역시 이 작업을 도우면서 분단 한국의 아픔에 동참, 자원하는 마음을 읽을 수 있었다.

라면을 풍선에 실어 보내려는 발상은, 북한으로 삐라를 실어 보내는 것에서 힌트를 얻어서 가능했다. 북한 비판에 앞장선 이들은 북한 군부의 엄포에도 불구하고 선전삐라를 날려 보냈다. 남북관계를 우려하는 이들은 그걸 만류하려 했다. 강행하려는 측과 만류하려는 측 사이에 심한 갈등을 빚었다는 것은 언론에 노출된 바 있다. 그때 당국은 민주주의 사회의 공권력답게, 삐라를 풍선에 실어 북한에 보내는 것을 막을 법적 근거가 없다고 분명히 밝혔다. 동일한 법을 가지고 이중 삼중의 '고무줄 잣대'를 들이댄 적이 없지 않은 당국이 '법적 근거가 없다'고 운운한 그런 태도는 언제 표변할지 알 수 없다. 그렇지만 법적 근거가 없다는 당국의 그 한마디는 풍선에 라면을 실어 보내는 이 일에 매우 시의적절하게 용기를 줄 수 있었다. 삐라 보내는 것을 막을 수 없다면 하물며 사랑의 마음을 담은 라면 보내는 것이 어떻게 방해를 받을 수 있겠는가. 라면이 북한에 보내서는 안 되는 금수품목도 아닌 바에야 더욱 그렇다.

평화통일이 우리의 염원이라면 증오를 품고서는 이룩할 수 없다. 서로를 용서하고 화해하는 것이 먼저 이뤄져야 한다. 그러나 남북 양측 당국의 태도는 실망스럽기 짝이 없다. 민족사는 이들의 행태를 똑똑하게 기록해둘 것이지만, 이들은 역사를 전혀 개의치 않기로 작심한 것같이 보인다. 이런 답답한 상황 속에서도 바늘구멍 같은 숨통을 틔워가는 노력들이 보인다. 라면 봉지를 단 풍선이 분단의 경계선을 전혀 의식하지 않은 채 저 높은 창공으로 곧추 날아가는 것을 보면서, 우리의 눈을 위로 향하면 용서와 화해의 공간을 무한대로 넓힐 수 있겠구나 하는 강렬한 느낌을 받는다. ＿2012. 9. 17.

신은미 선생

지난해 연말 전북 익산의 통일 토크콘서트에서 일어난 폭발물 사고는 재미교포 신은미 선생을 부각시켰다. 나는 그 사건을 보고 매우 안타깝게 생각한다. 그러기에 그를 소개함으로 그에게 덧씌워져 있는 선입견을 벗길 수 있었으면 하는 기대를 갖는다. 내가 이 글을 씀으로 최근 항간에 퍼져 있는, 나에 대한 왜곡된 소문을 악화시킬 수 있다는 것도 모르지 않는다. 악의적으로 퍼뜨리는 헛소문에 일일이 대응한다는 것이 불가능하다는 것도 알고 있다. 명예를 중히 여기면서 이제 살 만큼 살았으니, 진실을 밝히려는 데 도움이 된다면, 그 명예에 좀 흠집이 가면 어떠랴. 이런 땐 시편 기자가 말한 대로, "하나님이여, 주의 이름으로 나를 구원하시고 주의 힘으로 나를 변호하소서"(시 54:1)라고 고백하는 것밖에는 다른 길이 보이지 않는다.

내가 신 선생과 인사를 나누게 된 것은 약 2년 전 한반도평화포럼에서 그를 초청하여 그의 북한 방문 강연을 들었을 때다. 그는 남편과 함께 북한 방문을 마치고 서울에 와서 우리들의 초청에 응해 북한 소식을 전해주었다. 강연을 마치고는 손수 피아노를 치면서 노래를 불렀고 우리는 앙코르로 화답했다. 그 무렵 그는 인터넷 매체인 〈오마이뉴스〉에 매주 1-2회씩 북한방문기 "재미동포 아줌마, 북한에 가다"를 연재하고 있었고 매회 수십만 명이 읽었다. 한반도평화포럼에서 그를 초청하게 된 것도 〈오마이뉴스〉에 연재되고 있는 그의 글을 읽었기 때문이다. 나는 2012년 6월경부터 연재된 그의 기행문을 가끔 읽으면서 북한 방문 소감이 내가 북한을 여섯 번(그중 한 번은 개성)이나 본 것보다는 솔직하게 표현하고 있다고 생각했다. 그는 내가 가지 못했던 곳을 갈 수 있었고 내가 보지 못했던 것을 볼 수 있었다. 때문에 나는 그가 묘사한 북한과 내가 방문했을 때 느낀 북한을 비교해보기도 했다. 그의 방문기에 의하면, 확실히 그는 내가 방문했을 때에 어떤 제약이 주어진 것과는 달리 적어도 나보다는 더 자유스럽게 둘러본 것 같았다. 이는 그가 재미교포로서 미국 국적이었기 때문이었을 것으로 판단했다. 그는 2011년 10월과 2012년 4월과 5월, 2013년 8월과 9월에도 나진·선봉과 북한의 여러 곳을 다녀왔다.

신은미 선생의 북한 여행기는 뒷날 같은 제목의 책으로 묶였다. 놀라운 것은 그 책이 2013년도 문화관광부 우수문학도서에 선정되었다는 것이다. 또 통일부는 그 책을 홍보하는 동영상 프

로그램까지 만들어 홈페이지에 올리기도 했다. 2014년 10월에
는 한국기자협회, PD연합회, 전국언론노동조합이 공동으로 수
여하는 '통일언론상 특별상'을 받기까지 했다. 2014년 4월에
전국 순회강연을 했는데 그때도 전혀 문제가 되지 않았다. 그
의 책을 더 소개할 겨를이 없지만, 그의 기행문이 이렇게 정부
에 의해서 평가받은 것은 그만한 이유가 있다고 본다. 우선 그
는 그가 보고 들은 것을 솔직하게 표현하고 있다. 그런 솔직한
표현이 뒷날 남북한 당국에 의해 족쇄가 될 수도 있는데, 그는
그걸 개의치 않고 보고 들은 대로 썼다. 그것이 북한 이해와 통
일의식 형성에 도움이 된다고 판단했기 때문일 것이다. 나는 다
읽어보지 못했기 때문에 그의 책을 언급하는 것은 한계가 있지
만, 적어도 내가 읽은 범위에서는 그런 솔직함을 느꼈고, 그 책
은 남북한이 서로를 이해하는 데 큰 도움이 될 것이라고 판단했
다. 남북한이 서로를 이해하는 것이 통일의 전제라면 그 책은
그만큼 통일에 기여했다고 하지 않을 수 없다.

그의 글과 강연을 통해 내가 알게 된 그는 어릴 때에 리틀엔
젤스 단원으로서 세계를 누비며 음악을 선사했다. 리틀엔젤스
가 통일교와 관련이 있다는 항간의 구설수를 의식한다면 어쩌
면 이 점을 감출 수도 있었지만, 그는 군사정권 시절 리틀엔젤
스가 국위선양을 했다는 데에 방점을 찍고 그걸 감추지 않았다.
여기에서도 그의 솔직성이 엿보인다. 그는 서울의 명문 여대에
서 음악을 전공했고, 서울 강남 모 대형교회의 성가대원으로 활

동했다. 그의 가정 분위기도 반공의식에 충실하여 그의 외조부가 제헌국회 때 반공법을 만드는 데에 앞장섰다고 한다. 이렇게 그는 한국 국민이라면 내재적으로 갖고 있는 반공의식과 강남이 상징하는 부르주아성과 보수성을 벗어나지 못했다. LA에서의 결혼 생활도 민족이니 통일이니 하는 데로 의식을 확장시키지 못했다. 여행을 좋아하는 그의 남편이 이것저것 고르다가 북한을 선택했을 때도 그는 왜 하필이면 북한이냐고 항의할 정도였다. 그는 우리 대부분이 경험한 철저한 반공교육에 갇혀 반공적 삶에서 한 발자국도 벗어나지 않았다. 그러나 두려움과 초조함으로 처음 방문한 북한에서 그의 표현처럼 "방북 첫날, 일종의 충격을 느꼈다"는 것이다. 북한의 평범성에 놀랐다는 것이다. 이것은 필자 또한 그랬고 그 밖의 북한 방문자들이 느끼는 것이나 다름없다. 그는 이 "지극히 평범하고 당연한 모습에서 갑자기 배신감이 느껴지게 되었다"고 했다. 그가 이때껏 배우고 상상했던 북한은 이런 곳이어서는 안 되었기 때문이다. 그만큼 어릴 때부터 배우고 익힌 북한에 대한 예단이 북한의 표면상의 실제 모습 앞에서 혼란을 일으킨 것이다. 그런 느낌은 북한을 처음 방문했던 필자나 우리 모두에게도 낯설지 않은 것이다.

한반도평화포럼에서 그 내외와 인사를 나눈 후 명함을 주고받았다. 그 뒤 누가 먼저랄 것도 없이 한두 차례 인사치레의 이메일이 오갔다. 필자는 그가 북한에 다녀왔다는 점에 유의하여 내가 출석하고 있는 하나로교회를 소개했다. 하나로교회는 북한에서 내려온 새터민 청년들이 많이 출석하고 있다. 고향 소식에 목말라 하고 있는 그들에게 북한 소식을 들려주고 싶었던 것이다. 메일을 교환하면서 필자는 신 선생 내외분께, 서울에 들를 기회가 되면 우리 교회를 방문하여 예배를 같이 드릴 수 있었으면 좋겠다고 했다. 더 가능하다면 신 선생 내외의 북한 방문 소식을 우리 교회의 북한 출신 청년들에게 간증해주면 좋겠다는 의견도 제시했다. 그러던 차 지난해 10월 말경 신 선생 내외가 메일을 보내면서, 다시 북한 방문을 위해 서울을 들를 것이라고 했다. 나는 그가 서울에 오게 되면 우리 교회에 와서 북한 청년들에게 그의 북한 방문 소식을 들려주는 것이 좋겠다고 생각하고 교회와 의논, 신 선생을 모실 수 있게 되었다. 나는 신 선생 내외분에게 11월 23일 주일 오후에 우리 교회에 와서 북한 방문을 간증해달라고 요청했고, 그날 오후에 북한 방문 이야기를 풀었다. 그날 그는 북한 방문 이야기를 하면서 무엇보다 통일의 당위성을 강조했다. 이것은 그의 여행기 곳곳에서 나타나는 북한에 대한 연민의 정과 상통한다. 내가 그를 초청한 사실을 두고도 사시斜視의 눈으로 보는 이들이 없지 않다. "지금도 북한의 현실을 보고 느낀 대로 전하는 것이 남북통일에 도움이 되며 최고의 국위선양이라 생각"한다는 신 선생의 말에 좀 더 진지해졌으면 한다.

반공주의에 철저히 갇혀 대결의 눈으로만 북한을 바라보던 신 선생은 북한 방문을 통해 그 실상을 예술적인 감수성과 함께 바라보면서, 동족에 대해 연민의 마음으로 새롭게 눈을 떠간 것으로 보인다. 어느 기자는 신 선생의 글을 두고 이렇게 말했다. "어떤 측면에서 신 씨의 글은 지나치게 순진무구한 것이 사실이지만, '종북'이나 '찬양'으로 보기는 어려웠다." 그 기자는 또 신 선생의 남편이 〈동아일보〉와의 인터뷰에서 언급한, "나는 오히려 북한에 가서 실망한 것이 많았는데 반공교육을 철저하게 받았던 아내는 순박한 사람들에게 감동을 느꼈다"고 한 말을 들려주었다. 나 또한 그 기자의 말에 동의한다. 그는 출국정지 기간 동안 세 번이나 경찰 조사를 받았지만, 이재봉 교수의 지적처럼 "경찰이 그녀의 책 앞표지부터 뒤표지까지 아무리 샅샅이 살펴봐도 국가보안법 위반으로 잡아들일 내용이 없고, 강연 내용을 뒤져봐도 잘못이 없으며, 미국 내에서 지인들과 통화한 기록까지 털어도 시비를 걸 게 없으니, 출입국관리법 위반으로 처벌"하려고 한 것 같다고 했다. 말하자면 털어도 먼지가 나지 않으니 "관광비자로 입국해 강연하며 돈을 벌었다는" 출입국관리법 위반으로 흠집 씌워 추방하려는 것이다.

그는 글에서든 강연에서든, 종편과 보수언론이 그를 두고 주장한 "북한은 지상낙원"이라고 묘사한 적이 없음을, 분명하게 밝혔다. 우리 사회가 '종편'적 잣대에 따라, 신 선생의 간증을 왜곡하거나 매도한다면 우리가 지향하는 민주주의와 관용성에 크게 역행한다고 생각한다. 종편적 잣대에 따라서 어제 우수도서로 정부가 표창한 그 도서가 오늘에 와서 그 책 내용으로 분명한 이유를 찾지 못한 채, 그것도 정부가 그 명예를 말소시키는 것은 도저히 이해할 수 없다. 우리 사회가 그렇게 옹졸한 사회가 아니지 않은가. 나는 민주사회의 다양성과 관용성이 그의 북한 방문의 느낌까지 얼마든지 포용할 수 있다고 확신한다. 우리 사회가 그가 기자회견문으로 낸 "통일 토크콘서트와 관련하여 발표한 기자회견문"을 한 번이라도 읽어본다면, 그에 대한 편견을 버리고 그의 호소의 진정성에 귀를 기울일 수 있게 될 것이다.

_ 2015. 1. 2.

'12월 19일' 그리고 김이수 헌법재판관

엊그저께 미국이 쿠바와 53년 만에 국교를 정상화하기로 했다는 소식은 세계를 고무시켰다. 1961년, 카스트로가 일으킨 쿠바 혁명이 성공하자 미국은 쿠바를 봉쇄하고 지금까지 고사枯死 작전을 펴왔다. 그러나 오바마 대통령은 "지난 50년 세월 동안 쿠바 봉쇄 정책은 효과가 없었다는 사실이 드러났"음을 시인하고 새로운 접근법을 모색, 국교를 정상화하기로 했다. 카리브해에서도 냉전 체제가 무너지고 있음을 다행스럽게 생각한다.

쿠바 혁명을 생각하면서 학창 시절 미국의 사회학자 C. 라이트 밀즈가 쓴 《들어라 양키들아》를 단숨에 읽었음을 회상하지 않을 수 없다. 지금 읽어도 그런 흥분이 일어날 수 있을 것 같을 정도로 심금을 울렸던 저서였다. 저자는 사회학 교수로서 쿠바 혁명의 불가피성을 설명하면서 독자들 특히 젊은이들의 피가 끓도록 만들었다. 그 책은 성경과 유교 경전을 옆에 두고 있던 당시의 내게, 토마스 아 켐피스의 《그리스도를 본받아》와 함께 감동을 주었던 책 중의 하나였음을 기억한다.

어제, 대선이 있은 지 만 2년이 되던 날이다. 몇 사람이 서초구 대법원 청사 앞에서 일종의 규탄 모임을 가졌다. 18대 대선이 끝난 직후 작년 1월 4일, 개표부정에 항의하여 선거무효소송을 제기했는데, 대법원은 공직선거법(제225조)에 명시한 "소가 제기된 날부터 180일 이내에 처리하여야 한다"는 규정을 무시하고 아직도 공판개시 기일조차 잡지 않고 있다. 몇 번 독촉했으나 묵묵부답이란다. 법을 잘 알고 법에 따라 재판해야 할 공직자들이 이를 무시하는 것은 직무유기가 아닐까? 이를 규탄하기 위해 외쳤던 것이다.

헌법재판소의 통합진보당 해산판결 소식을 들은 것은 바로 대법원 정문 앞에서다. 헌재 재판관 9명 중 8명이 통진당 해산에 찬성하여 그 정당에 해산명령을 내리고 정당 소속 5명의 국회의원에게서도 의원직을 박탈해버렸다는 것이다. 충격적이었다. 그 자리에 있던 모두는 '변괴'라고 했다. 1987년 '6월 민주혁명'의 산물로 신설된 헌법재판소가 '민주'를 압살할 수도 있는 그런 엄청난 판결을 내리다니, 믿어지지 않았다.

귀가하여 찬찬히 그 판결문을 읽어보았다. 8명의 의견이 모아졌을 해산판결의 내용에는 내 이성으로는 도저히 이해하지 못할 부분이 없지 않았다. 평생 법을 전공했을 분들이 북한식 사회주의를 실현한다는 '숨은 목적'이니 '진정한 목적'이니 하는, 이미 실현된 행위가 아닌 미래에 실현될지도 모르는 가상의 상황에 법적 심판의 잣대를 갖다 대고 있는 듯한 느낌이었다. 또 부분의 문제를 전체에 확대시키는 논리도 이해되지 않았다. 더구나 이 판결에 영향을 주었을 '아르오RO'의 실체도 인정되지 않았고, 이석기 의원의 내란음모에 무죄가 선고된 상태에서 대법원의 확정판결이 나오지도 않았는데 서둘러 정당해산의 판결을 내렸다는 것도 납득하기 어려웠다. 그들은 과연 그 판결문을 보기라도 하고 동의했을까 하는 의구심이 들었다.

그러나 김이수 재판관은 입장을 달리했다. 그는 정당해산의 요건을 엄격하게 해석하고 적용하여야 함을 전제로, 통합진보당에게 은폐된 목적이 있다는 점에 대한 증거가 없고, 그 강령 등에 나타난 진보적 민주주의 등 통진당의 목적은 민주적 기본질서에 위배되지 않는다고 했다. 통합진보당이 "민주적 기본질서에 위배되는 목적의 추구를 위하여 적극적·의도적으로 국가보안법 위반 전력자를 기용하였다고 볼 수도 없"어 결국 그들의 행위를 "민주적 기본질서에 위배되지 아니한다"고 보았다. 그는 또 비례원칙 충족 여부와 관련해서도 통합진보당에 대한 "해산결정은 그것을 통해 달성할 수 있는 사회적 이익이 통상적인 관념에 비해 크지 않을 수 있"기에 "정당해산의 정당화 사유로서의 비례원칙 준수라는 헌법상 요청을 충족시키지 못한다"고 보았다.

이런 관점에 서서 그는 다음과 같이 결론지었다. "따라서 이 사건 심판청구는 기각되어야 한다. 이는 피청구인의 문제점들에 대해 면죄부를 주고 피청구인을 옹호하기 위해서가 아니라, 바로 우리가 오랜 세월 피땀 흘려 어렵게 성취한 민주주의와 법치주의의 성과를 훼손하지 않기 위한 것이고, 또한 대한민국 헌정질서에 대한 의연한 신뢰를 천명하기 위한 것이며, 헌법정신의 본질을 수호하기 위한 것이다."

'12·19' 헌법재판소 정당해산판결이 어떤 파장을 몰고 올 것이며, 역사에 어떻게 평가될 것인지 예상 못할 바는 아니다. 그것이 당장 "오랜 세월 피땀 흘려 어렵게 성취한 민주주의와 법치주의의 성과를 훼손"하지 않으리라는 보장도 없다. 나는 이런 시기에 어려운 결단을 내린 김이수 헌법재판관을, 정당해산 결정에 무리로 동참한 강일원, 김창종, 박한철, 서기석, 안창호, 이정미, 이진성, 조용호 재판관과 구별하여 기억하고자 한다.

이 사태를 강 건너 불 보듯, 나 자신과는 전혀 무관하다고 생각하고 있을 여야 정치인들과 국민들은 독일 고백교회의 지도자 마르틴 니묄러가 나치에 항거하지 못한 자신을 반성하면서 되뇐 말을 소중히 기억해야겠다. "처음에 그들이 사회주의자들을 잡으러 왔다. 하지만 나는 사회주의자가 아니었기 때문에 나서지 않았다. 다음에 그들이 유대인들을 잡으러 왔다. 하지만 나는 유대인이 아니었기 때문에 나서지 않았다. 그리고 그들이 나를 잡으러 왔다. 하지만 나를 위해 나서줄 사람은 아무도 남지 않았다."

— **2014. 12. 20.**

대법원은 언제까지 국민의 인내만 요구할 것인가

지난해 12월 19일, '개표부정'을 포함한 수많은 '부정선거'의 증거들이 드러났다고 주장되는 가운데, 18대 대선 2주년을 맞았다. 이어서 금년 1월 4일은 그러한 '선거부정'에 항거하여 '제18대대통령선거무효소송'을 제기한 지 2주년이 되는 날이었다. 그때는 2,000여 명이 소송을 제기했지만 지금은 거의 1만 명에 가까운 이들이 가담하여 이 선거무효소송에 힘을 실어주고 있다. 공직선거법(제225조)에 소송이 제기된 지 6개월 안에 이를 처리해야 한다는 규정이 있음에도 불구하고 대법원은 아직 재판개시 기일조차 정하지 못하고 있단다. 소송을 제기한 이들이 몇 차례 항의, 독촉했지만 묵묵부답이다. 보다 못해 유권자들이 국회의원을 통해 국회에서 질의토록 했으나 곧 시작할 것이라는 답변만 겨우 끌어냈다고 한다. 들리는 소리로는, 이런저런 법적인 문제가 얽혀 있는 의원들로서는 더 이상 대법원을 추궁할 수 없을 것이라고 한다.

18대 대선 '개표부정'에 대해서는 남아 있는 전산자료들과, 선거 이후에 간행된 몇 권의 '부정선거백서' 책자를 통해 밝혀지고 있다. 그러나 책자를 통해 '선거부정'을 폭로한 한영수, 김필원 두 분은 구속되어 재판을 받고 있다. 선거종사자들의 명예를 훼손했다는 것이 죄목이다. 두 분의 책자에서 주장한 내용이 옳은지 그른지 그 '부정선거' 여부를 조사하여 밝히면 명예훼손이 될 것인지 아닌지 명백해질 것 같은데도, 그들을 기소한 검찰이나 재판을 맡은 법원도 '부정선거' 여부를 밝히는 데는 별로 관심이 없다. 그러다 보니 이들을 가둬놓는 것은 어떻게든 그들의 입을 틀어막으려는 데 초점이 있는 것이 아닌가 하는 의구심을 면할 수 없다. 더구나 처음 명예훼손 문제가 제기되었을 때 경찰에서는 '해당 없음'이라고 정리했는데도 검찰이 오히려 그들을 구속기소까지 했으니 이를 어떻게 봐야 할 것인가. 그 뒤 목회자들 중에서 개표 때 수개표를 하지 않은 여러 지역 선관위를 고발하고 '부정선거백서'를 통해 '선거부정'을 폭로했지만, 검찰은 대부분 무혐의 처분하거나 그 책자의 주장을 외면하고 있다. 무엇을 말하는가. '선거부정'의 철저한 조사를 통해 이 나라 검찰권을 확립하겠다는 데는 별로 관심이 없다는 것이 아니겠는가.

공직선거법에서 6개월 안에 제기된 소송내용을 처리해야 한다고 명시한 것은 분명히 이유가 있다. 선거진행 과정에 불법·탈법이 있었거나, 혹은 부정으로 당선된 이들이 있다면, 그 불법 당선자가 자리를 잡기 전에 조치하도록 하기 위함일 것이다. 그렇게 함으로써 정권의 정통성과 정치적 안정을 확보할 수 있을 것이다. 18대 대선에 대한 선거무효소송은 어떤 정당이나 정치단체에 의해서 제기된 것이 아니고, 그 부정을 인지한 민주시민에 의해 자발적으로 제기된 것이다. 그만큼 정치적 의도나 정쟁의 소지가 적다고 할 것이다. 그런 이유로도 그 소송은 신속히 처리해야 할 근거를 상대적으로 높게 갖고 있다. 민주시민의 자발적인 소송은, 후보를 낸 정당의 정권 쟁취의 의도와는 달리, 선거 진행과정에서 나타난, 도저히 묵과할 수 없는 부정들을 간파하고 이렇게 되어서는 앞으로의 선거결과가 유권자의 투표행위와는 무관하게 진행될 수도 있겠다는 우려 때문에 제기된 것이었다. 다시 말하면 이렇게 소송이라도 내어서 바로잡지 않으면 앞으로 선거를 통해 유권자의 의사를 정직하게 반영하는 것이 어렵다고 판단했기 때문이다. 그러나 대법원은 그런 국민의 뜻을 아는지 모르는지, 아직까지 미적거리고 있다. 한심하다 못해 분노가 치민다.

18대 대선을 치르고 약 1년 동안 새누리당은 걸핏하면 야당을 향해 '대선 불복'이냐고 겁박했다. 지금 와서 생각하면 그게 이유가 있었다. 새누리당의 그런 '겁박'에 대해 야당은 지레 손사래를 치면서 "전혀 그렇지 않다"라고 했을 뿐만 아니라 보기에 따라서는 제발 살려달라는 식으로 비칠 정도로 비겁하게 응

수했다. 야당의 그 가련한 모습이란! 그런데 민주시민들은 야당이 기대하지도 않았던 선거무효소송이라는 밥상을 차려주었다. 그러나 야당은 이걸 정치적인 이슈로 만들 생각이 없었고 오히려 그걸 부담스러워하고 그것으로 피해를 받지 않을까 두려워하는 듯했다. 왜 새누리당은 야당을 향해 걸핏하면 '대선 불복'이냐고 으름장을 놓고 겁박했을까? 그럴 만한 이유가 있었을 것이다. 그것은 여당도 알고 야당도 알고 있을 것이다. 속사정을 알고 있는 여당은 덮어버리고 싶었을 것이고, 계파분열로 대선에 혼연일체가 되지 못했던 야당은 더 나가서는 곤란한 일이 있을지도 모른다고 판단했음인지 그 선에서 주저앉고 말았다. '대선 불복'이라는 소리만 들어도 지레 질겁했던 야당을 향해 거의 1년 이상 새누리당은 이 겁박을 계속했다. 백기 투항한 야당을 향한 그 집요한 엄포는 사실은 국민을 향한 것이었고, 효과는 다른 엉뚱한 곳에서 나타났다. 대법원이 지금까지 선거소송을 결행하지 못하는 이유도 정치권의 이런 겁박과 무관하다고 할 수 있을까.

얼마 전에 발표된 "18대 대선부정 2주년 대법원선거무효소송 이행촉구와 국헌을 문란케 한 부정선거사범들에 대한 대검찰청 고발 성명서"는 구소련의 독재자 스탈린의 선거부정 관련 '명언'이라 할, "투표는 인민이 하지만 개표는 권력자가 한다. 투표하는 자는 아무것도 결정하지 못하고 개표하는 자가 모든 것을 결정한다"를 인용한 후, 지난 18대 대선이 그런 꼴이 되었다고 주장했다. 이 성명서가 주장한 의혹과 부정은, 선거 당일 선관위 발표 투표인 수가 한 시간 만에 200만 명이 줄었다는 것을 비롯하여, 투표함을 열기도 전에 또 위원장이 공표하기도 전에 개표방송을 하여 부정을 감행했고, 중앙선관위가 후보자별 투표결과를 검증할 수 없게 했으며, 공직선거법을 완전히 무시함으로 수작업 개표를 완전히 누락한 것이나 미인식未認識 투표지가 112만 표가 발생한 것, 개표기를 개표소마다 6대 이상 비치함으로 개표참관 불능 상태를 조장했다는 것 등을 들었다. 이 주장이 근거 없는 것이라면 바로 재판을 통해 밝혀주면 될 일이다. 그렇게 해야만 정권의 정통성이, 겁박에 의해서가 아니라 선거를 통해, 확립될 수 있음을 보여줄 것이다.

　"소訴가 제기된 지 6개월 이내에 처리하도록 한" 공직선거법에 따르면, 소송을 제기한 지 2년이 되는 2015년 1월 4일은, 시간만으로 따지면 처리기간을 네 번이나 넘긴 날이다. 소송을 제기한 유권자들이 몇 번이나 독촉했지만 묵묵부답이다. 민주사회에서 정권의 정통성은 선거를 통해 이뤄지는 법, 유권자들의 소송은 대법원이 이 정권의 정통성 문제를 법적 근거에 따라 가려달라는 것이다. 공직선거법에 따라 제기한 유권자들의 요구가 부당하다면 재판을 통해 기각하면 될 것이고, 그렇게 하면 더 이상 정권의 정통성에 대한 시비도 일어날 수 없을 것이다. 깨끗하게 해소시킬 수 있는 문제를 이도 저도 아닌 상태로 대법원이 질질 끌고 나가는 것은 이 정권을 위해서도 바람직하지 않다. 야당과 국민을 향해 겁박할 정도로 그렇게 자신이 있다면 여당도 대법원을 향해 재판개시를 촉구해야 하는 것 아닌가. 대법원의 이런 태도에 대해 정치권이나 언론에서 계속 문제를 제기하지 않는다면 이제 민주시민 전체가 항변해야 할 단계에 이른 것이 아닌가. 법을 가장 성실히 지켜야 할 대법원이 '정권의 정통성' 문제가 달린 이 문제를 두고 미적거리는 것은 변명할 여지가 없이 '직무유기'에 해당되는 것이라고 본다. 여야를 불문하고 정치권과 방송·신문 등 언론은 왜 이 같은 문제에 대해서 아직도 제대로 문제제기를 하지 않는가.

대법원이 아직도 재판을 열지 않는 것이 법리상의 문제인지, 용기의 문제인지, 아니면 밝히지 못할 다른 사정이 있는 것인지 알 수 없다. 이렇게 꾸물대다가 임기가 끝날 즈음에 판단을 내린다고 하자. 그렇다면 과연 재판결과의 실효성을 기대할 수 있겠는가. 어떤 이는 "지금에 와서 어쩌자는 것인가"라고 말할는지 모르지만, 지금 이 문제를 제대로 바로잡아놓지 않으면 앞으로 선거부정이 더 교묘해져서 스탈린의 말대로 '인민의 투표와는 관계없이 개표하는 자가 모든 것을 결정'해버리는 시대가 오지 않으리라는 보장이 없다. 그래서 지금 계류되어 있는 대법원의 재판이 중요하다. 이제 대법원은 국민의 입으로부터 '탄핵' 소리가 나오기 전에 서둘러야 한다. 특히 재판을 담당한 법관이나 이 문제를 시대적 과제로 안은 대법원에 무엇보다 용기와 지혜와 결단이 기대된다. 이 문제를 법대로 처리하지 않으면 그

대법관과 대법원이 자신의 영예를 지키지 못한 것은 물론이고 이 시대가 권력에 타협·굴종한 비겁자들의 역사로 평가될까 두렵다.

_ 2015. 1. 8.

일본의 역주행을 우려한다

최근 일본 지도층의 망발과 역주행이 눈에 띄게 나타나고 있다. 과거 한국사 왜곡을 부추길 때도 그 망발이 국제적인 파장을 일으켰을 때는 얼른 수습하려는 최소한의 모습을 보였지만 지금은 자신들의 역주행을 보란 듯이 드러내고 있다. 이런 역주행이 최근 국민적 지지를 바탕으로 한 자민당의 자신감에서 나왔다는 점에서 다른 때와는 차이가 있다.

최근 그들은 제2차 세계대전 후에 제정된 평화헌법을 개정하겠다고까지 공언하고 있는 실정이다. 미국의 핵우산 아래 세계 2위의 경제적 수준을 유지하면서도 은인자중하던 그들이 중국의 성장과 북한의 위협을 빌미삼아 그들 헌법이 금하고 있는 재무장도 불사하고 국제사회에 나서겠다는 것이다. 또 최근 아베 신조 총리나 아소 다로 부총리의 평화헌법 개정 의지는 말할 것도 없고, 하시모토 도루 일본유신회 공동대표(오사카 시장)의 위안부 관련 발언은 거침이 없다. 참의원 선거에서 승리하자 그들의 역주행은 이제 어디까지 갈 것인지 짐작할 수 없을 정도다. 일본이 그들의 경제와 문화에 상응하는 문명국 예의를 갖춰야 함에도 불구하고 오히려 과거사를 부정하는 등의 역주행 행태를 과시함으로 세계에 부담을 주고 있지 않은지 걱정스럽다. 더구나 일의대수一衣帶水의 관계에 있는 우리에게랴.

지도층 인사들의 한국사 관련 망언

이미 지나간 일이지만, 일본 지도자들의 한국사 관련 망언은 이루 말할 수 없다. 관련 인사만 해도 구보다 간이치로를 비롯하여 이케다 하야토 수상, 다카쓰키 신이치 제7차 한일회담 일본 측 수석대표, 사토 에이사쿠 수상, 사쿠라다 다케시 경단련 회장, 와타나베 미치오 외무장관, 노로타 호세 자민당 의원, 이시하라 신타로 도쿄도 지사, 아소 다로 전 자민당 정무조사회 회장 등이 있다.

이들의 망언은 다음 몇 가지로 요약된다. 첫째, 만약 한국이 일본의 지배하에 들어가지 않았다면 러시아 등 다른 나라의 지배를 받게 되었을 것이다. 둘째, 일본은 한국을 무력·불법에 의해서가 아니라 합법적인 절차에 의해 병합했다(한국병합 합법론). 셋째, 일본은 강점기에 한국을 수탈한 것이 아니라 은혜를 베풀어 한국 근대화에 기여했다(식민통치 미화론 또는 식민지 시혜론). 이는 일제 식민통치의 정당성을 입증하려는 전형적인 식민주의 사관으로 '조선지배 정당화론'이다. 최근에는 '아시아 해방론'

과 '대동아공영권' 같은 주장도 떳떳하게 내세우고 있다.

　최근에 아베 신조 정권이 주도하는 극우화 현상은 마치 하마구치 수상 저격 사건 후 군부세력이 휘몰아간 1930년대의 분위기를 연상토록 한다. 아베노믹스를 통해 자신감을 얻은 일본 자민당은 중·참의원 선거에서 압승을 거두었다. 그들의 자신감이 이웃 나라에서 보면 천방지축으로 나타나는 것 같지만, 그들의 관점에서는 치밀하게 일본의 장래를 재정비하려는 것인 듯하다. 일제 군국주의를 연상시키는 듯한 역주행은 다음 몇 가지로 나타난다.

평화헌법을 개정하겠다는 역주행

　요 최근에 가장 눈에 띄는 것이다. 제2차 세계대전 때 젊은이들을 전쟁으로 몰아넣은 정신적 기반이 천황제다. 때문에 전후 의당 폐기되어야 할 천황제가 존치된 것은 '전쟁포기, 전력보유·교전권 불인정' 등을 명기한 일본 평화헌법의 핵심인 9조와 맞바꾼 성격을 갖고 있다. 그런데 이 평화헌법 개정 주장은 아베에 앞서 그의 외조부 기시 노부스케가 시도하려 했던 것이다. 기시는 총리 시절, 일본의 진정한 독립을 위해서는 평화헌법을 '자주헌법'으로 바꾸어야 한다고 주장했는데 그 DNA가 고스란히 그의 외손자 아베에게 물려진 것이다. 헌법 9조 개정을 들고 나온 아베 정권은 여론이 만만치 않다는 것을 알고, 개헌 발의 요건을 완화하는 헌법 96조 개정을 들먹였다. 등번호 96의 야구 유니폼을 입고 퍼포먼스를 감행한 것도 이 때문이다. 또 집단적 자위권을 행사할 수 없다는 현행 헌법해석을 변경하고자 하는 움직임도 활발하다. 이는 미일관계와 한반도·중국 양안관계와 중동에너지 안보 등을 구실로 하여 집단적 자위권을 행사할 수 있도록, 헌법해석을 변경하겠다는 것이다. 충격적인 것은 집단적 자위권 헌법해석 변경을 통해 일본이 자국 안보에 영향을 미친다고 판단할 때에는 한반도 유사사태에도 개입할 수 있는 내부적 근거까지 만들겠다고 하는 점이다. 일본 국민이 헌법개정에 소극적이라는 것을 간파하자, 얼마 전 아소 다로 부총리는 '나치스 발언'을 통해 아베 정권의 헌법개정 '속내'를 드러냈다. 그러나 아무리 아베노믹스에 취한 일본 국민들이라 하더라도 그들이 과거 침략사에서 얻은 교훈을 잊지 않는다면 쉽게 헌법개정에 동의하지 않을 것이다.

과거사 반성에 대한 역주행

이 점은 특히 '위안부'(일본군 성노예) 문제에서 뚜렷이 드러난다. 미야자와 기이치 내각 때 관방장관이었던 고노 요헤이는 1993년 "위안소는 당시 군 당국의 요청에 의해 만든 것이며, 위안소의 설치·관리 및 위안부의 이송에 관해서는 옛 일본군이 직접 혹은 간접적으로 이에 관여"했고, 위안부 모집도 "감언·강압에 의하는 등 본인들의 의사에 반해 모집된 사례가 많이 있으며, 관헌 등이 직접 이에 가담했다"고 밝히고 "(일본 정부는) 이른바 종군위안부로서 허다한 고통을 경험하고, 심신에 걸쳐 씻기 어려운 상처를 입은 모든 분들께 사과와 반성의 마음을 올린다"는 고노 담화를 발표한 적이 있다. 이 담화는 그 뒤 1995년 침략과 식민지배를 사죄한 무라야마 도미이치 담화를 끌어내는 등 일본의 변화된 역사 인식에 크게 기여했다.

그런데 자민당 극우파는 이런 역사 인식을 '자학사관自虐史觀'이라 폄훼했고 최근에는 위안부 강제동원의 역사마저 부정하고 있다. 그 선봉에 선 사람이 아베 신조 현 총리로서 그는 제1차 아베 내각(2006년 9월-2007년 9월) 때에 "위안부를 강제로 연행한 증거는 없다"는 말로 고노 담화를 부정했다. 이에 미국 의회에서 일제 위안부 강제동원 관련 결의안을 채택하는 등 국제사회의 압력이 거세지자, 아베는 꼬리를 내렸다. 2012년 말 총선과정에서 "자민당이 집권하면 고노 담화와 무라야마 담화를 재검토할 필요가 있다"고 밝힌 아베는 다시 총리직에 오르자 "새로운 역사 인식을 담은 아베 담화를 내겠다"고 선언했다. 이번에도 한국과 미국 등 국제사회의 반발이 커지자, 움츠리고는 있지만 그 속내는 변화되지 않고 있다. 그런 가운데 일본 내 보수 세력인 하시모토 오사카 시장은 위안부 문제에 대해 입에 담을 수 없는 발언을 쏟아내고 있다. 이게 문명국 일본이 벌이는 역주행의 현주소다.

일본은 또 최근 군국주의를 회귀하려는 듯한 역주행을 가속화하고 있다. 일제 침략시의 해군 군기이자 군국주의의 상징인 욱일승천기를 기회 있을 때마다 날리고 있다. 최근 히로시마 '원폭 희생자 위령식·평화기념식'에 참석한 아베는 "핵무기 근절과 세계의 영원한 평화 실현에 힘을 아끼지 않을 것을 맹세한다"고 강조하면서도, 평화헌법을 뜯어고치고 '국방군'을 보유하겠다고 성언하며 '핵무기의 인도적 영향에 관한 공동성명' 서명은 거부했다. 히로시마 행사가 있던 그날 요코하마 바닷가에는 '나치 망언'으로 주가를 올린 아소 다로 부총리가 나타나 해상자위대 역사상 최대 군함인 '이즈모'의 진수식에 참석했다. '이즈모'라는 이름은 태평양전쟁 당시 일제 해군의 순양함으로 제3함대 기함이었던 이즈모에서 따왔는데, 1937년 중국 상하이에 파견됐다는 점에서 중국 측의 항의를 받기도 했다.

주목할 것은 이때 이 군함 이름을 '나가토長門'로 하는 것도 검토했다고 하는데, 이는 1941년 태평양전쟁 개전 당시 야마모토 이소로쿠 사령관이 승선해 진주만 공격을 진두지휘했던 군함이었다. 그러나 미국을 자극할까 봐 나가토라는 이름의 부활이 유보됐다는 것이다. 히로시마 원폭 투하일에 진수식을 한 이즈모의 선미에는 태평양전쟁 당시 아시아 각국을 침공했던 일본 해군의 욱일승천기가 펄럭이고 있었다. 욱일승천기는 아무리 변명한다 해도 "일본이 한국을 식민 통치하고 중국 침략 전쟁을 벌일 때 사용하던 전범기"라는 비난은 피할 수 없다.

야스쿠니 신사참배의 역주행

〈아사히신문〉은 정치인들의 '야스쿠니 참배'가 정교 분리에 어긋나는 것임을 경고했다. 정치와 종교의 분리는 현대 민주주의의 철칙인데, "총리와 각료의 야스쿠니 참배는 헌법의 정교(정치·종교) 분리 원칙에 비춰 허용되지 않을 가능성이 크다"고 경고했다. 그러나 아베 내각은 국가를 위해 돌아간 이들에 대한 참배는 어느 나라에도 있는 것이라면서 그들의 야스쿠니 참배를 정당화하고 있다. 국가추도시설이 아닌 종교시설화되어 있는 야스쿠니에 대한 참배는 그것 자체가 종교행위다. 야스쿠니 참배에 대한 논란을 막고 그들 말대로 호국영령을 위한 현충시설로 하려면 국가추도시설을 따로 건립하면 된다. 이렇게 되면 "특정한 종교색 없이, 누구나 거리낌 없이 추도할 수 있"게 되는 것이다.

야스쿠니에는 현재 태평양전쟁 A급 전범 14명을 포함해 246만 6,000명가량이 합사돼 있다. 야스쿠니 신사참배를 반대하는 또 하나의 이유는 바로 태평양전쟁 A급 전범에 대한 참배가 그 전쟁을 정당화한다는 논리가 성립될 수 있기 때문이다. 그동안 총리로서 참배한 것은 1975년 8월 15일 미키 다케오로부터 시작하여 그 뒤 나카소네 야스히로, 하시모토 류타로, 고이즈미(6회)이며 나머지 총리들은 재임 기간 신사참배를 하지 않았다. 아베 신조는 '야스쿠니 신사 참배론자'이지만 2005년 당시 자민당 간사장 대리로서 야스쿠니 신사에 참배한 후 총리로서는 공물만 바치고 내각의 대신들만 참석시키고 있다. 그는 이를 늘 억울해 하고 있다.

여기서 하나 지적할 것은 야스쿠니 신사에는 현재 한국인 전몰자 약 2만 1,000명이 합사돼 있다는 것이다. 한국 측에서 오랫동안 이들 영령들의 한국 봉환을 주장하고 있지만 요지부동이다. 신사 측은 "당시 일본인이었고 이미 신이 되었기 때문에 당연한 것"이라고 주장한다. 야스쿠니 신사에 안치된 한국인 영령은 1946년 10월의 창씨개명 무효화에도 불구하고 창씨개명된 상태로 안치되어 있다. 이 역시 이들은 이미 신의 영역에 거하기 때문에 어쩔 수 없단다. 야스쿠니 신사에 얹혀 있는 한국인 이름을 지워달라는 한국 유족들의 요구는 그래서 번번이 묵살되고 있다. 우리 정부와 독립운동관련 기관이 적극 나서야 한다.

이렇게 몇 가지 관점에서 일본의 우경화와 역주행을 살펴봤다. 일본의 정치인들이 이런 역주행의 선동꾼으로 나서고 있는 것은 자못 비극이다. 거기에 비해 일본의 양식 있는 시민들은 그들 정치 선동꾼들에 회유되지 않는 모습도 보이고 있다. 최근 일본의 우경화 역주행이 더 심화되어가는 현실에서, 우리 정부와 민간은 국제적인 유대를 통해 일본의 역주행을 경고하는 한편 일본의 건전한 시민사회와의 소통도 강화해야 할 것이다.

_ 2013. 8. 26.

분노하라

최근 이곳저곳에서 명사들의 강연 같은 것을 들을라치면 언중 유골이라고 할 정도로 무서운 '분노'와 '비아냥거림'이 담겨 있음을 직감한다. 그들 중에는 우리 사회의 아주 점잖은 원로들도 있다. 그들은 이제 대놓고 오늘날의 시대를 두고 신음하다 못해 분노를 포효하고 있다. 대부분은 어쩌다가 나라가 이 지경에 이르게 되었는가 하는 한탄이 분노로 이어진다. 절망의 소리는 심연의 문을 두드리는 것 같고, 분노는 가히 하늘을 찌를 듯하다. 중구삭금衆口鑠金이라 했던가, 뭇사람의 이런 원망 섞인 생각과 말이 쇠를 녹이는 것과 같은 무서운 결과를 가져올까 두렵다.

성인군자일 리가 없는 나 또한 최근에 치밀어 오르는 분노를 어찌지 못한다. 분노는 삭여야 한다고 훈련받은 바 있어 그걸 참고 있으려면, 과거 화병에 걸렸다는 것이 이런 경우를 두고 한 말이었구나 하는 느낌이 들 정도다. 그러다가 얼마 전 외우畏友 이석영 교수로부터 스테판 에셀의 《분노하라》를 받아 읽게 되었다. 1917년생인 저자는 제2차 세계대전 때 프랑스가 나치에 강점당하자 런던으로 망명, 드골에 합류했다. 1944년 사명을 띠고 프랑스로 건너와 레지스탕스로 활동하다가 체포, 몇 번의 고비를 넘긴 후 간신히 생명을 부지하게 되었다. 그는 2차 대전이 끝난 후 외교관으로 유엔인권선언 초안 작성에도 참여한 지성인이다.

에셀은 93세 되던 해 '삶의 마지막 단계'에 이르렀음을 알고, 과거 레지스탕스 정신을 되돌아보면서 오는 세대들에게 '분노하라'라는 말로써 자신의 유언을 대신하고 있다. 그는 레지스탕스의 기본 동기는 '분노'였다고 말한다. 그러고는 후세들에게 당부하는 다음 말로써 이 책을 열고 있다.

레지스탕스 운동의 백전노장이며 '자유 프랑스'의 투쟁 동력이었던 우리는 젊은 세대들에게 호소한다. 레지스탕스의 유산과 그 이상들을 부디 되살려달라고, 전파하라고. 그대들에게 이렇게 말한다. "이제 총대를 넘겨받으라. 분노하라!"고. 정치계·경제계·지성계의 책임자들과 사회 구성원 전체는 맡은바 사명을 나 몰라라 해서도 안 되며, 우리 사회의 평화와 민주주의를 위협하는 국제 금융시장의 독재에 휘둘려서도 안 된다.

그는 또 독자들에게 자신이 나치즘에 분노했듯이 독자들 각자가 자기 나름대로 분노의 동기를 갖고 무언가에 분노한다면

"그때 우리는 힘 있는 투사, 참여하는 투사가 된다"고 역설한다. 이럴 때 역사의 흐름은 "더 큰 정의, 더 큰 자유의 방향으로 흘러간다"고 강조한다.

그는 분노를 정당화해주는 여러 사항을 지적한다. 그는 경제적 불평등과 관련하여 민영화된 은행들이 자기들의 이익배당을 우선하고 경영진의 고액 연봉 액수에 관심을 보이는 반면 일반 대중의 이익에는 아랑곳하지 않는, 그리하여 극빈층과 최상위 부유층 사이에 벌어지는 격차 등에 대해서 관심을 갖는다. 그는 또 제국주의적 식민 활동, 이민과 불법체류자 문제, 인권과 교육, 사회보장제도 등에 대해서까지 분노하라고 지적한다. 그는 특히 팔레스타인 문제를 의식했음인지, '불법체류자들'을 차별하는 문제와 이민자들을 의심하고 추방하는 사회에 대해서도 분노해야 한다고 강조한다. 그러나 그는 폭력과 테러리즘은 반대한다. '폭력적인 희망'이란 없는 법이고, "비폭력이 폭력을 멈추게 하는 좀 더 확실한 수단"이며, "테러리즘은 효과적인 수단이 아니"라고 강조한다.

이 글의 목적은 에셀의 책을 소개하는 데 있지 않고, '거룩한 분노'를 일으켜야 한다고 '선동'하려는 데 있다. '거룩한 분노'가 없는 곳에 '공의'의 싹이 움트기 어렵다. 무엇보다 '거룩한 분노'는 먼저 자신의 문제에서부터 시작되어야 한다. 자신의 거짓됨과 추악함과 행악에 대한 분노가 앞서야 한다. 자신의 죄악에 대한 '사적 분노'가 사회에 대한 '공적 분노'로 이어져야 한다. 자기 자신의 허물과 죄악에 대한 철저한 분노가 '공분'의 기초가 될 수 있다. '공분'이 사라진 사회는 정의사회에 대한 희망이 없다. 사적 분노 대신 공적 분노를 공론화하고 결집시키면 사회변화의 에너지로 활용하는 것이 가능해진다.

나는 사적 분노의 대상이 될 만한 약점이 아주 많은 사람이다. 그러나 그걸 잠시 접고 공적 분노를 언급하겠다. 최근 우리 사회는 보궐선거와 관련해서 분노를 발해야 했다. 전에 공당 출신의 시장이 소속 정당의 정책을 걸고 주민투표를 감행했으나 패배했고, 그게 원인이 되어 보궐선거가 진행되었다. 그렇다면 염치가 있는 정당이라면, 주민투표와 보궐선거에 막대한 비용을 쓰게 해서도 안 되었을 것이고, 이미 정책으로 심판을 받은 상황에서 후보를 다시 내는 것도 부끄러운 일이었다. 그럼에도 그들은 후보를 세웠고 선거를 더럽히고 타락시켰다. 이런 건 공분의 대상이 되고도 남는다. 이런 선거임에도 불구하고 서울 시민의 50퍼센트는 이런 공분을 발할 수 있는 투표장에 나가지 않았다. 역설적으로 공분을 발하지 않는 사람들도 공분의 대상이 되어야 한다.

성희롱으로 1심 재판에서 유죄판결을 받은 의원이 무슨 심보에서인지 시민단체 출신 후보를 향해 계속 문제제기를 했다. 그가 제기한 문제가 근거가 있는 것이라면 선거 후에도 그 문제를 갖고 시비를 가렸어야 했다. 그렇지 않다면 그 문제제기가 네거티브 전략의 일환이었고 유권자의 판단을 흐리게 할 목적으로 안출된 것이었다고밖에 볼 수 없다. 당시 공당은 공당대로 루머를 계속 퍼뜨리거나 침소봉대하여 네거티브 선거전략을 써먹었다. 이런 건 충분히 공분의 대상이다. 시민단체 출신 후보에게 비리가 없는 것이 오히려 다른 시비를 일으켰던 것이다. 이 정권 들어와서 청문회에서 공직자로 나선 사람에게 기본요건처럼 되어 있던 각종 비리(병역비리, 땅 투기, 탈세, 위장전입 등)를 그 시민단체 출신 후보에게서 찾을 수 없게 되자 그 공당은 '아니면 말고' 식의, 그러나 제3자가 들으면 어마어마한 비리가 있는 것처럼 의혹을 부풀려서 선거전을 타락시켰다. 이는 이 나라 선거풍토를 공당 스스로가 난장판으로 만든 것이다. '아니면 말고' 식의 고약한 선거풍토를 몰아가다가 결국 부메랑을 맞았지만, 이런 행패에 대해서 시민들은 마땅히 '거룩한 분노'가 있어야 한다. 그 분노가 응징으로 연결되어야 한다.

선거에서 가장 저질스러운 짓거리는 근거 없는 색깔론이다. 이는 분노의 대상이 아닐 수 없다. 투표 며칠을 앞두고는 종북좌파라고 공격했다. 색깔론 공격은, 다음에 그런 근거 없는 공격을 예방하기 위해서도, 선거 후에 반드시 그 진실 여부를 규명해야 한다. 이 땅의 친일 잔재들이 반공이라는 그늘에 숨어서 진보 세력을 헐뜯는 종착점은 색깔론이었다. 과거에는 '빨갱이'로 몰았고, 최근에는 '친북좌파' 혹은 '종북좌파'라는 딱지를 붙이는 것이다. 색깔론은 선거가 막바지에 이르면 불리한 측에서 꺼내는 '전가의 보도'다. 이번에 그들은 막바지에 상대방 후보를 공격하면서 "이번 선거는 평양시장을 선출하는 것이 아니라 서울시장을 선출하는 것이며, 따라서 '종북시장'을 선출해서는 안 된다"고 색깔공세를 폈다. 공당의 지도부까지 총동원되어 매도한 그 후보의 행적이 과연 '종북좌파'로 규정할 수 있는 것인지, 정말 그런 확신이 있다면 선거가 끝난 후에 흐지부지할 것이 아니라 그걸 제기한 측에서 '색깔'을 증명해 보였어야 한다. 그리하여 그들의 말대로 '종북좌파'라는 게 입증되면 응분의 책임을 지워야 할 것이고, 그렇지 않다면 상대방을 폄훼한 그들이 색깔론에 대한 철저한 책임을 져야 할 것이다.

최근 이 땅에는 '종북좌파'라는 말이 횡행하고 있다. 9월 15일에는 이미 당선된 박원순 시장을 향해 '종북좌파'라고 하면서 테러를 가했단다. 필자도 기독당 설립에 반대하는 토론에 나섰다가 '종북좌파'라는 서면질의서를 하나 받은 적이 있다. 필자가 그걸 받으면서 '나 같은 사람도 종북좌파라고 지목하는 걸 보니 그게 한심한 수준이구나' 하는 생각을 하게 되었다. 그러나 지금도 '종북좌파'가 무엇을 의미하는지 정확하게 모른다. 그 단어가 정확하게 개념 규정이 된 말인가? 아니면 적당히 상대방을 매도하는 수단으로 사용되는 말인가? '종북좌파'로 규정하려면 '종북좌파'라는 단어의 개념을 정확하게 규정하고 사용해야 한다. 그의 언행이 북의 어느 것을 따랐기에 '종북'이라 하는지 먼저 그것을 적시하고 그것이 '종북좌파'의 개념에 해당되는지를 살펴야 한다. 같은 동포인 남북이 상대방의 언어와 문화, 풍속을 답습하고 있는 것이 적지 않다. 한때 간첩 색출 때문에 '동무'란 말을 맘대로 쓸 수 없었던 때가 있었다. '종북좌파'를 규정하는 데 이런 유치한 단계의 것을 적용하지는 않을 것이다. 그렇다면 북의 어떤 것을 수긍하거나 따르면 '종북좌파'인가? '종북'이라는 단어를 사용하는 이들은, 남에서 행하는 어떤 언행이 북의 것을 따르는 것인지 아닌지, 북의 실체를 훤하게 알고 그런 말을 하는 것일까? '종북좌파'라는 말을 상용하는 이들은 자신들이 얼마나 북을 알고 있는지知北, 또 어떻게 그걸 알게 되었는지 그것부터 먼저 밝혀야 한다.

공산주의 사회는 '인민의 평등'을 주장한다. 민주주의 국가도 인간의 평등을 주장한다. 평등을 주장하면 그것도 종북인가? 무상급식이 공산주의식이라서 '종북좌파'인가? 어떤 사람이 남의 정책을 비판한다고 하자. 만약 그가 비판한 정책을 북이 먼저 비판한 내용과 같다면, 그는 북이 한 비판을 따른 것이어서 '종북'이 되는 것인가? 통일론에서 연방제를 주장하면 '종북좌파'인가? 그러나 연방제에는 여러 종류가 있고 또 남에서는 사상의 자유가 있는데 연방제를 주장했다는 그것으로 '종북좌파'라고 할 수 있는가? 이러다간 어느 시점에 가게 되면 민족통일을 주장해도 '종북좌파'로 몰릴지도 모른다.

'종북좌파'라는 말을 두고 우리 안에서 제대로 논의를 거친 적이 없음을 유감으로 생각한다. '종북좌파'라는 말은 코에 걸면 코걸이요 귀에 걸면 귀걸이로 되어버렸다. 그래서 비판적인 지식인을 때려잡는 데 이용한다. 또 자기 맘에 들지 않는 사람이나 자기와 의견을 달리하는 상대방을 음해하는 데도 조그마한 꼬투리를 발견하면 이를 활용한다. '종북좌파'라는 말이 이렇게 럭비공처럼 튀고 있는데도, 그 공이 자기에게 튈까 몸만 사렸지, 여기에 대해 분노하거나 반박하는 이가 없다. 이런 매카시즘에 대해서 정면으로 분노하고 그 단어 저편에 숨어서 시시덕거리는 음흉한 세력들의 정체를 까밝히고 정면 도전해야 한다.

'종북좌파'라는 말은 기독교 정당을 하겠다는 인사들의 입에서도 여과 없이 새나왔다. 그들이 기독교 정당을 하겠다는 이유도 이 땅에서 '종북좌파'를 척결하겠다는 것이란다. 지난 10·26 보선에 출마한 그 당의 후보는 더 지독한 말도 했다. "빨갱이 괴수라 불리는 박원순 후보의 사상을 검증"하겠다는 것이다. 선거 후에도 박 시장을 두고 "국가관이 분명하다고 자기 입으로 말했지만, 애국가와 국민의례를 하지 않는 행적만 봐도 박원순은 종북주의자가 분명하므로, 기독자유민주당 차원에서, 선거가 끝났으니 제대로 검증하겠다"며 앞으로도 계속 공세를 펴겠단다. 애국가와 국민의례를 하지 않은 것을 두고 '종북좌파'라고 한다면, 일제 군국주의가 전시체제를 강화하면서 식민지 백성을 폭압하던 그 시절이 연상된다. 이들은 충일한 애국사상으로 언젠가는 교회 예배 때에 애국가와 국민의례를 할 사람들로 보인다. 일제 때 지극한 친일애국자들도 그렇게 했으니까. 이들의 말이 법정으로 비화하게 된다면, 박 시장이 '빨갱이 괴수' 혹은 '종북주의자가 분명'함을 입증할 수 있을까? 기독자유민주당의 이런 치졸한 언어 사용과 대결의식 조장에 대해서 기독교인들은 마땅히 분노해야 한다. 기독교를 정치에 이용하려고 그들은 기독교의 사랑과 정의는커녕 대결과 보복만 보인다. 양심의 소리보다는 거짓선전만 요란하다. 이를 묵인, 용납하는 것이야말로 기독교가 아니다.

복음주의자들은 장로 대통령의 행태에도 인내 대신 '공분'을 발해야 한다. 역대 장로 대통령들도 실정을 했지만, 기독교가 싸잡아 욕을 먹지는 않았다. 그러나 이명박 정권에 대한 비난은 노골적으로 기독교와 결부되고 있다. 어떤 이는 이 정권하에서 기독교인이라는 것이 '쪽팔린다'는데, 일이 이 지경에까지 이르렀다. '고소영'(고려대, 소망교회, 영남 출신)은 편파인사의 상징이요, 타 종교와의 대결 또한 반기독교적 정서만 부추겼다. 그의 치적이 역사에서 어떻게 평가될지 알 수 없다. 비전 없는 그에게 기독교인들은 장로라는 이유로 열광했고, 그는 거짓과 진실을 뒤섞었으며, 소통을 강조하면서도 불통의 극치를 이루었고, 가난하고 소외된 자들을 위한다는 시늉을 내면서도 복지예산은 삭감했다. 부자감세 정책은 재정적자까지 심화시켰다. 민족대결에 국방 무능까지 드러낸 그의 정치는 반민주, 반평화, 반통일, 반환경, 반생명이었다. 한마디 사과 없는 내곡동 사저 사건은 공사公私를 구분하지 못하는 어리석음의 상징이다. 외국 언론까지 가세하여, 대한민국 국민은 경제를 위해 부도덕한 지도자를 선택했다고 했고, 국익을 팔아서 국빈환대를 받은 대통령이라고 비난했다. 국민의 분노를 아랑곳하지 않고 한 달 새 몇 번씩 하는 외유를 두고, 국민으로부터는 배척받고 외국에서 환영받기 때문이라고 비아냥댔다. 기독교인으로서뿐만 아니라 국민의 한 사람으로서도 공분을 가져야 마땅하다.

분노해야 할 부분이 어찌 이뿐이겠는가? 쌍용자동차 협상 타결 후 벌써 노동자와 그 가족들 19명이 사망했다는 이 비극적 현실을 들었는가? 에셀의 당부에 따르면, 시대를 향한 분노는 끝이 없다. 그런 중에서도 한국 교회가 분노의 대상에서 예외일 수 없다. 해체 압력을 받고 있는 한기총은 도리어 개악의 수순을 밟는단다. 후안무치다. 공공연한 대형교회 세습은 이제 개혁세력을 지치게 만들었고 마귀들은 그 뒤에서 비웃고 있다. 은퇴하는 목회자들의 요구는 종종 상식을 뛰어넘는다. 선한 싸움을 싸운 이들의 최후가 욕되게 되고, 아름다운 목회의 피날레가 추악한 인간성으로 장식된다. 그나마 보이는 것은 빙산의 일각이다.
우리는 믿는다. 한국 교회에는 아직도 그리스도 십자가의 산 증인들이 더 많다는 것을. 그러나 그런 아름다움은 점차 빛이 바래고 사이비는 기승을 부린다. 그런데도 그리스도인들은 분노하지도, 하나님의 열심에 동참하지도 않는다. 왜 그럴까? 불의와의 타협에 순치되었기 때문이다. 분노해야 한다. '만민의 기도하는 집'을 '강도의 소굴'로 만들었다고 분노하셨던 예수님처럼 더 늦기 전에 분노해야 한다. 분노 저편의 용서와 화해를 위해서도.

_ **2011. 11. 10.**

약한 자 힘 주시고 강한 자 바르게

지금은 새벽 2시. 하나님 앞에 엎드린다. 그의 뜻을 묻는다. 매일 읽는 성경 순서를 따라 누가복음 24장을 읽는다. 스승의 죽음을 슬퍼한 나머지, 모든 것을 포기한 제자들에게 주님께서 나타나 격려하면서 부활의 새로운 소망을 주신다. "이에 그들의 마음을 열어 성경을 깨닫게 하"셨다(24:45)는 말씀이 와닿는다. 그리고 찬송을 부른다. "뜻 없이 무릎 꿇는 그 복종 아니요 / 운명에 맡겨 사는 그 생활 아니라 / 우리의 믿음 치솟아 독수리 날 듯이 / 주 뜻이 이뤄지이다 외치며 사나니 // 약한 자 힘주시고 강한 자 바르게 / 추한 자 정케 함이 주님의 뜻이라 / 해아래 압박 있는 곳 주 거기 계셔서 / 그 발로 막아주시어 정의가 사나니"(460장). 그리고 다시 "큰 물결 일어나 나 쉬지 못하나 / 이 풍랑으로 인하여 더 빨리 갑니다 // 이 세상 고락 간 주 뜻을 본받고 / 내 몸이 의지 없을 때 큰 믿음 주소서"(373장, 2, 4절)를 조용히 부른다. 시련을 당할 때마다 말씀은 탈진한 내 몸의 영양이 되었고, 찬송은 새로운 힘을 북돋아주었다. 오늘 새벽도 말씀과 찬송을 통해 겨우 "항상 기뻐하라. 쉬지 말고 기도하라. 범사에 감사하라. 이것이 그리스도 예수 안에서 너희를 향하신 하나님의 뜻이니라"(살전 5:16-18)의 말씀이 주는 영적 소성력에 닿을 수 있었다.

페이스북 동지들, 위로와 격려가 필요한 시간입니다. 용기를 가집시다. 나는 이번 선거가 이 사악한 정권과 그 정권을 뒷받침하고 있는 정당을 심판하는 것이어야 한다고 생각했습니다. 그러나 유권자들은 그걸 선택하지 않았습니다. 여당이 스스로 말한 '정책대결' 대신 네거티브와 감성에 호소하는 세력에 표를 던졌습니다. 다시 역사의 긴 시간에 진정한 승리가 어느 것인지를 묻게 되었습니다. 위로와 격려의 말을 주고받으면서 아픔을 서로 나눕시다. 거기에서 희망과 용기를 싹틔울 수 있습니다. "약한 자 힘주시고 강한 자 바르게" 그리하여 "정의가 사는" 꿈을 버릴 수 없습니다. 지금은 새벽 두시 반, 아직도 우리 "새벽 이슬 같은 주의 청년들"(시 110:3)에게는 "새벽을 깨우는"(시 57:8) 사명이 여전히 주어져 있습니다.　　　_ 2012. 12. 20.

역사란 무엇인가

역사를 생각한다

우리에게 역사의 의미는

일본의 역사교과서 왜곡 문제로 온 나라가 떠들썩하다. 평소에 역사에 대해 별로 관심을 가진 것 같지 않던 국민들이 일본 쪽에서 망언을 내놓거나 역사교과서 왜곡 문제를 제기하기만 하면 언제 그랬느냐는 듯이 애국·애족자가 되어 규탄과 분노를 서슴지 않는다. 일본의 정치인들이 자주 자신들의 정치적 입지를 굳히는 수단으로 한국에 대한 망언을 일삼듯이, 한국인들은 자신들의 역사의식을 소생시키는 계기를 일본과의 관계에서 찾는다. 이것은 일종의 아이러니이지만 사실이다. 일본 정치인들의 망언과 교과서 왜곡이 역설적으로 한국인들의 무디어가는 역사의식을 간헐적으로 일깨워주곤 했다. 이 역설적인 사실은, 일본의 망언 같은 충격적인 사건이 아니고서는 우리의 역사의식이 회복될 수 없도록 된, 딱한 현실을 반영하기도 한다.

한국인들은 일본의 역사왜곡이나 망언에 대해 어쩌면 과민하다고 할 정도로 예민한 반응을 드러내왔다. 그것은 단순히 일본이나 우리가 처한 현재적 위치나 상황 때문이라고는 말할 수 없다. 두 나라는 무역 교역량이 많고 인적인 교류가 잦은데다가 최근에 와서는 일본에 대한 문화 개방까지 이뤄져 가장 빈번한 접촉과 높은 의존도를 갖고 있다. 이 같은 양국관계에도 불구하고 한국에서 일본에 대해 예민한 반응이 이는 것은 무엇보다 일본이 한국에 저지른 과거의 행적 때문일 것이다. 역사 때문이란 말이다. 고려 말의 왜구로 한반도를 괴롭힌 이래 그들은 조선 중기 임진·정유 왜란 때에는 한국을 폐허로 만들다시피 하며 엄청난 피해를 입혔다. 거기에다 근대에 이르러 일본은 제국주의적 야욕을 조선에 대한 식민지화 작업으로 구체화했다. 일제강점 35년이 그것이다. 이 '불행했던 역사' 때문에 한국은 식민지 시기의 이야기만 나오면 일본에 대해 자다가도 눈을 부릅뜨지 않을 수 없게 된다.

이렇게 보면 역사는 과거를 되새김하는 데서 나온 것이지만, 과거에 머물지 않고 현재에 직결되어 있음을 알 수 있다. 현재에 다가와서 현재에 살아 꿈틀거리고 있는 것이다. 어떤 학자는 그래서 역사를 "현재와 과거의 대화"라고 했지만, 더 나아가 역사는 현재에 살아 생동하면서 현재와 미래를 규정해나가는 생동체와도 같다고 할 것이다. 역사의 의미는 일차적으로 여기에 있다. 아무도 과거 없는 현재를 말할 수 없다. 현재를 과거와 단절된 어떤 것으로 볼 수도 없다. 현재를 과거에 기속된 어떤 존재로 보는 것도 잘못된 것이지만, 과거와 동떨어진 존재로 보는 것은 더욱 잘못된 것이다. 이때 그 현재와 과거를 매개해주는 것이 역사다.

과거와 현재를 매개해주는 역사는 현재 속에 과거를 재현해주는 놀라운 복원력을 갖고 있다. 이 복원력은 때때로 전통의 힘으로 나타나기도 하고 공동체를 지탱하는 주체성으로 성격 지어지기도 한다. 한 공동체의 전통과 주체성은 역사의 복원력을 통하지 않고는 창출이 불가능하다. 역사를 모르면서 자기만의 전통을 말할 수 없다. 역사를 외면하는 공동체는 자신의 주체성을 가질 수 없다. 그래서 역사는 언어와 마찬가지로 한 공동체로 하여금 공동체 되게 만드는 가장 핵심적이고 기본적인 공유물이다. 그럼에도 불구하고 능률과 경쟁을 중시하는 사회는 전통과 주체성의 원천인 역사를 거추장스럽게 생각하게 되었고, 기능주의적 접근을 중요시하는 교육현장에서는 역사를 기능과목쯤으로 전락시켜 역사교육 자체를 망쳐버렸던 것이다. 하지만 세계화를 강조하는 이 시점에 세계화 전략을 감당하는 힘이 주체성의 원천인 역사에 있다는 것은 이제 두말할 필요가 없게 되었다.

역사는 무한한 시간과 공간 속에서 수많은 경험들을 축적해 놓은 보고寶庫라는 점에서 중요한 의미를 발견한다. 인간이 갖고 있는 대부분의 가치는 유한한 것이어서 그 총량이 제한되어 있다. 제한된 재화는 많이 갖는 측이 있으면 그 나머지는 적게 가질 수밖에 없다. 금은보화와 물질적 가치가 그런 것이다. 그러나 고귀한 가치는 공유할수록 더 커진다. 예술이 그렇고 지적인 가치가 그렇다. 그것들은 많은 사람이 나누어 가질수록 더 커지고 공유할수록 그 깊이가 더해진다. 역사라는 보고도 그렇다. 공동체의 성원이 그것을 향유할수록 지혜와 어리석음을 구분하게 되고 가능성과 경계성을 동시에 발견하게 된다. 역사라는 보고에 많은 사람이 접할수록 공동체의 전통적 풍요로움은 담보되면서 결속성은 커진다. 역사의 보고에서 성공적 사례만 끄집어낼 수 있기 때문에 귀한 것은 아니다. 오히려 그 보고는 실패와 고통의 경험을 수장하고 있기 때문에 더 값지다고 하지 않을 수 없다. 역사의 보고 속에 담겨 있는 실패와 고통의 경험은 현재와 미래에 그 극복 방법을 제시해준다는 점에서 지혜와 지략의 샘이 된다.

역사는 한 개인뿐만 아니라 공동체에 대해서도 마땅히 수행해야 할 진로를 제시한다. 그 점에서도 역사의 의미는 뚜렷하다. 역사는 인류사의 진행 과정을 통해 정의의 길과 불의의 길, 인류를 풍요롭게 하는 길과 멸망으로 이끄는 길, 협력·평화를 추구한 길과 갈등·전쟁의 길이 어떤 길이었는지를 밝혀준다. 역사는 또 인류가 궁극적으로 자유와 평등을 향해 진전해왔음을 보여준다. 자유와 평등은 양립하기 어려운 가치이지만, 그래도 자유화와 평등화의 길은 인류가 걸어온 과정이면서 또한 걸어가야 할 목표이기도 하다. 그래서 역사는 인간이 개인적으로는 자유화되어가며 공동체적으로는 평등화되어가는 과정이었다고 말할 수 있다. 이러한 인류사의 진행 방향은 역사가 아니면 어느 곳에서도 가르쳐주지 않는 귀한 교훈이다. 역사의 진행 방향을 터득한 많은 사람들이 이 역사의 방향대로 공동체를 개조하기 위해 개인적 희생을 무릅쓰고 노력해왔고, 그 결과 오늘날 이 정도의 세상을 만들었다. 인류가 역사를 통해 터득한 역사진행 방향에 대한 이 같은 확신이 바로 역사의식의 가장 중요한 측면이다. 이 같은 역사의식을 확고히 갖는 사람들이 증가하는 한 앞으로 전개될 역사가 더 어둡게 되지는 않을 것이다.

　역사가 인간의 삶을 총체적으로 검증하는 일종의 척도라는 점에서 역사의 의미는 정의의 가치를 고양한다. 그런 점에서 '세계사는 세계 심판'이라는 말이 어울린다. 어떤 사람이나 사건은 동시대에는 정확하게 평가되지 않다가 역사적인 과정을 통해서는 정확하게 평가된다. 가끔 그 평가가 상반되는 경우도 없지 않다. 역사적인 평가는 종합적이면서 냉엄하다. 동시대의 평가보다는 역사적인 평가를 중요시하는 이유가 여기에 있다. 역사적인 검증을 거치지 않은 평가는 객관성을 담보할 수 없다. 최근 기념관 건립이 다소 유행하면서 이런 문제가 제기되고 있다. 그러나 분명한 것은 역사적인 평가를 받지 않고서는 어떤 인물이나 사건이 포폄褒貶 또는 공동체적 기념의 대상이 되어서는 안 된다는 것이다. 최근에 김구와 박정희의 기념관 건립에서 대조적인 면이 나타나고 있는데, 김구 기념관 건립에 많은 사람들이 긍정적인 반응을 보이는 것과는 대조적으로 박정희 기념관 건립에 회의적인 것은 이 때문이다.

역사는 역사적으로 살아 있는 삶이 어떤 것인가를 보여준다. 그런 의미에서 역사는 순간을 살아가는 인간들에게 역사적인 삶을 살아갈 것을 요구한다. 따라서 역사는 높은 도덕률이면서 실천적인 윤리를 내포하고 있다. 역사는 수많은 시대, 수많은 인간의 삶에서 영원한 삶과 찰나적인 삶, 역사적인 삶과 시간적인 삶이 어떠한 것인가를 보여준다. 그래서 역사는 당대의 시간 속에 매몰되어 타협하면서 살아간 자와 시간을 초월하여 역사 앞에서 떳떳이 살아간 자를 확연히 구분해주고 있다. 이 말은 인간의 삶이 그 인간이 생활했던 당當 시대의 평가와, 역사적 통찰을 필요로 하는 통通 시대의 평가에서는 다를 수 있다는 것을 전제로 한다. 제한된 시대에는 별로 빛을 발하지 못했지만 긴 역사 속에서 빛을 발하는 귀한 존재들이 얼마나 많은가. 그 대표적인 존재로서 실학시대의 인물들을 꼽아보고 싶다. 유형원이 그랬고 이익이 그랬다. 정약용은 19년 동안 귀양살이했을 정도로 당시에는 시대적인 각광을 받지 못했다. 그러나 실학시대를 말할 때 그 역사에서는 가장 살아 있는 존재요 빛을 발하는이다. 반대로 실학시대에 왕후장상이 있었고 수많은 시대를 누렸던 권력자와 지도자들이 있었다. 그러나 그들은 그 시대 속에서는 살아 있었을지 모르지만 역사 속에서는 죽어 있는 존재들이다. 여기에 역사적 삶과 평가가 있고 엄정성이 존재한다.

여기서 역사에 살아 있는 존재란 어떤 것인가를 묻지 않을 수 없다. 그것은 역사가 나아가야 할 방향에 충실하게 살아간 삶이다. 역사가 개인적인 자유와 공동체의 평등을 위한 방향으로 움직여갔다면 그 방향에 서서 삶을 살아간 자들이 역사에 살아 있게 마련이다. 그러나 아무리 그 시대를 호령했던 존재라도 인간의 자유와 평등을 위한 삶의 방향을 외면하거나 그것을 되돌렸다면 그는 시간 속에서는 살아 있을는지 모르지만 역사 속에서는 죽어 있는 자다. 여기에서 우리는 당 시대에 죽는 한이 있더라도 역사에서는 살아야 한다는 당위성을 발견하게 된다. 이 당위성이 엄청난 용기와 실천을 요구하고 있는 것 또한 역사는 가르친다. 시간 속에 죽어 있는 자도 영원 앞에서는 죽지 않고 살아 있는 자로 평가된다는 점에서 역사는 무서운 심판이요, 희망적인 가능성이다. 이렇게 한 시대에는 죽는 자가 되더라도 역사 앞에서는 죽지 않고 떳떳하게 산 자가 되려고 다짐하는 많은 사람들을 위해서라도 역사는 더욱 충분한 의미가 있다.

_ **2001.**

135

상에 얽힌 이야기

며칠 전 어느 기념사업회로부터 그 사업회가 주최하는 학술상 시상식에 참석해달라는 초청장을 받았다. 초청장에는 몇십 년 동안 계속된 그 상의 권위를 말하는 듯, 역대 수상자들의 명단이 적혀 있었다. 상의 권위는 설립자의 업적과 인품에도 크게 관련이 있지만, 그 못지않게 그 상을 받은 수상자들과도 관련이 깊다. 초청장에 수록된 수상자의 면면을 보니 그동안 학문적 성과를 크게 남긴 분들이어서 그 상을 매우 빛나게 하고 있다고 생각했다.

가끔 의뢰를 받아 수상 후보자를 심사한 적이 있다. 심사할 때에 나는 먼저 두 가지 정도를 눈여겨본다. 하나는 그 수상 후보를 추천한 분이 누구인가 하는 점이다. 필자도 가까운 친구의 추천으로 생각 밖의 상을 받은 적이 있어서 이 점을 특히 유의한다. 또 하나는 수상을 신청한 분의 학문이나 삶의 궤적이 이 상의 취지에 부합하는가 하는 점이다. 대부분의 경우 부합되고 있지만, 종종 그렇지 않은 경우도 발견하게 된다. 상의 취지에도 잘 맞지 않고, 상 명의신탁자의 삶과도 거의 부합되지 않는 분이 그 상을 받게 되면, 그 상을 빛나게 할 수 있을까 하는 의문도 갖게 된다. 그럴 때는 수상 신청을 철회하거나 수상을 사양(거부)하는 것이 본인과 그 상을 위해서 좋겠다고 생각하는 때도 있었다. 일테면 상의 취지가 민주화운동이나 인권과 관련 있는데 수상(신청)자가 그에 역행하는 삶을 살았다면 그 수상(신청)자는 그 상을 욕되게 하는 것이라고 할 것이다. 이럴 때 수상 예정자는 그 상의 취지를 잘 살펴서 상을 욕되게 하지 않도록 하는 선에서 수상의 수락 여부를 결정하는 것이 온당하다고 본다.

우리 사회에 상이 흔한 것도 아니고, 또 수상하는 것이 큰 명예이고 보니 수상자가 결정되었을 경우 그걸 사양하는 것이 말처럼 쉽지 않다. 그러나 수상을 사양(거부)하는 것도 때로는 수상 못지않게 의미를 갖고 있다. 10여 년 전 일이다. 어느 분이 얼마 간격을 두고 두 가지 상을 받도록 결정된 적이 있다. 이런 경우 수상자에게는 '상복賞福이 터졌다'고 할 수 있다. 그러나 그 두 상의 성격을 아는 이들은 그 수상자에게 축하한다는 말을 하지 못했다. 그때 주변 분위기가 아주 이상하여 표현하기가 어려울 정도였다. 심지어는 먼저 그를 수상자로 결정했던 심사위원들이 수상자가 다른 상을 받게 되었다는 소식을 듣고 심사위원에서 사퇴하는 소동까지 벌어졌다. 먼저 수상자로 결정된 상이

항일사상가를 기리는 것이었던 데 비해, 두 번째로 결정된 상은 친일 흔적이 짙은 분을 기리는 상이었다. 항일사상가를 기리는 상이 먼저 결정되었다는 것을 알았다면, 그때 수상자는 후에 결정된, 친일의 흔적이 짙은 분 명의의 상은 거절했어야 하는 것이 상식 아니었을까? 그러나 두 상 모두 탐나는 것이어서 그랬는지, 수상자가 한 가지만 수상키로 했다는 소문은 들은 적이 없다. 두 가지를 그대로 수상했다면 평소의 그답지 않은 선택이었다.

나는 단재 신채호 선생을 공부해왔고 한때 그의 역사학 공부에 정성을 쏟은 적이 있다. 단재를 공부하기 때문에, 단재처럼 살지는 못한다 하더라도, 그 이름에 누를 끼쳐서는 안 된다고 나의 행동에 스스로 제약을 가하고 있다는 것을 종종 느꼈다. 역시 상과 관련된 난처함도 있었다. 단재를 공부한다는 이유로 두 번에 걸쳐 상을 사양한 적이 있기 때문이다. 상을 사양함으로 필자를 추천한 분과는 한때 인간관계까지 소원해지기도 했다. 단재를 공부한다면서 그 두 가지 상을 수상한다는 것은 양심이 허락하지 않았다. 필자가 사양한 두 상은 단재와 다른 삶을 살았던 이들을 기리는 상이었다. 한 분은 《친일인명사전》에 등재된 인물이고, 한 분은 단재가 만주에서 옥사할 즈음에 그 지역에서 활동한 바가 있는데, 바로 그 무렵 그의 행적이 아무래도 석연치 않았던 것이다. 수상을 사양한 것은 이 때문이다.

이와 관련, 최근 자그마한 해프닝이 있었다. 필자가 상을 거부한 어느 한 분의 역사학이 필자를 나무라는 데에 원용되었던 것이다. 필자는 그분의 행적이 미심스러워 수상을 거부한 적이 있는데, 필자를 나무라는 분은 필자가 수상을 거부한 분의 역사학을 들어 필자를 점잖게 비판하는 형국이 되었던 셈이다. 혹시 수상을 거부한 사실이 진작 드러났더라도, 그분의 역사학이 필자를 비판하는 데에 원용될 수 있었을지 궁금하다.   _ 2013. 4. 8.

목회자와 역사의식

〈만나고 싶은 사람〉이라는 TV 프로그램에 어느 날 저녁 우리 나라에서 가장 존경받는 어느 은퇴 목회자가 출연한 적이 있다. 아나운서는 끝에 가서 그에게 묻기를 오늘날 한국 젊은이들에 게 성경 외에 어떤 책을 권하고 싶으냐고 했다. 그는 조금도 생 각할 여유를 갖지 않고, '역사책'이라고 대답했다. 대답이 그렇 게 빨리 나오는 것을 보면서 나는 그가 이런 질문에 대답할 말 을 미리 준비해놓고 있다는 것을 알았다. 그는 젊은 시절 미국 에 유학한 바 있고, 해방 후에는 한때 기독교정당을 조직한 적 도 있으며, 오랜 시간의 목회를 통해 한국의 교회와 사회에 그 만한 영향력을 미치는 분이 없다고 할 정도로 신뢰와 존경을 받 는 분이기도 하다. 그런 분이 성경 다음으로 권하고 싶은 책으 로 '역사책'을 꼽은 것은 그의 전 생애를 통한 체험에서 우러난 대답이 아닐까 생각해본다. 결국 그의 대답은 성경 다음으로 읽 고 배워야 할 것이 역사라는 것을 강조한 셈이다.

이런 생각을 가지고 성경을 본다. 구약성경은 어떻게 보면 역사책이다. 특별히 '역사서'라는 이름을 붙이지 않은 경우라 하더라도, 구약은 이스라엘의 역사를 신앙의 눈으로 보게 만든다. 그렇기 때문에 하나님은 그의 백성에게 명하기를, 후손들에게 역사를 가르치라고 강조한다. 신명기에는 이스라엘이 애굽에서 종 되었던 것과 하나님이 이스라엘을 해방시키셨다는 것을 가르치라고 다음과 같이 써놓았다. "후일에 네 아들이 네게 묻기를 우리 하나님 여호와께서 명령하신 증거와 규례와 법도가 무슨 뜻이냐 하거든 너는 네 아들에게 이르기를 우리가 옛적에 애굽에서 바로의 종이 되었더니 여호와께서 권능의 손으로 우리를 애굽에서 인도하여 내셨나니"(6:20-21). 구약의 말씀과 역사를 읽으면서 이스라엘이 나라를 잃은 지 2,000여 년 만에 나라를 회복할 수 있었던 이유를 짐작할 수 있게 되었다. 그것은 하나님의 약속인 말씀과 역사가 있었기 때문이다.

우리가 하나님의 뜻을 알 수 있는 방법에는 계시와 역사가 있고 그 밖에 성령의 내적인 조명이 있다. 그러나 성령의 조명은 때로는 주관적 판단에 근거하기 때문에 하나님의 뜻을 객관적으로 인정하기 어려운 때가 종종 있다. 거기에 비해 계시와 역사를 통해서는 객관적으로 하나님의 뜻을 확인할 수 있다. 그러니까 기독교가 역사에 관심을 가지는 것은, 인간이 세계 속에 역사하시는 하나님의 활동을 역사를 통해서도 이해할 수 있다고 판단하기 때문이다. 역사에서 하나님의 뜻을 발견하려 할 때 먼저 계시를 통해 하나님께서 역사를 운행하시는 법칙을 이해해야 한다는 전제가 있다. 기독교사에서 '성경말씀'으로 대표되는 계시와 때로는 '전통'으로 표현되는 역사가 서로 제휴하고 보완하며 혹은 긴장관계가 유지되었던 것은 이 때문이다.

교회의 지도자인 목회자는 우선 역사에 대한 이러한 이해를 갖고 있어야 한다. 즉, 역사는 하나님의 말씀인 계시와 보완관계를 가지는, 하나님의 뜻을 알도록 하는 수단이라는 것이다. 구약의 역사서라고 하는 열왕기서나 역대기서를 보면 역사에서 하나님의 뜻이 어떻게 나타나고 있는가를 확연히 알 수 있다. 구약의 역사가들은 역사를 기록하면서 그 대목대목마다 하나님의 뜻을 밝혀놓고 있다. "다윗이 여호와께서 자기를 이스라엘의 왕으로 삼으신 줄을 깨달았으니 이는 그의 백성 이스라엘을 위하여 그의 나라가 높이 들림을 받았음을 앎이었더라"(대상 14:2)라고 기록한 것이나 "다윗이 행한 그 일이 여호와 보시기에 악하였더라"(삼하 11:27), "유다가 여호와 보시기에 악을 행하되 그의 조상들이 행한 모든 일보다 뛰어나게 하여 그 범한 죄로 여호와를 노엽게 하였으니"(왕상 14:22), "므낫세가 유다에게 범죄하게 하여 여호와께서 보시기에 악을 행한 것 외에도 또 무죄한 자의 피를 심히 많이 흘려 예루살렘 이 끝에서 저 끝까지 가득하게 하였더라"(왕하 21:16), " 여호와께서 블레셋 사람들과 구스에서 가까운 아라비아 사람들의 마음을 격동시키사 여호람을 치게 하셨으므로"(대하 21:16) 등 곳곳에 하나님께서 역사를 운행하고 계심을 밝혀놓고 있다.

구약의 기자들은 하나님이 역사를 운행하신다는 것을 가공적·추상적으로 이해하지 않고 구체적인 예시 속에서 이해하였다. 여기서 우리의 역사 이해와 구약 기자들의 역사 이해 사이에는 큰 차이가 있음을 엿볼 수 있다. 즉 "하나님이 역사를 움직이신다"는, 기독교인이면 으레 믿고 있다는 이 주제를 두고 볼 때, 우리의 이해는 구체적이지 못하고 대단히 선언적·거시적 의미를 띠고 있는 데 비해서 구약의 기자들은 매우 실제적이고 미시적인 것으로 이해하고 있다는 것이다. 그들은 국왕의 통치행위나 이웃 나라와의 전쟁, 사회·경제적 부정과 개인의 도덕적 파탄 등에 이르기까지 하나님의 간섭이 구체화하고 있음을 깊이 이해하고 있었던 것이다. 구약 기자들의 이 같은 역사 이해가 사실은 기독교적 역사 이해의 한 전범典範을 보여주고 있다.

한국의 기독교 지도자들이나 목회자들이 구약의 기자들과 같은 역사의식을 갖고 있는가? 하나님이 역사에 구체적으로 간섭하심을 진실되게 믿고 그것을 정직하게 가르치고 있는가? 또 한국 교회와 한국 사회가 매일 만들어가고 있는 역사적 행위에 대해 하나님께서는 언젠가는 선악 간에 심판하신다고 명시적으로 가르치고 있는가? 구약에서와 같이, 하나님께 대한 신앙이 어그러질 때에, 그 민족과 사회가 걷잡을 수 없는 혼란과 부패 속에 빠졌다는 사실을 깊이 인식하고 신앙지도자로서 그 같은 책임을 역사 앞에 통감하고 있는가? 나는 한국 교회의 목회자들이 하나님의 역사와 심판 앞에 제대로 책임을 통감하고 또 그것을 제대로 가르치면서 기독교인들과 함께 실천적인 삶을 살아갔다면, 오늘날 한국 사회가 이렇게 부패하고 절망적으로까지 되지는 않았을 것으로 생각한다. 여기서 '절망적'이라 함은 하나님의 공의의 관점에서 하는 말이다. 역사의식이 없으면 역사 앞에 책임을 지려는 의식이 있게 되지 않는다. 역사를 무시하고 역사의 심판자이신 하나님을 두려워하지 않기 때문이다. 역사의식이 없는 목회자는 사후의 세계를 '직업상' 설교로는 외치지만, 그의 신앙 깊은 곳에서는 천당과 지옥의 존재를 부인하고 죽은 후의 심판을 부정하는 '불신자'들이다. 그들은 이 세상만 생각하면서 온갖 부정과 범죄를 저지르는 소위 세속적 지도자들과 다를 바가 없기 때문이다. 목회자의 삶은 오늘의 지도자로서 역사를 창조해가는 삶이며, 그 삶은 오늘의 목양에 지대한 영향을 미칠 뿐 아니라 역사 앞에서도 공평무사한 평가를 받아야 할 삶인 것이다. 따라서 목회자는 마땅히 역사 앞에 겸손하고 역사의식을 목회적 삶 속에 투영하는 데 심혈을 기울여야 할 것이다.

목회자의 역사의식은 지나간 역사를 심판과 연결하여 성찰하는 한편 미래에 전개될 역사를 바르게 제시할 수 있어야 한다. 이것은 지도자로서의 목회자가 가져야 할 중요한 자질의 하나이다. 여기서 목회자는 앞으로 전개될 역사의 발전 방향에 대한 투철한 인식을 먼저 갖고 있어야 한다. 예수님의 성육신 사건을 통해서 제시된 기독교의 이상은 인간의 구원을 포함한 '하나님 나라'의 실현·확대로 요약할 수 있다. 이 점은 바로 기독교 역사관에서 추구하는 역사의 발전 방향과 깊이 연관되어 있다. 기독교 역사관에서 역사의 발전 방향을 '하나님나라'의 확장과 관련시킨다면, 첫째 하나님의 백성을 증가시키는 것, 둘째 하나님 나라의 가치관을 확립하는 것, 셋째 하나님의 통치가 교회적인 영역뿐만 아니라 일반사회의 영역까지도 보편화되어야 한다는 것 등으로 풀이할 수 있을 것이다. 이 점과 관련, 나는 나름대로 일반 세속적 관점에서 역사발전의 개념을, 첫째 '역사 주체인 인간'(이 용어와 관련, 나는 하나님께서 역사를 지배하실 때 인간을 통해서, 인간을 주체로 내세우신다는 것을 믿는다)이 양적으로 증가하는 것, 둘째 '역사 주체인 인간'이 개인적으로는 좀 더 자유스러워지고 사회적으로는 좀 더 평등해지는(정의로워지는) 것으로 정리한다. 여기서 두 견해 사이의 공통점을 말할 수 있다. '역사 주체인 인간'이란 결국 창조 때에 부여받은 하나님의 형상을 회복(구원)받은 인간을 의미할 것이다. 그런 의미에서 하나님의 백성을 확장·증가시키는 역사는 곧 '역사 주체인 인간'을 증가시키는 것을 의미할 것이다. 하나님이 인간을 구원하심은 인간이 하나님 앞에서 자유하고 평등한 관계를 갖도록 하기 위함일 것이다. 인간의 '관계의 평등'이란 항상 그 관계를 객관적 위치에서 조정할 수 있는 절대자 하나님의 존재와 그 관계의 법칙이 되는 하나님의 공의의 법칙에 기초하고 있다. 그런 의미에서, '하나님나라 확장'이라는 기독교적 역사발전 개념과, '역사 주체(인간)의 증가와 자유·평등화'라는 일반사적 역사발전 개념은 서로 공유점을 갖게 된다.

기독교회의 지도자인 목회자가 역사발전 방향에 관한 이러한 의식을 갖는 것은 매우 중요하다. 하나님께서 어떤 방향으로 역사를 이끌어가시는가를 알아야 하나님이 원하시는 역사운영에 참여할 수 있기 때문이다. 지도자가 무엇보다 올바른 역사관을 가져야 한다고 강조하는 이유는 여기에 있다. 역사발전 방향에 대한 바른 의식을 갖게 되면 또한 하나님께서 원치 않는 방향으로 역사를 이끌어가서는 안 되겠다는 지도자로서의 확신이 생기게 된다. 이 또한 지도자가 가져야 할 중요한 자질임에 틀림없다. 역사발전 방향에 대한 확신은 지도자에게 큰 용기를 준다. 역사의식에 투철했던 많은 지식인들이 유신정권과 5공정권과 투쟁할 수 있는 용기를 가질 수 있었다. 반면, 그 시절 투철한 역사의식을 갖지 못했던 한국 교회 지도자들이 나름대로는 자신을 변명하면서 불의한 정권에 굴절과 타협의 모습을 보였던 것은 안타까운 일이 아닐 수 없다.

한편 역사의식을 가진 지도자는 자신과 사회가 역사발전에서 어느 위치에 와 있는가를 인식하고 거기에서 다음 단계를 위한 새로운 준비를 갖추게 된다. 이 점은 교회사와 일반사 모두에 해당되는 것이다. 하나님의 역사운영의 기준에서 볼 때 현재는 어디까지 도달해 있으며, 더욱 발전시키기 위해서는 무엇을 보완해야 할 것인가를 마땅히 생각하게 된다. 따라서 역사의식을 가진 목회자는 봉사하는 교회와 책임져야 할 사회에 대해 부단히 현재를 점검하고 미래를 설계·준비하는 미래지향의 지도자가 될 수 있다.

목회자가 역사의식을 갖기 위해서는 앞서 언급한 지도자의 말처럼, 역사를 읽고 공부해야 한다. 우리는 한국인으로서 무엇보다 자신의 민족사에 대한 깊은 애정을 가지고 역사상의 영광과 수치를 우리의 중요한 유산으로 보관해야 한다. 흔히 국수주의적인 지도자 중에는 우리 역사의 수치스런 점은 의도적으로 배제한 채 영광의 역사만 우리의 역사로 수용하려고 하는 분들이 없지 않다. 또 목회자 가운데서는 우리의 역사를 모르는 것을 마치 자랑스럽게까지 생각하는, 그야말로 '부끄러움을 영광으로 삼는' 사람들도 없지 않다. 모두 시정해야 할 점이다. 어떤 목회자들은 성경의 역사는 이스라엘의 족보까지 다 꿰뚫고 있으면서도 우리의 민족사는 거의 이해하지 못하고 있는데, 이 또한 한심한 작태가 아닐 수 없다. 이렇게 기독교인들과 목회자들이 민족사에 무관심한 것은 '기독교적 민족관'에 대한 확실한 이해가 부족하기 때문일 것이다.

민족은 하나님께서 창조와 섭리의 산물로 주신 것이다. '민족'이란 창조 때에 이미 주어진 것이요, 피조물을 보존(섭리)하기 위하여 창조된 것이라는 뜻이다. 하나님이 지으신 것이니 인간이 함부로 제거하려거나 압박할 수 없다. 여기서 민족 보존의 당위적 책임을 발견할 수 있다. 목회자나 기독교인들이 하나님께서 은총으로 주신 민족과 민족문화를 보존할 더욱 큰 책임을 가져야 할 이유가 여기에 있다. 그러나 지금까지 우리는 기독교가 갖는 세계적·보편적 성격 때문에 민족과 민족문화의 가치를 제대로 인식하지 못했던 것이 사실인데, 이 점은 고쳐야 한다. 자기 민족의 가치를 제대로 인식하지 못하면 다른 민족의 가치도 인식하지 못하는 법이다. 목회자는 내 민족이 하나님 앞에서 귀중하듯이 다른 민족도 꼭 같이 귀중하다는 것을 인식하고 가르쳐야 한다. 이것은 민족을 절대시하여 민족의 이름으로 다른 민족을 압박하는 민족지상주의나, 우리 민족과 민족문화를 미개한 것으로만 인식하려는 민족멸시주의를 극복하는 데서 가능한 것이다.

한국 교회 초기의 목회자들과는 달리 최근의 목회자들이 민족사에 대한 애정이 결여된 것같이 보이는 것은, 기독교 수용의 시기에는 외세 침략의 위협하에서 어쩔 수 없이 자기 민족에 애정을 가질 수밖에 없었다고 하는 시대적 상황을 고려한다 하더라도, 한국 목회자들의 역사의식 결여를 의미하는 것으로 비판의 대상이 되지 않을 수 없다. 또한 해방 이후 신학교의 교과과정이 복음의 씨앗이 떨어져 열매 맺어야 할 이 땅의 정신적 풍토를 거의 고려하지 않았다는 사실 역시 역사의식의 결여를 지적하지 않을 수 없다. 민족사에 어둡고 역사의식을 결여한 결과

이 땅의 목회자들이 해방 이후 어두웠던 시절에 '때'를 알리는 예언자적 사명을 감당할 수 없었던 것은 당연했다. 한국의 대부분의 목회자들이 그동안 이 예언자적 사명에 충실하지 못했던 것은 민족사에 무관심했고 역사의식이 결여된 기독교회 내 풍조의 당연한 결과라는 뜻이다.

뿐만 아니라 하나님나라의 확장사라 할 한국의 기독교회사를 인식하려는 데 게을렀거나 혹은 자주적인 관점에서 인식하지 못했던 것도 바로 역사의식의 결여로 비판된다. 그동안 선교사들이 가졌던 관점에서 우리의 기독교회사를 정리하려 한 당연한 결과, 100년이 넘는 역사에도 불구하고 자신의 역사에 대한 자주적 인식을 결여하게 된 것은 물론, 나아가 한국의 자주적 신학을 포함한 한국 기독교문화를 건설하는 일이 요원한 상태에 빠지고 말았다. 우리의 특수한 상황을 문제의식으로 하여 세계의 보편적 기독교의 관점에서 신학화하고 문화화하는 노력은 결국 역사의식의 소산일 수밖에 없다. 결국 한국 기독교가 자신의 주체성을 가지고 세계사에 능동적으로 참여하는 길은 지금과 같이 역사의식이 결여된 상황에서는 어쩌면 불가능하리라는 것이 우리의 소박한 견해이다.

오늘날 한국 기독교회의 중요한 과제의 하나는 복음을 상황 속에서 어떻게 재해석하고 복음을 통하여 상황을 어떻게 분석하고 종합하느냐 하는, '복음과 상황'의 유기적 연관관계를 찾아내는 작업이라고 말하고 싶다. 복음이 상황을 분석하고 개혁하는 역동적 힘을 상실할 때, 그 복음은 화석화된다. 그것은 복음이 상황을 통해 새로운 의미를 갖지 못하고 스스로 유폐되어가기 때문이다. 상황이 복음에 적절히 조명받지 못하기 때문에 개혁의 기회를 갖지 못하는 것이다. 복음과 상황이 이렇게 연결되지 않기 때문에 한국 기독교의 엄청난 성장에도 불구하고 상황을 복음화하는 결실은 맺어지지 않고 있다. 결국 한국 기독교가 안고 있는 '복음과 상황'의 이 문제도 역사의식과 긴밀히 연결되어 있다. 복음이 상황 속에서 제대로 역동적인 힘을 발휘하지 못하는 한국의 상황이 역사의식의 결여와 직결되는 것이라면, 목회자는 복음을 복음 되게 하는 이 놀라운 사역을 감당하기 위해서도 역사를 배우고 역사의식에 새롭게 눈떠야 할 것이다.

_ 1993. 10. 〈교회와 신앙〉 창간호

을사늑약 108주년에 전시작전권을 생각한다

어제저녁 서해성 작가와 그 동료들 몇 분과 함께 을사늑약 108주년을 잊지 않고 서울 중구 정동 소재 정동길 식당에서 모였다. 바로 근처에 을사늑약이 강제된 비운의 장소 중명전重明殿이 자리하고 있기 때문이다. 이 건물은 당시에는 수옥헌漱玉軒이라 했으나 1906년에 중명전이라 개명했다.

일제는 러일전쟁에 즈음하여 1904년 2월 한일의정서를, 같은 해 8월에는 제1차 한일협약을 강제 체결하고, 일본이 추천하는 외국인을 고문으로 용빙토록 하여, 재정·외교의 실권을 장악해갔다. 러일전쟁에서 유리한 고지를 차지하게 되자, 일제는 미국과 영국을 상대로 한국에 대한 독점적 지배를 승인받게 된다. 1905년 7월 27일 미국과 가쓰라·태프트 밀약과 그해 8월 12일 영국과 제2차 영일동맹을 체결한 것이 바로 그것이다. 이어서 9월 5일 러시아와 포츠머스 조약을 체결, 러시아도 한국에 대한 일본의 배타적 권리를 인정했다. 그런 후 1905년 11월 이토 히로부미를 한국에 특사로 파견, '한일협약안(을사늑약안)'을 한국 정부에 제출했다. 11월 9일 서울에 도착한 이토는 11월 15일 고종을 배알하고 협약안을 제시했으나 반대에 부딪혔다. 11월 16일 일본공사 하야시 곤스케는 한국 외부대신 박제순을 공사관으로 초치, 조약체결을 강요하는 한편 이토는 다른 대신들을 그의 숙소로 납치하듯이 불러 조약의 찬성을 강박했으나 여의치 않았다. 1905년 11월 17일, 오후 3시부터 8시까지 계속된 고종 주재하의 어전회의에서는 일본의 요구를 거절하기로 합의했다. 그러자 일본공사 하야시는 특사 이토와 주한 일본군 사령관 하세가와 요시미치와 함께 귀가하는 대신들을 강제로 다시 모이게 하고 회의를 재개할 것을 광무 황제께 요구했다. 이때 궁궐 내외에는 완전무장한 일본군이 포위해 있었다. 이런 협박으로도 뜻대로 되지 않자 이토와 하야시는 대신들을 따로 모아 18일 새벽 12시 30분경까지 대신들에게 조약체결을 협박했다. 조약을 끝까지 반대한 참정대신 한규설은 감금된 상태였다. 그런 상황에서 학부대신 이완용이 황실의 안녕을 조건으로 조약에 찬성하자 다른 네 대신들도 따랐다. 이들 다섯 대신(이완용, 박제순, 내부 이지용, 군부 이근택, 농상공부 권중현)을 '을사오적'이라한다. '을사늑약'이 조인된 것은 1905년 11월 18일 오후 2시경이었다. 이 늑약은 '제2차 한일협약' 혹은 '을사5조약'이라고도한다.

이렇게 강박에 의해 진행된 을사늑약의 내용은, 마지막 제

5조 "일본국정부는 한국 황실의 안녕과 존엄을 유지함을 보증한다"를 제외하고는 일제가 10월 말 각료회의에서 작성한 내용과 같다. 그 내용은 첫째, 한국의 외교관계와 사무를 동경의 일본 외무성이 관장한다는 것, 둘째, 한국과 다른 나라 사이에 맺어진 조약은 일본 정부가 책임을 진다는 것, 셋째, 한국의 외교 관련 사항을 감리하기 위해 통감과 이사관을 둔다는 것, 넷째, 일본과 한국 간에 현존하는 조약 및 약속은 본 협약에 저촉되지 않는 한 모두 그 효력을 계속한다는 것 등이었다. 을사늑약에 따라 한국은 외교권을 일본에 박탈당하여 외국에 있던 한국 외국공관이 전부 폐지되고 각국 공사들은 철수, 귀국했다. 1906년 2월에는 서울에 통감부가 설치되어 이토가 초대 통감으로 취임하였다. 이에 저항, 장지연이 11월 20일 〈황성신문〉에 "시일야방성대곡"이라는 논설을 발표, 일제의 침략성과 을사오적을 규탄하며, 반대투쟁에 나섰다. 외교권을 빼앗은 일제는 1907년 해외특사 파견을 계기로 고종을 폐위시키고 정미7조약으로 행정권을 빼앗았으며 군대까지 해산시킨 후 1910년 8월 29일 국권마저 강탈했다.

을사늑약의 치욕을 반추하면서 우리의 주권은 온전히 행사되고 있는가를 되돌아보지 않을 수 없다. 특히 최근 다시 한미 간에 논의되고 있는 전시작전권 문제는 군사주권 사항으로 접근하지 않을 수 없다. 노 전 대통령 때 미국과 합의한 바는 한국이 2012년에 전시작전권을 회수하는 것이었다. 그러나 MB 정권은 환수 시기를 2015년으로 미루었고, 그런 상태에서 천안함 사건과 연평도 사건이 터졌다. 그때 MB는 '초전박살'을 낼 것처럼 큰소리를 쳤다. 그러나 전시작전권이 우리 손에 없는 상황에서 과연 그게 가능할까? 누구도 식자들의 이런 회의를 불식시키지 못했다.

박근혜 정부 들어서서 전시작전권 환수를 더 연기하는 교섭을 벌이겠다고 한다. 안보상황이 좋지 않다는 것이다. 하기야 국방부의 조보근 정보본부장은 "남북이 일대일로 붙으면 진다"고 했으니 우리가 전시작전권을 가지는 것이 두렵다는 이야기가 될 것이다. 김관진 국방장관의 말은 알쏭달쏭하다. "우리의 국방 예산은 34조 원이고 북한은 우리 돈으로 1조 원에 불과하다", "한국의 전력은 북한의 80퍼센트 수준이다", "그러나 단독으로 전쟁해도 북한은 멸망한다"는 말이다. 국방예산을 북한의 34배나 쓰는데 전력은 왜 80퍼센트밖에 되지 않는지, 그런데도 일대일로 싸우면 '북한은 멸망한다'고 하니 알쏭달쏭한 장관의 말을 믿어야 할지, 정보통인 정보본부장의 말을 믿어야 할지 헷갈리지 않을 수 없다. 별들의 입에서 이런 말이 나온다는 것은 세금 내고 있는 국민을 매우 부끄럽게 한다.

폐일언하고, 그러니 전시작전권을 환수해서는 곤란하고 미국에 맡겨야 한다는 것이 아닌가? 이렇게 자신 없는 군대가 왜 만들어졌는가? 군사주권이라 할 전시작전권 갖기를 머뭇거리면서 예산만 펑펑 쓰는 안이한 군의 정신상태와 관련된 것은 아닐까? 오죽했으면 〈한겨레〉의 곽병찬 기자가 "똥별들, '부끄러운 줄은 아셔야죠'"(2013년 11월 11일자)라고 일갈했을까.

최근 일본의 집단안보 문제가 부각되면서, 문외한인 필자에게도 기우랄지 모르지만, 일본 자위대가 한국에 상륙하게 될 날이 멀지 않았구나 하는 걱정이 들곤 한다. 미국과 일본 간에 논의되는 집단안보는 미군의 싸움에 일본 자위대가 집단안보를 구실로 참여하겠다는 것에 다름 아니다. 그렇다면 미국이 한반도에서 전쟁을 수행하는 경우에도 집단안보를 구실로 일본이 참여하게 된다는 것은 논리상 틀린 말이 아닐 것이다. 더구나 한국군의 전시작전권이 미군에게 귀속되어 있을 때라면 어떻게 될까? 한국군의 의지와 관계없이 일본군의 상륙은 명약관화하게 된다. 전시작전권 환수를 계속 유예하겠다면 이런 문외한의 기우에 먼저 명확하게 대답하는 것이 안보책임자의 의무일 것이다.

_ **2013. 11. 18.**

'강제병합 100년'이라며 요란하던 분위기가, '국치일'이 지난 지 열흘도 되지 않았는데, 언제 그랬느냐는 듯이 조용해졌다. 두 차례의 태풍과 그 못지않은 공직사회 비리 때문인가. 강점 100주년은 일본의 참회 못지않게 한민족의 뼈아픈 자성도 촉구했다. 그러나 그런 자성은 좀처럼 보이지 않고 외세에 대한 원망과 비난으로 일관되었다. 거기에다 최근에는 일제 침략기 치욕의 한가운데에 섰던 고종(1863-1907 재위)에 대한 재평가까지 이뤄지면서 국망의 원인을 성찰하는 것도 혼미해지고 있다는 느낌이다.

고종에 대해서는 한말 서양인들 중에서도 그 유약성을 언급하기도 했지만, 그를 가까이했던 분들은 그가 성실·유능하다고 긍정적으로 평가했다. 일본인 중에서도 고종을 암군 아닌 명군으로 평가하는 한편 불운한 군주로 묘사했던 이도 있다. 그러나 침략의 정당성을 강변하려는 일제 관학자들은 '고종 암약_{暗弱}설'

을 내세웠다. 이는 그가 암군暗君이며 유약柔弱하다는 주장을 합쳐 만든 부정적 평가로서, 국왕이 무능하여 외세에 제대로 대응하지 못하고 국권을 침탈당했다는 결론을 도출하기 위한 이론이었다.

고종 재평가론은, 식민사관의 아류로서 횡행한 고종 암약설에 대한 반박이다. 고종 재평가는 고종이 수행한 업적과 '광무개혁'으로 대표되는 개혁정책을 과시함으로써 고종이 개명군주이며 서양 근세사에 보이는 계몽군주와 같은 역할을 했다는 것으로 요약된다. 고종 재평가는 역사적 사실을 밝히는 측면에서도 충분한 가치가 있다고 본다. 그러나 이런 평가는 당시 국가 운명의 중심에 섰던 고종을 미화·면책할 수도 있고, 자칫하면 국망 원인 분석에서 조선의 약점을 감추고 외세의 침략만 강조하는 타율성을 도출할 수도 있다. 이런 점에서 고종 미화론이나 면책론은 역사의 진실을 외면·왜곡할 수도 있다. 때문에 다음 몇 가지 사례는 고종 책임론에 방점을 찍는다.

고종이 성실한 개명군주라는 데 이견이 없다 하더라도, 그가 백성의 힘을 토대로 외세에 처변하지 않았다는 것은 치명적인 약점이다. 19세기 초부터 일기 시작한 농민운동이 동학농민혁명으로 정점에 다다랐을 때 그는 솟구치는 백성의 역량을 개혁 의지로 묶어내지 못하고 외세를 끌어들여 이를 진압했다. 갑오개혁이 동학혁명의 요구를 일부 반영했다고는 하지만, 그것은 외세를 통해서 강제된 것이지 주체적 역량에 의한 것은 아니었다. 때문에 동력을 잃어버렸다. 어렵지만 동학혁명 때에 백성의 요구를 적극 수용하여 동력화했더라면 어떻게 되었을까? 국권이 그렇게 허술하게 외세에 농락당하지는 않았을 것이다.

비슷한 점은 민권신장을 통해 국권을 수호하려는 독립협회 운동에서도 나타났다. 독립협회 운동의 한계는 분명 있었지만, 지배층은 민권과 손잡고 국권을 회복하는 데 힘써야 했다. 그러나 그 시점에 민권을 누르고 황제권을 강화했던 것은 밑에서부터 치솟는 국민의 역동성을 뒤엎어버린 결정적 계기가 되었다. 여기서 외세는 개혁 주체인 국민과 무능한 봉건지배층을 분리시키고 그다음 봉건지배층을 조종·기망하여 국권을 빼앗아버렸다. 백성의 힘이 뒷받침되지 않은 봉건지배층은 외세의 협박에 속수무책이었다.

국민의 힘을 억누르고 개명군주 고종이 기도했던 것은 결과적으로 오직 황제권 보장과 황실의 안녕이었다. 그런 기도는 곧 국민과 국가가 약화되더라도 황제권과 황실만은 외세로부터 보장받는 방향으로 나갔다. 그게 을사늑약과 강제병합조약에서 뚜렷이 나타났다. 나라가 빼앗기는 판에 황실의 안녕보장이 무슨 소용이 있단 말인가? 때문에 고종의 이 같은 정책은 나라를 구할 수도 없었고, 그의 개명군주로서의 명성도 의심케 하는 것이다.

결정적인 순간에 그의 유약성도 드러났다. 이토가 을사늑약을 협박·강요할 때 그는 대신들에게 책임을 전가했다. 을사늑약에 비준하지 않은 그는 '헤이그 밀사사건' 때 자기가 사신을 파견했노라고 떳떳하게 말할 수 있었지만 결국 발뺌했다. 이런 그가 어찌 난세에 한 나라를 강고하게 끌고 나갈 모험과 용기의 군주라고 하겠는가? 결국 백성의 힘을 신뢰하지도 키우지도 않은 것은 고종의 책임이다. 대한제국은 이렇게 멸망해버렸다. 그러니 백성의 민주적 힘을 키워야 한다는 것이 어찌 100년 전의 역사만이라고 하겠는가?

— 2010. 9. 7.

오늘은 95년 전 일본 동경에서 유학하던 한국 유학생들이
'2·8독립선언'을 감행한 날이다. 어제 서울 종로 2가의 YMCA
회관에서는 기념식과 함께 "'2·8독립선언'의 역사적 의의와 한
국 사회"라는 내 강연도 있었는데 다음은 그 요지다.

한말 이래 일본에 유학하고 있던 한국 학생들은 여러 단체를
조직하여 친목활동 등을 벌였다. 1918년 말 동경 유학생들은
642명. 이들은 1919년 2월 8일 오후 2시에 동경 시내 니시간다
에 있는 '조선기독청년회관'에서 유학생대회를 열고 한국의 독
립을 선언했으나 주동자들은 일본 경찰에 의해 곧 체포되었다.
그럼에도 2월 12일과 23일 두 차례에 걸쳐 한국 학생들은 동경
중심지역 히비야 공원에서 다시 만세운동을 시도했다.

동경 유학생들이 독립선언서를 발표하게 된 것은 1914년 제
1차 세계대전이 발발한 후 세계정세의 변화를 통찰한 결과다.
1914년 제1차 세계대전이 터진 후 세계정세의 변화를 예의 주

시해오던 재일 유학생들은 1917년 러시아의 혁명으로 차르 왕조가 무너지고, 1918년 1월 미국 대통령 윌슨이 민족자결주의를 포함한 평화원칙 14개조를 발표하자 이를 독립운동의 호기로 삼고, 한민족의 독립의지를 가장 선명하게 밝힐 수 있는 일본의 심장부 동경에서 운동을 전개했다. 그날 2월 8일은 도쿄에 30년 만에 큰 눈이 왔다. 그럼에도 학생들은 아침 10시부터 밤새 준비한 선언서를 먼저 우편으로 동경 주재 각국 대사관과 공사관, 일본 정부의 각 대신, 일본 귀족원 중의원, 조선 총독 및 각 신문사로 보내고, 오후 2시에 유학생대회를 열고, 600여 회원의 환호 속에 역사적인 '2·8독립선언서'를 발표했다.

'2·8독립선언서'의 내용은 첫째, 한국은 4,300여 년의 유구한 역사를 가진 자주독립국임을 강조하여 한민족의 독립 근거와 그 정당성을 주장했고, 둘째, 일제침략과 국권찬탈을 사기와 폭력에 의한 수치스러운 짓이었다고 지적하고 한민족이 그동안 수십만 명의 희생자를 내면서 독립운동을 전개해온 이유를 밝혔으며, 셋째, 일제의 통치정책이 한민족의 모든 자유를 짓밟고 민족차별과 생존권 박탈을 자행한 고대적 노예정책이었다고 비난하는 한편 자유를 위한 조선민족의 투쟁은 계속될 것이라고 경고했으며, 끝으로 한민족의 독립운동으로 건립될 국가는 민주주의에 입각한 신국가임을 명시하고 세계평화와 인류문화의 발전에 기여할 것이라 약속했다. 선언서 끝에는 4개항의 결의문이 제시되어 있는데, ① 한일병합조약의 폐기와 조선의 독립

을 선언하고, ② 민족대회의 소집을 요구하며, ③ 만국평화회의
에 대해 민족자결주의를 한민족에도 적용시켜줄 것을 요구하면
서 민족 대표를 파견할 것이라고 하고, ④ 이 목적이 이뤄질 때
까지 영원한 혈전을 벌일 것을 선언하고 있다. 특히 일제에 대
해 혈전을 계속하겠다는 결의문 4항은 '3·1독립선언서'의 공약
3장 중 "일체의 행동은 가장 질서를 존중하여 우리吳人의 주장과
태도로 하여금 어디까지든지 광명정대하게 하라"는 것과는 큰
차이가 있다. 결의문 3항에서 민족자결주의를 한민족에도 적용
시켜달라고 주장한 것은, 패전국 식민지에는 자결권을 주지만
승전국 식민지에는 그것을 적용시키지 않겠다는 민족자결주의
의 한계를 알고 있었기 때문이다. 당시 일본은 독일이 중국으로
부터 조차한 교주만과 청도를 공격하여 승리했기 때문에 승전
국에 해당되었으므로 일본 지배하에 있던 한국은 민족자결주의
의 자결권을 받을 수 없었다. 때문에 결의문 제3항에서 만국평
화회의를 향해 한국 민족에게도 자결권을 달라고 요청했던 것
이다.

'2·8독립선언'에는 당시 한국의 젊은 지성들이 갖고 있던 세
계사적 통찰력과 민족독립의 열망, 그리고 민주주의 국가 건
설의 의지를 읽을 수 있다. 그 선언서는 작성되자마자 국내로
전달되었고 그 선언에 참여한 많은 젊은이들도 국내로 들어와
3·1운동을 촉발시키는 중요한 계기를 만들었다. '2·8독립선언
서'는 '3·1독립선언서'에도 큰 영향을 미쳐 그 뒤 상해 임시정

부에서 보인 바와 같이, '대한민국'이라는 민주주의 국가를 건설하는 데 결정적인 역할을 감당했다.

2·8독립운동 95주년을 맞아 이 시점에서 특별히 기억해야 할 것이 있다. 하나는 동양평화의 입장에서 보더라도 한국의 독립이 불가피하다는 주장이다. 일제는 러시아가 위협세력이라느니 하는 핑계를 들어 한국 침략을 정당화했다. 그러나 선언은 "위협자이던 러시아는 이미 군국주의적 야심을 포기하고 정의와 자유와 박애를 기초로 한 신국가를 건설하려고 하는 중"이라 했고 신해혁명을 거친 중국 또한 그러했으며, 또 "국제연맹이 실현되면 다시 군국주의적 침략을 감행할 강국이 없어질 것"이라고 하면서 일본이 "한국을 병합한 최대 이유가 이미 소멸"되었으니 한국을 독립시키라고 주장했다. 만약 한국이 독립되지 않으면, 일제를 향해 영원한 혈전을 벌일 터이니 일제의 한국 강점은 동양평화는 물론 세계평화를 어지럽히는 것이라고 지적했다. 선진들의 이런 혜안은 오늘날에도 음미할 가치가 있다. 남북이 분단된 한국의 지정학적 위치는 동북아평화의 관건이 되었고, 나아가 동북아평화를 중요한 축으로 하는 세계평화에도 중요한 기틀이 된다. 우리가 분단 문제를 어떻게 푸느냐에 따라 동북아평화는 물론 세계평화에도 이바지할 수 있다.

또 하나는 2·8독립운동 후 수감자들의 재판 과정에서 당시 조선 독립을 이해하는 하나이 타쿠조, 후세 다쓰지 같은 탁월한 변호사들이 구속된 한국 학생들의 변호를 맡아 내란죄를 적용하려고 한 검사의 논고를 논박, 결국 출판법 위반이라는 가벼운 형벌을 받게 한 것이다. 또 재일조선 YMCA를 '독립운동의 근거지'로 본 일본은 이를 일본 기독교회의 관리하에 두려고 했다. 그러나 한국 유학생들의 완강한 저항과 요시노 사쿠조, 우치무라 간조 등의 도움으로 일제의 야욕을 막을 수 있었다. 이런 불행한 시대에도 정의와 평화를 사랑하는 한국인과 일본인 사이에서는 이해와 교류, 협력이 있었다. 이런 사례를 되돌아보면서, 최근 일본 정부가 온갖 역주행을 거듭하고 있지만, 역사의식과 건전한 상식을 공유하는 양국 민간인 사이에서는 이해와 협력을 더욱 증진시켜야 할 진지한 이유를 발견하게 된다. 이 또한 2·8독립운동을 기념하면서 되살려야 할 역사의식이다.

_2014. 2. 8.

4·19혁명은 한국 현대사의 큰 분수령이다. 광복 후 정부를 새롭게 조직한 한국이 새로운 도약의 기회를 얻게 되었기 때문이다. 그러나 한국사를 변혁시킨 이 사건은 회상할 때마다 마냥 긍정적인 것만 남기는 것은 아니다. 보람과 긍지를 먼저 느끼게 되지만, 개인적으로는 죄송한 마음을 갖고 있고, 4·19세대를 생각하면 실망스러운 마음 또한 없지 않다.

먼저 개인적으로 죄송한 마음이다. 4·19 당시 군에 있었기 때문에 반독재를 외치며 자유와 민주주의를 회복하자는 학생들의 대열에 나는 직접 참가하지 못했다. 대학 3학년이 되던 1959년 3월 중순, 나는 소집 영장을 받아 군에 입대하였다. 전후반기 훈련소를 거쳐 근무하게 된 곳은 6사단 공병대대였다. 입대한 지 1년 후, 1960년 3·15 대통령 선거를 군에서 치른 후 처음으로 몇 주간의 휴가를 갖게 되었고, 군에 복귀하는 날이 4월 19일이었다. 귀대하는 날 새벽에 청량리에서 춘천행 기차를 타자면 미리 서울로 올라와야 했다. 부정선거에 대한 항의시위는 이미 지방에서 서울로 파급되고 있었다. 4월 18일 고대생 시위대가 종로4가 근처에서 깡패들의 공격을 받았다는 소식은 그날 저녁 라디오를 통해 들었다. 많은 사람들이 흥분하면서 곧 무슨 사건이 터질 것 같은 분위기였다. 그런 분위기를 느끼면서 그 이튿날 새벽에 열차를 타고서 춘천을 거쳐 귀대했다. 귀대하는 그날 서울에서 터진 4·19혁명 소식은 부대에 도착해서도 계속 라디오를 통해 확인할 수 있었다. 내가 근무하는 공병대대장 (참모)실에서 라디오를 통해 짬짬이 혁명의 진행을 들으면서 계속 흥분하고 있었다. 그러나 대학 친구들이 일군 그 혁명에는 직접 참여하지 못했다. 학적보유자로 그해 9월 조기 전역한 후, 혁명에 참가하지 못했다는 죄송한 마음으로 선후배 동료로부터 4·19혁명의 영웅적인 활동을 익히 들을 수 있었다. 동학 김치호 군이 산화했다는 소식을 듣고 슬픔을 금치 못했다.

한편 4·19를 회상하면 유감스러운 것도 있다. 소위 4·19세대의 변신과 변질이다. 4·19세대 중 이 나라 민주화의 초석을 놓은 민주혁명 정신에 굳게 서서 한국의 인권과 민주화를 끝까지 파수하는 이들이 몇 안 된다는 소식이나, 그나마도 국가 포상에 혈안이 되어가면서 서로를 질시하고 있는 현실은 유감스러운 정도를 넘어서고 있다.

4·19혁명 1년 후 5·16군사쿠데타가 일어나자, 4·19혁명을 부정하는 쿠데타 세력임에도 불구하고, 혁명정신을 계승한다는

감언이설에 현혹되어, 4·19세대 중에 군사정권과 야합하는 이들이 등장하기 시작했다. 중앙정보부가 생기자 거기에 몰려가 머리를 빌려주더니, 급기야 군사쿠데타 세력이 만든 당과 정부의 요직에 이름을 걸치거나 몸을 파는 이들이 나타났다. 그들은 4·19정신과는 다른 길을 걸었고, 4·19가 지향하던 민주화와 인권에 역행하는 일에도 적극 동참하게 되었으며, 심지어는 유신정권에까지 깊숙이 관여하는 이들도 있어 실망을 금할 수 없었다.

실망은 여기에 그치지 않는다. 최근 몇 년 사이에 4·19세대 중 몇몇 인사들이 국가적 포상에 집착하는 자세를 보인 것도 유감스러움을 금치 못하게 했다. 4·19혁명정신을 부정한 정권에 빌붙은 세력에게조차 4·19세대라는 이유로 포상을 하자는 데는 어안이 벙벙할 뿐이다. 그들이 과연 4·19혁명세대라고 자부할 수 있을까?

4·19혁명은 한국의 민주주의를 이룩하고 개인의 자유와 창의성을 고양한 중요한 의미를 갖는다. 오늘날 한국은 제2차 세계대전 후 식민지 국가에서 민주화와 산업화를 동시에 이룩한 몇 안 되는 모범적인 나라라고 칭송되고 있다. 한국의 민주화와 산업화를 이룩한 가장 중요한 계기가 바로 4·19혁명이라고 이해한다.

4·19혁명의 원인은 먼저 자유당 정권의 부정선거에서 찾을

수 있다. 민주주의의 토대는 공정한 선거로 담보되는데, 그들은 새롭게 정착시켜야 할 민주주의의 근간을 부정선거로 흔들었다. 1948년 초대 대통령에 취임한 이승만은 1952년 국회의 선거를 통해서는 차기 대통령으로 선출될 가능성이 보이지 않자 발췌개헌이라는 편법을 동원, 종래 국회에서 대통령을 선출하던 제도를 국민이 직접 선출하도록 하는 제도로 바꾸고 재선되었다. 이 선거는 6·25전란 중에 치러졌다. 1980년대 신군부가 통일주체국민회의 대의원에 의한 체육관 대통령 선거를 고집할 때, 거기에 반대하여 대통령 직선제를 주장하는 이들은 6·25전란 중에도 대통령 직선제를 시행했는데 왜 평시에 대통령 직선을 할 수 없느냐고 항의한 적이 있다. 직선제를 시행하자는 주장은 타당했지만, 전란 중의 직선제 시행이 그렇게 민주주의적 동기에서 출발한 것은 아니었다. 하여튼 이렇게 직선제로 바꾼 후 이승만은 '사사오입'이라는 기상천외한 불법적인 방법으로 3선 개헌을 단행하고 1956년에 대통령에 3선되었고, 1960년에도 대통령에 출마하였다. 이 몇 차례에 걸친 대통령 선거에서 자유당 정권은 온갖 불법투표를 자행하여 이 나라 민주주의의 근간을 훼손했다. 여기에다 자유당 정권은 늙은 대통령의 눈과 귀를 막고 온갖 불법과 부패를 자행했다. 4·19혁명은 이 같은 부패와 부정선거를 바로잡아 이 나라 민주주의를 살리는 한편 불의와 부패를 척결하기 위해 많은 젊은이들을 민주제단에 올려놓았던 것이다.

4·19혁명은 이 나라 민주주의를 회생시킨 것을 토대로 하여 평화통일 문제를 부각시켜 민족주의를 새롭게 정립시켰으며, 산업화의 기틀을 닦았다고 할 수 있다.

해방 이후 남북의 갈등과 대결은 통합정부를 세우려는 중도파 세력의 입지를 약화시켜버렸고, 급기야는 6·25전란으로 돌이킬 수 없을 정도로 남북을 갈라놓았다. 남과 북은 상대방을 괴뢰라 비난하면서 부정적인 경쟁을 부추겼고, 민족적 과제인 통일문제는 뒷전에 미루고 말았다. 통일 방안도 남측이 북진통일, 멸공통일론을 주장하고 있을 때 북측은 적화통일과 공산혁명을 내세우고 있었다. 그러나 4·19혁명은 전쟁통일론 대신 평화통일론을 대두시켰고, 북을 멸공의 대상이 아니라 대화와 통일의 동반자로 수용하는 단계로까지 우리의 의식을 전진시켰다. 비록 젊은 청년 학생층의 주장이긴 하지만, '가자 북으로, 오라 남으로, 만나자 판문점에서'라는 슬로건은 통일을 위해서는 대화와 민족적 대단결을 모색하자는 것이었다. 통일 지향의 소박한 민족주의가 이때 와서 활성화하기 시작했다는 뜻이다. 그러나 5·16은 이들 평화통일 세력을 한때 근절시켰다.

이와 함께 민족주의에 기반한 국학운동이 이때 새롭게 대두되었다. 국학민족운동은 한말 일제하에 대두되었고 해방 직후 한때 열렬히 고양되었지만 냉전체제의 강화로 점차 쇠락해갔던 것이다. 4·19혁명을 계기로 국사, 국문학, 민속학 등의 국학이 부흥하고 민족예술이 고양되기 시작하였다. 국사학에서 단재 신채호와 백암 박은식의 저술이 복간되고 그들의 민족주의 역사학이 새롭게 음미된 것은 이 때문이다. 국어·국문학 연구도 활성화되었고 그동안 사라지다시피 한 전통적인 민족음악과 예술이 복원작업에 시동을 걸게 된 것은 4·19가 남긴 중요한 결실이다. 이렇게 4·19를 통해 일어난 민족의식은 민족문화를 복원하는 데 크게 기여했던 것이다.

근자에 와서 한국은 민주화와 산업화를 동시에 이룩한 나라로 거론되고 있고 우리 스스로도 이를 자부하고 있다. 어떤 이는 민주화 세력과 산업화 세력을 대별하면서, 이들 양대 세력을 적대적인 관계로 이분화하는 경우도 본다. 또 어떤 이는 한국이 산업화를 통해서 민주화를 이룩해갔다고 주장한다. 그러나 필자는 한국의 민주화와 산업화는 서로 자극을 주면서 발전해왔다고 생각하며, 꼭 선후를 가려야 한다면 한국의 민주화가 산업화를 견인했다고 믿는다. 민주화가 인간의 자유와 창의성을 신장시켜갔기 때문에 그걸 바탕으로 자발적인 산업화세력이 형성되어갔던 것이다. 산업화의 열매가 재벌로 귀결되는 현실은 왜곡된 역사진행이며 또 산업의 민주화에 역행하는 현상이기도 하지만, 그러나 민주화를 통해 나타난 자유와 창의성이 담보되지 않고는 산업화의 업그레이드가 불가능하다는 점에서 민주화는 산업화를 도약시키는 또 하나의 계기가 될 수밖에 없을 것으로 믿는다. 한국 산업화의 견인역할이 민주화에 있었다면 그것은 4·19혁명으로부터 재래된다는 점을 확실히 하고 싶다.

4·19혁명이 남긴 가장 중요한 의미는, 한국 역사상 최초의 민중에 의한 밑으로부터의 혁명이라는 점에서 찾을 수 있다. 민중의 민주적 역량이 그렇게 강고하게 보였던 자유당 정권을 무너뜨리고 승리했다는 것이다. 이것은 매우 중요한 교훈을 준다. 우리 역사에서 한 번도 승리하지 못했던 민주 역량이 4·19에서 승리했다는 것은 이 나라 민주주의의 발전에 중요한 가능성을 약속했던 것이다. 4·19를 통해 그 가능성을 확인한 민주적 역량이 그 뒤 군부독재의 유신체제를 무너뜨렸고, 신군부세력을 굴복시켜 이 나라 민주화를 꿋꿋하게 지켜나갔던 것이다. 검증된 그 가능성이 앞으로도 어떤 반민주세력을 만나더라도 승리할 수 있다는 신념과 에너지를 우리 역사에 제공하고 있는 것으로 확신한다. _2010. 4. 14. 〈한국일보〉

다시 7월 4일을 보내는 소회

오늘은 '7·4남북공동성명'이 공표된 지 꼭 41주년이 되는 날이다. 아무런 공식 행사도 없어서 이날의 의미를 되새기는 이들이 그리 많지 않다. 그날 발표된 공동성명에는 '자주', '평화', '민족대단결'이라는, 남북관계의 기본 원칙과 민족통일 원칙을 내놓기도 했다. 나는 41년 전, 그날의 감격을 아직도 잊지 못한다.

1972년 7월 4일 오후, 곧 태어날 둘째아이를 기다리며 나는 신촌 어느 병원 근처에 있는 처형의 약국에서 대기하고 있었다. 그날 오후는 날씨가 매우 흐렸고 어둠침침하기까지 했다. 그때 7·4남북공동선언의 내용을 급전하는 호외가 뿌려졌다. 지금도 기억하기로는, 그때 그 소식을 알리는 기사의 제호가 '큰 대문짝'만 하게 보였다. 기대와 환희가 거기에 투영되었기 때문이었으리라. 너무나 벅찬 감격의 순간이었다. 41년이 지난 지금도 당시 그 기사 제목이 내게는 '큰 대문짝'만 하게 보였다고 표현할 수밖에 없다.

해방 이후 분단된 지 27년째 되던 해, 그 전에는 남북이 공유할 수 있는 그 같은 감격이 없었다. 거기에다 그 이튿날 둘째 아들을 얻는 큰 기쁨도 누리게 되었다. 대학 강단에 선 지 불과 2년, 철들고 난 뒤에 쉬지 않고 기도해왔던 민족통일이 갓 태어난 둘째아들과 함께 성큼 다가오는 듯한 느낌이었다.

그로부터 22년 전으로 거슬러 올라가 한국전쟁이 발발한 1950년, 나는 초등학교 6학년이었다. 그때 나는 고향인 경남 함안까지 밀고 내려온 북한군 치하에서 몇 달을 보냈다. 탱크를 비롯한 부서진 무기는 말할 것도 없고 시신과 해골들도 보았다. 최종 전투지역이었던 고향의 학교는 깡그리 파괴되어 북한군이 물러난 후 곧바로 개교하지 못했다. 개교 후에도 포탄을 갖고 놀던 저학년 아이들이 몇 명 희생당하는 참상이 일어났고, 나는 학교 가기가 두려워 얼마간 먼 산에 나무를 하러 다녔다.

한국전쟁 동안 사촌형 두 분이 전사했고, 서울에서 공부하던 막내 자형이 납치되었으며, 홀로된 누님은 40여 년간 남편을 기다리다가 돌아가셨다. 어찌 눈을 감을 수 있었을까. 한국전쟁 전에 이미 간디스토마에 걸려 투약으로 건강을 유지하던 아버님은 전란 통에 약을 구하지 못한 탓에, 전쟁 발발 1년 반 만에 돌아가셨다.

이것이 남쪽에 거주하면서 전쟁의 상처를 비교적 덜 경험했던 한 소년의 가족사다. 이 땅에서 어떠한 이유로도 다시는 전

173

쟁이 일어나서는 안 된다는 생각이 굳어진 것은 이 때문이다. 이것이 내가 평생 평화통일을 말하지 않을 수 없는 한 가지 이유이기도 하다.

7·4남북공동성명에는 통일 원칙으로서 '자주', '평화', '민족 대단결'을 이렇게 언급했다. 첫째, 통일은 외세에 의존하거나 외세의 간섭을 받음이 없이 자주적으로 해결해야 한다. 둘째, 통일은 서로 상대방을 반대하는 무력행사에 의거하지 않고 평화적 방법으로 실현해야 한다. 셋째, 사상과 이념, 제도의 차이를 초월하여 우선 하나의 민족으로서 민족 대단결을 도모해야 한다.

이 밖에도 7·4남북공동성명에는, 남북은 긴장상태의 완화, 상대방 중상비방 중지, 무장도발 중지, 불의의 군사적 충돌사고 방지 등을 합의하고, 남북 사이에 다방면에 걸친 제반 교류를 실시하고, 적십자회담 성사에 적극 협조하며, 서울과 평양 사이에 상설 직통전화를 개설하되, 이런 문제들을 협의·실시하기 위하여 남북조절위원회를 구성·운영토록 하자는 대목도 있다.

7·4남북공동성명이 발표되었을 당시, 국민들의 환호가 대단했다. 그동안 이런저런 이유로 고통을 겪고 있던 이산가족들에게 준 희망은 얼마나 컸을까? 한편, 일부에서는 당국이 민족(통일) 문제를 구실 삼아 이를 정권 강화를 위한 방편으로 사용하지 않을까 하는 의구심도 숨기지 않았다. 아니나 다를까, 남측

에서는 그해 전대미문의 독재를 강화하는 10월 유신이라는 조치를 취했고, 북쪽도 김일성에게 초헌법적 지위를 부여하는 '사회주의헌법'을 공포했다.

공교로운 것은 남측이 10월에 공포한 유신헌법에 의해 박정희가 새로 대통령으로 취임하는 날짜와, 북한에서 사회주의헌법을 공포하는 날짜가 다같이 12월 27일이었다는 점이다. 이는 결코 우연의 일치가 아니다. "짜고 친 고스톱"이라는 비아냥이 나오는 것은 이 때문이다. 그럼에도 분단 27년 만에 처음 합의한 7·4남북공동성명은 그 뒤 남북 간에 이뤄진 모든 접촉과 대화의 기본 지침이 된 3대 통일 원칙을 제시했다. 7·4남북공동성명의 역사적 의의와 중요성은 바로 여기에 있다.

올해도 7·4남북공동성명 기념일을 맞아 남북이 공동기념행사를 할 수 있는 계기를 만들 수 있었다. 지난달 6일 남북회담 제의에는 7·4공동성명 발표 41돌 기념행사도 같이 개최하자는 내용이 포함되어 있었다. 그러나 이날 〈통일뉴스〉는 "자주, 평화, 민족대단결이라는 통일의 원칙을 밝힌 역사적인 7·4남북공동성명 발표 41주년을 맞는 기념식을 남과 북, 해외가 동시에 거행한다"고 보도했다. 제안된 공동기념행사는 무산되고, 결국 분산 개최될 수밖에 없었다. 그나마 7·4남북공동성명이라는 역사적 사건을 환기시킨 것은 다행이라고나 할까.

7월 4일 오늘, 남북은 8천만 민족의 염원을 저버리지 않으려는 노력의 일단을 보였다. 개성공단 문제를 두고 당국회담을 갖기로 합의한 것이다. 국정원의 선거 부정개입과, NLL 문제로 식상한 국민들에게 이는 한 가닥 희망이다. 그 합의가 7·4남북공동성명 발표 41주년을 맞는 이날에 이뤄진 것이 그때 가졌던 평화와 통일의 불씨를 살려내려는 걸음이었으면 좋겠다. 그 여린 끈을 조심스럽게 연결해나간다면 41년 전 '큰 대문짝'만 하게 보였던 그런 감격과 비전으로 확대해나갈 수 있지 않을까, 조심스럽게 기대해본다.   _2013. 7. 4.

역사교육강화방안을 제대로 시행하려면

지난 22일 정부는 고등학교의 '한국사'를 필수로 전환하겠다는 것을 골자로 한 '역사교육강화방안'을 발표했다. 이를 시비하는 언론이 없지 않으나, 그동안 산발적으로 논의되어오던 국사교육정책을 종합적으로 정리한 내용이어서 역사의식을 획기적으로 고양할 계기가 될 것으로 기대하며 환영한다. 발표 때 국사편찬위원회 위원장과 역사교육과정개발추진위원회 위원장을 좌우에 배석시킨 것은 정책실현을 위한 정부의 결연한 의지를 나타낸 것으로 본다.

그동안의 경험으로 본다면, 그 '방안'을 실현하는 데는 적지 않은 지혜가 필요할 것이다. 우선 이 '방안'의 수립과정에 대한 국민적 이해가 필요하다. 2007년 개정 때 '6단위·역사·필수' 정책이 세워졌는데도 불구하고 아예 시행도 해보지 않고 이 정권은 '선택'으로 바꾸었다가(2009년) 다시 '6단위·한국사·필수'로 전환했다. 왜 그렇게 했는지 해명이 없다. 그러고도 이번 조치가 국민적 신뢰를 바탕으로 제대로 시행될 수 있을까?

회고컨대 2007년의 개정은 크게 두 가지를 고려하여 몇 년간의 산고 끝에 이뤄졌다. 하나는, 이번 '방안'에서도 고려한 중국·일본의 역사왜곡과 독도 문제다. 또 하나는 국사교육의 국제화라는 당위성의 수용이다. 일본·중국의 자국사 중심의 역사교육을 보면서, 한국사 교육은 극단적 민족주의에 함몰되어서는 안 된다는 반성이 있었다. 한국사의 틀에 갇혀서 주변국의 역사를 폄훼하는 역사교육이 아니라 한국사를 세계사와 호흡토록 해야 한다는 나름의 역사철학이 이 개정안에 반영되었다. 오랜 시간의 토론을 통해 과목명을 '역사'로 하고 한국사와 세계사 학습을 병행하는 '필수·6단위'로 한 것은 이 때문이다. 그러나 '방안'에는 그런 고민이 보이지 않는다.

이번 '방안'을 제대로 실현하자면 교육철학에 바탕한 제도적 장치가 필요하다고 본다. 대부분의 국사교육 강화조치는 이런 철학이 뒷받침되지 않은 채 일본·중국의 역사침탈에 자극되어 나타났다. 이는 역사교육 표류의 한 원인이 되었다. 인접국의 역사왜곡 현상이 나타날 때마다 냄비여론이 들끓었다. 그 여론의 추이는 대부분 '국사교육강화'로 모아졌다. 그러나 막상 이를 담당할 책임이 교육부로 넘어가면 흐지부지되고 말았다. 국사교육강화 명제는 다른 교과들로부터 교과이기주의로 간주되었고, 결국 그들의 질시와 방해 공작에 휘말려 좌초되고 말았다. 그게 한두 번이 아니었다.

국사교육강화는 국민적 합의에 의한 교육철학과 제도적 장치를 마련하지 않으면 제대로 열매 맺을 수 없다. 그 근거 마련의 하나로서, 국사를 도구과목의 범주에서 국민기본교과목으로 자리매김하는 철학적 발상전환이 필요하지 않을까? 그것이 가능하다면 국민적 합의와 입법절차를 거쳐 제도적 장치를 마련할 수 있다. 아울러 역사교과를 사회과로부터 독립시키는 것도 급선무다. 이런 제도적 장치야말로 상황의 변화에도 불구하고 역사교육을 지속적으로 강화시켜주는 현실적 방안이 될 것이다.

'방안'에는 국사과목이 수능시험에 적극 반영되지 않았다. 수능시험에 적극 반영하는 여부가 실효성을 제고하는 관건이다. 이번 '방안'에서 아쉬움은 이 대목에서 남는다. 그게 부득이하다면 다른 방안을 강구해볼 수 있다. 필자가 국사편찬위원회에 있을 때, 3군사관학교와 경찰대학, 간호사관학교 같은 국가의 간성干城을 양성하는 학교(입시)에 국사과목을 적극 활용토록 할 것과 국가예산이 투입되는 국립대학들이 서울대와 같이 수능시험에서 국사과목을 필수선택으로 하도록 협의한 적이 있는데 이런 방안을 적극 추진하면 어떨까?

국사교육이 꼭 학교 현장에서만 이뤄지는 것은 아니다. 《조선왕조실록》이 웹에 오르자 매일 수천 명이 스스로 국사교육에 임했고 이를 통해 각 분야의 연구물들이 쏟아지고 있다. 그런 맥락에서 《승정원일기》나 《일성록》, 《비변사등록》 및 역대 중요 사료들을 웹에 올릴 수 있다면 자발적인 국사 공부를 유도할 수 있지 않을까? 한국사능력검정시험을 각종 고시에 활용하겠다는 방안이 고무적인 그만큼 그 출제와 검증에서 신뢰도를 높여야 하는 것은 당연하다.　　　　　_ **2011. 4. 28. 〈한겨레〉**

물타기 수법과 물귀신 작전

벌써 10여 년간 계속되는 국사 교과서 논쟁은 올해 새 교과서 검정을 계기로 확대일로에 있다. 그 중심에는 '검정을 통과한' 8종의 교과서 중 모 출판사의 것이 태풍의 눈처럼 자리하고 있다.

그 교과서는, '친일·독재 미화 뉴라이트 한국사 교과서 무효화 국민네트워크' 같은 비판자들의 견해를 종합하면 다음 몇 가지를 지적받고 있다. 첫째, 정확성이 결여되었다. 역사 교과서는 사실에 대한 정확한 인식을 전제로 하고 있어야 하는데, 본문은 물론이고 화보, 도표, 그래프, 지도 등에 오류가 있고, 근현대사 부문의 4, 5단원에서는 인터넷 포털 사이트의 사진을 인용한 것이 각각 67.5퍼센트, 82.1퍼센트나 된다고 한다. 둘째, 공정성이 결여되었다. 교과서는 그 시대 학문성과를 압축적·객관적으로 다루어야 하며, 편견·오해·갈등을 야기할 수 있는 개념이나 표현은 피해야 한다. 거기에다 이 교과서는 위키백과 등의 잘못된 내용을 표절했다는 의혹까지 사고 있다. 셋째, 한국 근현대사를 보는 시각에도 편향성이 나타나고 있다. 그 교과서는 대한민국의 정통성을 일제의 식민지근대화, 남한 단독정부 수립, 5·16군사쿠데타와 유신체제의 전통계승을 통해 찾으려고 함으로써, 헌법이 제시하는 역사적 규범기준인 독립운동 정신, 반독재 민주화운동 정신, 평화통일 정신마저 부정하고 있다. 또 4·19혁명, 5·18민주화운동, 6월 민주항쟁으로 이어지는 민주주의 발전 과정과 그 역사적 의미를 무시하거나 축소했다고 지적된다.

이런 비판에 대해 교과서를 관장하고 있는 교육부의 자세가 석연치 않다. 과거 금성출판사 교과서 문제를 처리했던 교육부라면 의당 마땅한 조치를 취했어야 하는데 전혀 그렇지 않다. 교육부가 마련한 논문표절 가이드라인의 입장에서 보더라도 포털 사이트 사진을 전재한 것이 확인되었다면 의당 무효화해야 한다. 그런데도 우리 교육부는 몇 가지 잣대를 활용해가면서, 그 교과서에 대해서는 자비의 손길을 베풀고 있다. 과거 금성출판사 근현대사 교과서를 죽이기 위해 휘둘렀던 그 서슬 퍼런 칼날잣대는 어디에다 감추고 이제는 이빨 빠진 종이호랑이처럼 변해버렸다. 당시 금성출판사 교과서의 내용을 고치라고 강제할 때는 토씨에 해당하는 것까지 포함하여 그 교과서의 오류를 부풀려서 칼날을 휘둘렀던 교육부다. 그런데 전문가들이 이번 교과서를 두고 수백 개를 지적했는데도 감싸기에 바쁘다.

거기에다 교육부는 그 교과서의 오류를 바로잡을 기회를 준다면서 다른 7종의 교과서에도 '오류'를 시정할 수 있는 시간을 준다고 했다. 누가 봐도 그 교과서를 배려하여 다른 교과서까지 끌어들이고 있다는 인상이다. 이렇게 특정 교과서를 위해서 다른 교과서를 끌어들이는 수법은 전형적인 물타기 수법이다. 뒷날 역사는 이런 행태의 교육부를 두고 무엇이라고 말할까?

어떤 교과서가 오류가 드러나면 그 교과서 집필자는 거기에 대해 사과하고 겸손히 수정할 생각을 하는 것이 상식이다. 이번에 문제된 교과서 저자의 경우, 그럴 생각을 갖고 있지 않다. 오히려 다른 7종의 교과서를 들먹이며 그걸 공격하는 것으로 자신을 변호하려고 한다. 전형적인 물귀신 작전이다. 그런 작전을 쓴다고 하여 자기 교과서의 오류가 시정되는 것도 아니고, 실추된 자기 교과서의 명예가 회복되는 것도 아니다. 하지만 이들은 오히려 국민들에게 동반타락의 인상을 줌으로써 자기 오류를 상쇄하려고 한다. 자기변명도 모자라 다른 교과서를 끌어들이는 물귀신 작전은 교과서 저자가 가질 지성은 결코 아니다.

얼마 전 프레스센터에서 열린 모임에서 문제된 교과서 집필자의 대표 한 사람이 귀를 의심케 하는 말을 했다. "한국의 역사는 공산주의를 따라 인민공화국을 세우자는 세력과 상해임시정부를 중심으로 대한민국을 건설하자는 세력 사이의 긴 투쟁의 역사"라며, 기존의 교과서 집필자들과는 달리 자기들이 "상해임시정부를 중심으로 대한민국을 건설하자는 세력"인 양 포장을 했다. 그들은 식민지근대화론의 입장에서 교과서를 집필한 것으로 알려져 있는데 이런 발언은 그런 상식을 뒤엎는 발언이다. 식민지근대화론이 '상해임시정부의 전통을 이은 대한민국'을 인정한다는 것은 도무지 이치에 닿지 않는다. 그런데도 다른 7종의 교과서는 "공산주의를 따라 인민공화국을 세우자는 세력"인 양 말하고, 자기들은 "상해임시정부를 중심으로 대한민국을 건설하자는 세력"인 양 위장하고 있는 것이다. 자기를 변명하기 위한 것이라 해도, 이는 놀라운 속임수다. 그들이 정말 상해임정의 대한민국을 옹호했다면, 어떻게 그들이 쓴 교과서에서 임정과 독립운동 세력을 그렇게 철저히 무시하는 서술을 하고 있는지 설명해야 한다. 그들 교과서는, '이승만'을 42회나 언급하고 사진도 5장이나 나오는데, 거기에 비해 안중근이나 윤봉길은 아예 사진이 없고 김구는 인물사진 한 장이 고작이다. 거짓말도 유분수지, 이 정도면 어느 댓글에서 언급한 바와 같이 "표절과 오류로 몰리니 색깔론으로 방패를 치는"것에 다름 아니라고 생각된다. ㅡ 2013. 10. 15. 〈성숙의 불씨〉

한국사 교과서의 국정화를 반대함

며칠 전 역사정의실천연대로부터 한국사 교과서의 국정화 문제
와 관련된 인터뷰를 요청받았다. 그들이 내게 교섭한 것은 내가
국정화에 반대한다는 것을 알기 때문이다. 인터뷰 때에 현재 당
국이 어느 정도로 국정화를 추진하고 있는지를 물었으나 그들
은 들은 바가 없다고 했다. 당국이 그 문제에 대해서 입을 다물
고 있다는 것이다. 그러나 언젠가는 기습적인 조치를 취할 수도
있을 것이라고 했다. 다음은 인터뷰 때 언급한 내용이다.

한국사 교과서의 국정화를 반대하는 이유를 나는 세 가지로
들었다. 첫째, 국정화는 교과서 발행의 세계사적 추이에 역행한
다. 교과서 발행제도에는 크게 국정, 검정, 인정 그리고 자유발
행제가 있는데, 그중 우리에게 생소한 자유발행제는 아무런 간
섭이나 통제가 없이 자유롭게 발행하여 시장에 내놓으면 수요
자들이 그걸 교과서로 채택하는 것으로 서구 사회에서 시행하
고 있다. 그런데 최근 교과서 발행제도는 국정을 고수하는 특수

한 몇 나라를 제외하고는 검정 →인정 →자유발행제로 점차 이동하고 있다. 국정을 채용하고 있는 국가는 베트남과 북한 등 주로 사상 통제가 이뤄지고 있는 전체주의 국가다. 국사 교과서의 국정화를 기도한다는 것은 이 같은 교과서 발행 추세에 역행하는 것이다. 말하자면 반역사적이라고 할 수 있다.

국정화를 합리화하려는 논리로 분단상황을 내세우기도 한다. 한국이 분단국가이기 때문에 이념투쟁에서 이기려면 국정체제 하의 통일된 역사교육이 필요하다는 것이다. 분단상황이라는 특수 논리가 적용되려면, 국사교육뿐만 아니라 모든 분야에도 적용되어야 한다. 열린사회에서 그런 특수논리를 모든 분야에 적용하는 것은 설득력도 없고 사실상 불가능하다. 그런데도 유독 한국사 교과서 발행에만 적용하겠다면 그것이 온당할까? 분명히 해둘 것이 있다. 다양성과 창의성이야말로 획일성과 폐쇄성을 극복할 수 있는 가장 든든한 무기라는 것이다. 역사교육에서도 마찬가지다.

둘째, 정부가 기도하고 있는 국정화는 교학사 교과서의 재판일 가능성을 배제할 수 없다. 교학사 교과서를 검정에 통과시키기 위해 정부가 얼마나 공을 들였는가는 잘 알고 있다. 백화점식 오류에도 불구하고 검정을 통과시켜 시장에 내놓기만 하면 그래도 호응이 있을 것으로 기대했다. 그러나 보수언론과 정부의 살뜰한 보살핌에도 불구하고 교학사 교과서의 채택율은 0에 가까웠다. 이렇게 교학사 교과서의 참담한 결과에 충격을 받은 정부 측에서 본격적으로 들고 나온 것이 국정화 카드였다. 교학사 교과서의 논란 중에 그 책의 대표집필자가 차라리 국정화로 가야 한다고 강변하고 나선 것도 우연이 아니다. 이런 맥락에서 본다면, 국정교과서화의 기도는 교학사 교과서의 재판이거나 아니면 어용교과서를 만들 의도의 가능성을 배제할 수 없다. 부끄러움을 안다면 이런 상황에서 국정화를 입에 내서는 결코 안 된다.

셋째, 국사 교과서의 국정화 기도는 국민 다수가 반대하기에 반민주적인 발상이다. 정부는 각급 학교를 통해 학부형 및 교사들에게 여론조사를 한 것으로 알고 있다. 학부형의 다수와 현장 교사들의 대부분이 국정화를 반대하고 있다. 정부가 용역을 주어 연구한 학자들도 국정화에 반대하는 목소리를 냈다. 거기에다 역사교육 현장에 종사하는 교사들도 반대의사를 분명히 했고, 또 역사학계도 국사 교과서의 국정화에 극구 반대하고 있다. 전문가 집단의 이 같은 의사를 정부가 무시하고 강행한다는 것은 열린사회에선 있을 수 없다. 이들 여러 집단들의 반대에도 불구하고 국정화를 기도한다는 것은 반민주적 처사로, 국민의 민주적 의사를 수렴해야 할 정부가 취할 자세는 아니다.

차제에 건의한다. 이런 상황에서 교과서 발행제도가 재검토되어야 한다면, 교과서 발행이 대통령령이나 정부의 행정명령에 근거하여 이뤄져서는 안 된다. 오히려 국회에서 국민의 의사를 반영하여 새로 제정한 법률에 근거하여 추진되도록 해야 한다. 특히 교학사 교과서 발행에서 보인 정부의 행태는 더 이상 교과서 발행을 정부가 좌지우지해서는 안 된다는 교훈을 강하게 암시하고 있다.

_2014. 11. 14._

3 일생지계 재어근

인생에 관한 짧은 생각

내 인생에서 후회되는 한 가지

'팔불출八不出' 하면 몹시 어리석은 사람을 이른다. 때로는 '팔불취八不取', '팔불용八不用'이라고도 한다. 이 말은 거의 자식이나 마누라 자랑을 하는 사람에게 사용된다. 국어사전에 "자식 자랑은 팔불출이라지만 우리 아들 자랑 좀 해야겠다"라든가, "팔불취가 아니고서야 자기 아내 자랑을 그렇게 하겠어?"라는 예문까지 등장시킨 것은 이 때문이다.

'팔불출'이라는 말을 끄집어내는 것은 아무래도 맨입으로는 내 아내와 관련된 이야기를 할 자신이 없기 때문이다. '내 인생에서 후회되는 한 가지'를 말하자니, 아예 팔불출로 자처하고 꺼내는 것이 좋겠다는 뜻이다. 그 '한 가지'는 약 35년 전 아내가 공부하겠다는 결심을 말했을 때 흔쾌히 동의하지 못한 것이다.

결혼 초부터 나는 아내더러 대학원에 진학하여 학업을 계속했으면 좋겠다는 의견을 개진했다. 아내는 대학 졸업 후에 신학교에 진학, 공부를 계속하다가 잠깐 쉬는 사이에 나와 결혼했다. 이 때문에 내게는 아내의 학업에 대한 부채 같은 것이 있었다. 대부분의 중매결혼이 그렇듯, 나도 앞날에 대한 충분한 의견을 교환하지 못한 채 결혼했다. 그랬던 만큼 공부와 관련된 계획에 대해서도 거의 일방적인 생각만 갖고 있었다. 그러다가 첫 아이가 생기고 3년 터울로 둘째까지 갖게 되었다.

그 무렵 아내는 새로 공부를 시작하겠다는 의견을 피력했다. 적기가 아닌 것으로 판단한 나는 뒷날 기회가 있을 것으로 기대하고 흔쾌히 동의하지 않았다. 용기 없는 남편은 어려운 시기가 도전의 때임을 직시한 아내의 용기를 이해하지 못했던 것이다. 이 일 후에 아내는 더 이상 공부하겠다는 말을 꺼내지 않았고, 나 또한 아내의 공부에 대해 말을 붙일 수가 없었다. 그때부터 벙어리 냉가슴이었다. 묵묵히 두 아이를 키우고 남편 뒷바라지하는 것으로 자신의 삶을 한정시키는 동안 세월은 훌쩍 달아나고 말았다. 유교 가문에서 성장한 아내의 성품을 알았다면 내가다시 공부 이야기를 꺼내 격려했어야 하는데 때를 놓쳤다.

뒤에 알았지만, 새로 공부하겠다는 의사를 밝혔을 때 아내는 지원하려는 대학의 교수로부터 내락을 거의 받은 상태였다. 당시만 해도 교수의 내락은 진학의 가능성을 어느 정도 담보하는 것이었다. 그런 정황도 모르고 내 판단만 앞세웠으니 후회스럽다. 지금 생각하면 당시 상황파악을 위해 좀 더 긴밀한 대화를 나누었어야 했다. 그러나 대학에 갓 전임이 된 나로서는 아내와 대화하기보다는 서재에 틀어박히는 것을 보람으로 생각했다. 그 뒤 처가 식구로부터 대학 졸업 무렵에 아내의 해외유학이 거의 성사단계에 이르렀지만 돌발상황 때문에 여의치 않게 되었다는 것도 들었다. 나만 제대로 파악하지 못했지, 아내의 학문에 대한 열망은 매우 진지했고 오랜 기간 지속된 것이었다.

아내가 공부하고 싶다고 의사 표시를 했던 그 유일한 기회를 제때 돕지 못한 후회는 늙어갈수록 더하다. 한 인간의 자기성장 가능성이 결혼 때문에 막혀버린 것이 아닌가 하는 자책이 계속 짓누르고 있다. 결혼이란 애정을 바탕으로 서로 도와 인간적인 가능성을 자극하고 활성화하는 계기가 되어야 하는데, 우리에게는 오히려 그 가능성을 막아버리는 구실이 되었던 셈이다. 남편의 사회적 활동과 아이들의 뒷바라지를 위해 아내는 희생해야 한다는 전근대적 고정관념이 내 가정에도 그대로 묵수되었으니 그 또한 후회스럽다.

따져보면 인생이란 후회로 점철되는 도정이다. 매일 아내를 대하면서 문득문득 떠오르는 이 후회는 아내를 제대로 배려하지 않았던 미숙함이 가정조차 일방적으로 꾸려오지 않았는가 하는 의구심으로 연결된다. 칠십 줄에 들어서서 두 아들이 자기 배우자와 동반성장을 위해 노력하는 것을 보면서 '벙어리 냉가슴'은 더욱 고조된다. 이런 후회는 아내에 대한 성찰 부족에서 왔고, 남성적 아집이 낳은 결과다. 배우자의 잠재적인 능력이 때로는 자신보다 앞선다는 것을 느끼는 것은 나뿐만이 아닐 터,

결혼은 배우자의 잠재력을 가능성으로 도출해내는 기제가 되어야 한다. 남은 삶이라도 아내의 잠재성에 주목하고 그것을 활성화하도록 도와야겠다고 다짐한다면 너무 늦었을까?

_ 2011. 11. 18.

강사료에 얽힌 이야기

얼마 전, 평소 신뢰해왔던 어느 학생선교단체에서 사흘에 걸쳐 15시간 동안 강의한 강사료를 전달해 왔는데, 그 액수가 평소 한 시간 정도의 강사료에 해당하는 것이었다. 한참 후에 이를 확인하고 그 책임자에게 전화, 사실을 알아본 후 몇 가지를 말했다. 먼저 강사들 중에 내가 비교적 나이가 많은 것 같아 이런 고언苦言을 하게 된다고 전제하고, 강사료에 대한 사전 양해가 있었는가를 묻고 그렇게 하지 않았다면 지금이라도 재원을 마련하여 여러 강사들에게 더 지급하는 것이 좋겠다고 했다. 이런 말도 했다. 재정 형편이 좋지 않아 강사료를 제대로 드릴 수 없다면 그걸 사전에 말해 양해를 구했어야 하며, 그와 함께 청년들을 특별히 훈련하는 이 프로그램을 위해 수고해줄 것을 간청했다면 누가 거절하겠는가 하고 말을 맺었다. 그러나 그들은 사전에 이런 양해를 구하지 않았다. 뒤에 추가해서 보냈다는 말을 들었지만, 이건 엎드려 절 받기 식이어서 지금도 마음이 편치 않다.

우리 사회에는 공공기관을 제외하고는 강사료에 대한 일정한
기준이나 매뉴얼이 있는 것 같지 않다. 강사료란 강사를 초청하
는 주최 측의 사회적 지위와 초청강사의 평판, 그리고 강의의
전문성과 소요 시간 등에 의해서 결정될 것이다. 때문에 강사료
에는 자기 기관에 대한 사회적 평가를 어떻게 인식하고 있느냐
는 초청자 측의 자기평가가 전제되어 있고, 그와 함께 초청하는
강사에 대한 평가도 들어 있을 것이다. 때로는 과하다고 생각될
때도 있는데 그런 때는 부담스럽다. 그러나 이게 아닌데 하는
생각이 들 때도 없지 않다. 이는 내 나름대로 평가기준을 갖고
있기 때문이다.

내 경우, 그 강연을 위해 얼마나 시간을 투자했는가 하는 점
을 중시한다. 강연을 위해 투여한 시간과 비례한 것이었으면 좋
겠다는 생각이다. 어느 학생회에서 강연을 하고 난 뒤의 일이
다. 평소에 잘 아는 문제를 이야기해서 별로 시간을 들이지 않
았다. 그러나 귀가해서 보니 봉투가 두툼했다. 그 뒤 그 받은 것
을 환원시키기 위해 학생회 간부들을 불러 격려를 겸하여 거창
하게 저녁 대접을 했다. 단군檀君 문제로 한참 시끄러울 때에,
어느 교단에서 총회장, 노회장 등 중요 간부들이 모인다면서 단
군에 대한 원고와 강의를 함께 부탁했다. 문제의 중요성을 감안
하여 오랜 시간을 들여 준비했다. 그러나 강사료는 흔히 빈말로
하는 '거마비' 수준을 넘지 않았다. 시간 들인 것을 생각하면 불

쾌하기 짝이 없었다. 평소 '장자長子교단'이라고 뻐기던 그 교단의 수준이 이 정도인가 실망하면서 그들이 학자를 어떻게 대접하는가를 엿보게 되었다. 그 교단 총회장을 지낸 분에게 이 말을 전했지만, 그 뒤에도 아무런 조치가 없었다.

어느 때부터인가, 강의를 부탁하면 꼭 원고(자료)를 챙긴다. 주최하는 측으로서야 청중들로부터 자료집을 제대로 준비했다는 평가를 받고 싶어서겠지만, 강연하는 당자들은 원고 준비가 강연보다 오히려 시간과 에너지를 더 쏟아야 하는 일이다. 그렇다고 원고료를 따로 계산하는 것도 아니다. 이름을 대면 알 만한 어느 기관에 원고를 보내고 강연할 기회가 있었다. 강사료 영수증을 보니 이건 원고료 몫도 되지 않았다. 사람대접을 이렇게 하는구나 생각하면서 영수증을 쓰지 않고 나와버렸다. 예외가 없는 것은 아니지만, 요즘은 원고를 부탁하면 강연을 아예 하지 않겠다고 한다.

강사료와 관련, 이렇게 불편한 점을 없애는 방안이 없을까? 있다. 강사에게 미리 알리는 것이다. 어느 분이 자기 동창들 모임에서 '일본의 역사왜곡'과 관련된 강연을 해달라고 부탁하면서 강사료는 아예 없으니 그렇게 양해해달라고 했다. 이렇게 강연계획을 알리면서 사전에 강사료 부분을 언급하는 것은 나쁘지 않다. 한국의 체면문화 때문에 말로 하기가 뭣하면 이메일이나 다른 방법을 이용할 수도 있다. 강연의 전반적인 계획을 말하면서 강사료도 명기해주면, 초청받은 이는 그런 걸 감안하여 초청에 응할지 여부를 결정할 것이다. 내 생각에는 자기를 필요로 하는 곳에 강사료 때문에 응하지 않을 이는 없을 것이라 본다. '재능기부'라는 말도 있지 않은가. '재능기부'도 사전에 자의적으로 이뤄져야지, 사후에 강요되듯 하게 되면 예의도 아니고 여운도 좋지 않다. _2013. 5. 26.

다음에는 청첩장을 꼭 보내지요

지난 해 10월 말에 둘째 아이를 결혼시켰다. 첫째를 결혼시킨 것이 1994년이었으니까 4년 만에 치러졌다. 이 결혼으로 두 형제를 모두 성혼시켰다. 둘째 아이의 혼사 때도 가까운 친척 외에는 알리지 않았다. 첫째 아이 때 청첩을 하지 않았으니, 둘째 때도 그렇게 하는 것이 순리일 것이라고 생각한 데다가, 평소에 결혼예식은 가까운 가족들이 모여 갖는 것이 좋겠다고 생각했기 때문에 이번에도 그대로 밀고 나갔다. 첫째 아이 때 청첩장을 보내지 않았다고 '불평하던' 지인들의 면면이 떠오르지 않은 것은 아니었지만, 그들도 나의 조치에 대해 속으로는 '잘했다'고 생각할 것이라 스스로 자부하면서 계획을 고치지 않기로 했다.

이런 소식은 발 없이 떠돌아다니는 법, 둘째 아이 혼사 후에 만난 여러 친구들은 애정 어린 충고와 비판을 서슴지 않았다. 인간은 상부상조하면서 살게 되어 있다는 원론적인 '설교'에서 부터 시작하여, 국사를 공부한 나에게 우리나라의 전통을 들어서 훈계하기도 했다. 우리나라에는 상부상조하는 두레정신이라는 게 있고, 가정의 길흉사 등 큰일을 맞을 때, 이웃끼리는 '품앗이'로 서로 도우며, 친구들 혹은 동갑내기들은 계契 조직을 통해 큰일을 잘 치렀다는 것이다. 나도 어릴 때 누나들의 결혼 때나 집안에 장례가 있을 때, 동네의 여러분들이 떡이며 감주 등으로 스스로 도와주었고, 그 뒤에 우리 집에서 다른 가정의 대사 때에 도로 갚으면서 서로 돕는 것을 본 적이 있다.

자녀의 결혼식 때 청첩장을 보내 초청하는 것은 여러 가지 뜻이 있다. 예부터 가정의 대사는 널리 알렸는데 청첩하는 첫째 목적은 이 사실을 널리 알리는 데 있을 것이다. 혼사는 기쁜 일이므로 공동체의 많은 사람들과 같이 즐기며 떡과 잔을 나눈다는 두레정신도 청첩의 의미에는 숨겨져 있다. 그래서 혼주婚主는 식장에 많은 지인들이 모이는 것을 영광으로 생각한다. 또 상부상조에 해당되는 축의금도 무시할 수 없다. 지금까지 이쪽에서 부조하여 도왔으니 이제는 다른 이들이 도울 수 있는 기회를 자연스럽게 제공하는 것이다. 최근에 와서는 이 점이 더욱 강조되어 결혼식에 참석하지는 못하더라도 축의금을 전달하는 여러 가지 방법이 고안되고 있단다.

이번에도 가까운 친구들이나 지인들 중 결혼식에 초청되지 않은 데 대해 섭섭함을 표시할 때에는 그저 '미안하게 되었다'는 말로 순간을 모면하였지만, 그래도 정녕 섭섭함을 감추지 않을 때에는, 다시 더 결혼시킬 자녀가 없는데도 불구하고, "다음에는 청첩장을 꼭 드리겠습니다"라는 말로 대신했다. 나에게 아들이 둘밖에 없다는 것을 아는 이들은 그 말을 우스개로 듣지만, 미처 모르는 분들은 다짐하면서 다음에는 꼭 보내라고 한다. 그럴 때에는 말로나마 그들을 속인 것 같아서 죄송한 마음이다. 그러나 분명한 것은, 내가 청첩하지 않은 것을 나무라는 이들조차도, "요즘 같은 세상에서 이 교수같이 하는 것이 옳긴 옳은데…"라고 여운을 꼭 남겨준다는 것이다. 그것이 빈말이라고 하더라도 나는 그 말이 참으로 기쁘게 들린다.

내가 아이들의 결혼식에 청첩장을 돌리지 않는 데는 특별한 이유가 있는 것은 아니다. 그저 우리들 모두가 평소에 보통 느끼고 있는 그 정도의 이유뿐이다. 그런 것은 오늘날 결혼예식의 번폐스러움을 비판하는 대부분의 식자들이 공통되게 느끼는 것이다. 한창 결혼식 철이 되면 하루에 몇 통의 청첩장을 받은 적도 있었다. 어떤 경우에는 청첩장에 적힌 여섯 분의 이름을 도무지 기억하지 못하는 때도 있었다. 공적으로 혹은 사적인 자리에서 처음 만나 명함을 주고받은 것이 청첩의 대상으로 둔갑된 경우일 것이라고 추측해본다. 이렇게 청첩장을 남발하다 보니, 남의 경사스러운 결혼예식이 나에게는 귀찮은 일이 되어버리고 축하받아야 할 대상이 오히려 남모르게 짜증의 대상이 되는 경우가 비일비재했다. 하루에 몇 통의 청첩장을 받았을 경우, 한군데는 내가 가지만 다른 곳엔 아내를 보내고, 그도 안 되면 친구한테 축의금을 대신 접수시켜달라는 부탁을 하게 된다. 이런 상황이고 보니, 우리 모두가 느끼듯이, 결혼문화가 이래서는 안 되겠다고 하는 느낌이 공감대를 서서히 이루어갔다고 할 것이다. 청첩장을 내지 않은 것은 그 깨달음을 나부터 실천해보기로 한 것뿐이다.

필자는 한꺼번에 여러 장의 청첩장을 받으면서 역지사지해보았다. 내가 보낸 청첩장을 받아 들었을 때, 다른 분들도 나와 거의 비슷한 느낌을 가질 수도 있을 것이다. 당일 우리 집 혼사만 있으라는 법이 없다. 그럴 경우, 우리의 혼사도 별수 없이 그들에게 짜증의 대상이 되었을 수 있고, 아니면 자식의 결혼식이 축하 대신 원망이나 저주를 받을 수도 있겠구나 하는 생각을 배제할 수 없었다. 축복 속에서 출발해야 할 새 가정이 다른 이들의 짜증과 원망 속에서 출발한다면, 축하해달라는 뜻으로 보낸 청첩장이 오히려 화근이 되는 것이 아닐까, 이런 생각을 지울 수가 없었다. 그와 함께 간과할 수 없는 것은, 현대인의 삶이 너무 복잡하고 도시의 생활 구조가 결혼식에 제대로 참여할 수 있을 만큼 여유롭지 않다는 것이다. 결혼식에 참석하려면 보통 한나절을 잡아야 하는데, 그런 시간을 요구한다는 자체가 매일 도시생활을 경험하고 있는 나에게는 염치없는 짓으로 느껴졌고, 그걸 요구할 만큼 나 자신 배짱도 없다. 거기에다 때로는 축의금도 무시 못할 부담이 된다.

큰아이 때와 마찬가지로 이번에도 혼사가 결정되고 난 뒤에 사돈집 양주를 모시고 저녁식사를 같이하면서 결혼에 따른 여러 가지를 의논했다. 먼저 신부 집에서 신랑 집에 인사치레로 보내는 예단을 없애자고 했다. 혼수는 두 사람이 생활하는 데에 기본적인 것만 갖추기로 했다. 이렇게 하면 결혼식 비용이 많이 줄어든다. 그런 후에 청첩장을 내지 말고 가까운 친인척에게만 알려 결혼식을 치르자고 제안했다. 내가 겪었던 여러 경험을 말하고 청첩장을 받았을 때 느꼈던 부담감을 다른 이들에게 주지 말자고 했다. 우리나라의 관습상 신부 댁이 이런 제안을 하기란 어려운 여건이므로, 신랑 댁의 입장을 십분 활용하여 실례를 무릅쓰고 제안했다. 이러한 제안에 사돈들도, 속마음이야 어떻든, 잘 이해해주었다. 결혼비용을 줄이자는 약속하에서는 더구나 축의금에 미련을 두고 청첩장을 내보내야 하는 부담은 훨씬 줄어 있었다.

이번에도 우리는 사촌 이내의 가족들만 초청했다. 직장과 내가 관계하고 있는 기관이나 친구들에게도 일절 알리지 않았다. 대신 신랑 신부의 친구들에게는 널리 알리도록 했다. 결혼은 예식도 중요하지만 먹고 마시는 것도 풍성해야 한다. 오신 손님들에게는 모자라지 않게 준비하여 대접했다. 이런 정도로 축복 속에 결혼식을 치를 수 있었던 것은 지금도 감사하고 있다.

남들에게 폐를 끼치지 않으려는 뜻에서 조용하게 결혼식을 치렀지만, 그 뒤에 부딪히고 있는 문제들은 사회의 전반적인 의식의 변화를 기다려서 해결될 것이다. 친구나 지인들이 섭섭한 뜻을 전하는가 하면, 자기 자녀들의 청첩장을 보내지 않는 것으로 '앙갚음'하는 경우도 당했다. 나의 뜻이 상부상조하는 인간 관계를 경색시키려는 데 있지 않은 만큼 아직도 청첩장을 받으면 더 부지런히 예식장을 찾는다. 다른 사람에게는 다 돌리는 청첩장을 나만 받지 못하는 경우가 있어서, 내가 받는 청첩장은 전에 비해 현저히 줄어든 것 같은 느낌이다. 그래서 꼭 참석했으면 하는 결혼식에 나만 소외되는 경우가 있어 때로는 섭섭하게 생각되기도 하지만, 사회 전반적으로 청첩장이 줄어든다면 그런 소외감은 참아야 한다. 혹시나 나의 행위에 대해 다른 사람으로부터 오해를 받을까 두려워하면서도, 솔직하게 말해서 가끔은 상인들의 농간에 점차 부풀려지고 왜곡되어가는 우리의 결혼문화가 바뀌기를 기대한다. 이 변화는 아무래도 처음에는 각계 지도자들이 솔선 유도해야 할 것이고, 변화의 내용은 자기과시적인 번문허례煩文虛禮를 지양하고 실질과 조촐함이 결혼문화의 미덕으로 간주되도록 해야 할 것이다. 아무리 지도층이라 하더라도 아직은 신부 댁에서 결혼절차의 개혁을 주도하기란 어려운 현실이므로, 가능하다면 아들을 가진 집에서 예폐禮幣를 없애고 혼수를 줄이는 등 결혼문화의 개혁에 앞장서는 것이 바람직할 것이다. 상부상조의 두레정신과 '품앗이' 전통이 좋은 것이긴 하지만, 이제는 시간을 절후節候로 따지던 농경사회가 아니고 분과 초로 따지는 시대임을 유념하고 분주한 현대인들의 생활에 알맞는 혼례문화를 창조적으로 다듬어가야 할 것이다.

_ 1999.

나의 독서 편력

사람은 저마다 자기가 살아온 시대에 대한 회고와 평가가 있게 마련이다. 자기가 자랐던 시대만이 불행한 시대였다느니 아니면 과도기였다느니 하는 말은 이래서 나온다. 이러한 진단은 대체로 자기가 이룩해야 할 성취에 대한 변명으로 나타나곤 한다. 개인적인 성취가 긍정적일 때, 그 불행했던 시대의 고통은 마치 배를 더 빨리 가게 만든 파도 같은 것으로 비유하지만, 패배적일 때는 자신을 변명하는 불가항력적인 요인으로 애써 포장하려 한다.

나의 독서편력이 이런 서두발언으로 시작되는 것은 만족스런 독서를 하지 못했다는 것을 우회적으로 변명하기 위함이다. 초등학교 1학년 때 해방을 맞은 우리 세대는 환경적인 여건으로 보면 제대로 독서하기가 매우 어려웠다. 우선 독서에 필수적이라 할 어학훈련을 제대로 받을 수가 없었고, '해방공간'에서 읽을 책을 구하기도 힘들었다. 당시는 언어 환경이 일본어에서 국어와 영어로 바뀌는 과도기였고, 국한문 혼용과 국문 전용이 몇 번씩이나 뒤바뀌는 일도 벌어졌다. 그러는 사이에 일어도 영어도 한국어도 한문도 제대로 숙지하지 못했다. 그 기회를 선용한 사람들 중에는 이 네 개의 언어를 고루 습득하여 자신을 풍요하게 만든 이들도 없지 않았지만, 시골에서 자란 나로서는 변명같지만 그럴 수가 없었다.

과도기 시절의 언어들을 제대로 숙지하지 못한 채 소년 시절을 보낸 나에게 다행스러웠던 것은, 초등학교 4학년 때 집안을 대청소하다가, 앞뒤 표지가 뜯겨진 신약성경을 발견한 일이었다. 옛 철자법으로 된 그 성경은 교과서 외에 내가 대할 수 있었던 유일한 책이었고, 그래서 열심히 읽기 시작했다. 어린 시절부터 시작, 지금까지도 성경을 손에서 놓지 않는 것은 나의 부족한 독서에 대한 대안이자 위안이다.

조모 때부터 기독교에 입문했던 우리 가정은 어릴 때부터 나를 주일학교에 보냈다. 덕분에 어릴 때부터 외운 많은 성경요절은 때마다 힘과 지혜가 되었다. 중학교 때 마산에 진출한 나는 고신파高神派 교회에 나가게 되었다. 신앙과 생활의 순결을 강조했던 그 교파의 분위기는 나의 독서생활에 엄격한 제약을 가했다. 교과서와 성경 이외의 책을 대하는 것은 거의 범죄행위처럼 간주되었다. 그런 분위기에서 중학교 시절 학과 외의 독서는 오로지 성경뿐이었다.

일종의 '외도' 같은 독서를 처음 시작한 것은 고등학교 시절,

이광수의 소설과 몇몇 세계 명작들을 대하면서부터라고 할 수 있다. 6·25 직후였는데도 그런 소설을 대할 수 있었던 것은 가까운 친구가 하숙하는 누나 집에 그런 책이 있었기 때문이다. 세무공무원이었던 그의 자형이 문학에 심취, 당시 간행되었던 그런 문학책들을 거의 갖춰놓았던 것이다. 《이차돈의 죽음》, 《원효대사》 그리고 《마귀의 늪》 등을 그때 읽을 수 있었다. 나를 누르고 있던 신앙적 힘은 '외도' 독서에 대해 죄의식으로 강박했고, 그랬던 만큼 그때까지도 문학적 상상력과 사실史實을 구분 못하는 단계의 유치한 독서수준에 머물러 있었다.

대학 시절은 신앙과 이성의 갈등과 조화를 통해 독서에 개안했던 시절이라고 할 수 있다. 1950년대 후반, 나는 독서의 새로운 지평을 기독교 신학서적을 읽는 데서부터 열어갔다. 나 스스로 장래 신학을 하겠다는 결심도 있었기 때문에 당시 우리말로 출판된 이름 있다는 신학서적은 거의 읽었다. 신학서적을 이해하는 일은 이성적 사고를 필요로 했기 때문에 거기서 훈련된 이성의 힘으로 고전·명작 및 사상서를 읽는 데로 점차 확장해갔다. 이때 평생에 읽어야 할 고전이 매우 많다는 것을 깨닫고 독서를 체계화하지 않으면 안 되겠다고 생각했다.

고전들은 방학을 이용, 체계적으로 독파하기로 계획을 세웠다. 어느 방학에는 그리스·로마의 고전을, 어느 어느 방학에는 괴테, 셰익스피어, 톨스토이를 차례로, 어떤 때는 중국의 고전을… 하는 식으로 계획을 세웠다. 젊은 시절, 이런 야심적인 계획에도 불구하고, 중국 고전과 몇몇 작가들을 독파한 경우를 제외하고는 계획대로 잘 실현되지 않았다. 그래도 덕분에 《논어》 같은 중국 고전은 아직도 자주 들곤 한다. 나 스스로는 완수하지 못했지만, 이때 세워본 계획은 그 뒤 종종 후배들에게 독서 방법으로 권장하기도 했다.

논어에 대해 잠깐만 이야기를 해보자. 《논어》는 공자의 '언행록言行錄'이다. 신약성경의 4복음서가 예수님의 언행을 기록해놓았듯이, 《논어》는 공자의 말과 행동을 기록한 책이다. 공자(주전 552-479)는 중국 춘추시대의 대사상가로서 동양사상계에 가장 큰 영향을 끼친 성현이다. 그는 시경詩經, 서경書經, 역경易經, 춘추春秋 등을 정리하였지만, 《논어》는 그 제자들이 저술한 것이다.

《논어》를 접한 것은 대학 시절이다. 장차 신학을 공부할 목적으로 대학의 사학과에 진학했던 나는 처음부터 서양사 과목을 열심히 들었다. 대학 2학년을 마치고 군에 복무할 때, 국사를 제대로 몰라 상관으로부터 망신을 당한 적이 있었다. 그것이 계기가 되어 제대 후에는 국사 공부에 비교적 많은 노력을 기울였다. 국사 공부를 위해서는, 예나 지금이나 한문 공부가 필수적이다. 한 여름방학을 시골에서 '글하는' 선비를 찾아가 《논어》를 읽었다. 한문 공부를 위해서는 중국의 고전을 읽는 것이 첩경이라는 충고를 들었기 때문이다. 이렇게 접하게 된 《논어》는 그동안 시간이 나는 대로, 더러는 주자의 주석을 곁들여서, 몇 번 읽을 수 있었다.

《논어》를 읽으면서 흥미를 느끼게 된 데는 한두 가지 배경이 있다. 하나는 어릴 때부터 들어온 아버님의 훈계가 바로《논어》의 정신과 상통한다는 것을 확인했기 때문이다. 또 하나는《논어》를 읽기 전에 성경을 여러 번 읽었는데, 인간의 일상적인 윤리와 도덕에 관한 한,《논어》의 교훈이 성경의 교훈에서 그리 먼 것 같지 않다고 느꼈기 때문이다. 그래서 그 내용 중의 몇몇 구절은 외우기도 한다. "다른 사람이 나를 알아주지 않더라도 개의치 않으면 역시 군자가 아니겠는가 人不知而不慍 不亦君子乎"라든가, "자신이 하고 싶지 않은 것을 남에게 행하지 말라 己所不欲 勿施於人" 등은 강의 시간에 자주 인용하는 구절이기도 하다.

합동신학교에서 한국 교회사 강의를 하고 있을 때였다. 박윤선 교장이 저술한《성경주석》에《논어》가 자주 인용된 것을 알고, 나는 신학교에서《논어》를 강의하는 것이 어떻겠느냐고 제의한 적이 있다. 평소에 신학교의 교과과정에서 한국사상의 바탕이 되는 동양 고전에 대한 강의가 없는 것을 느끼고 있었기 때문이다. 박 목사님은 의외로 순순히 허락하셨다. 그 학기에, 아마도 한국의 신학교 역사상 가장 먼저,《논어》를 '동양고전과 기독교'라는 제목으로 강의할 수 있었다. 그것도 보수적이라고 평가받는 합동신학교에서 말이다.

나의 독서편력은 드러내놓기에는 어설프기 짝이 없다. 대학교원이 된 후로는 전공을 이유로 다른 분야는 거의 기피하고 있는 실정이지만, 아직도 세계적인 베스트셀러는 미련을 버리지 못한 채 기웃거리기도 한다. 평생의 독서를 통해 《논어》에 대한 주해를 남기고 싶다는 간절한 염원을 갖게 되었다. 주자를 비롯한 여러 선인들의 주해와 내가 평생 읽은 성경지식을 기반으로 동양의 고전 《논어》를 주해할 수 있기를 기대해보는 것이다.

_ **2001.**

일생지계 재어근

중학교 때 한문 교과서에 나왔던 다음의 구절은 평생 잊지 못하는 교훈으로 간직하고 있다. 즉, "일일지계—日之計는 재어인在扵寅하고, 일년지계—年之計는 재어춘在扵春하며, 일생지계—生之計는 재어근在扵勤하다"라는 말이다. 풀이하면, "하루의 계획은 인시寅時(새벽 3시-5시)에 있고, 일 년의 계획은 봄에 있으며, 일생의 계획은 부지런함에 있다"는 뜻이다. 새벽에 일찍 일어나 하루의 일과를 시작해야 하고 봄에 열심히 밭을 갈고 일 년을 투자해야 하듯이, 사람이 한평생 성공적인 삶을 누리자면 부지런해야 한다는 것이다. 그러니까 '부지런함' 그것은 일생을 설계하는 가장 중요한 덕목이요 실천해야 할 윤리적 과제라는 것이다.

그 무렵 나는 성경을 열심히 읽고 있었다. '한글맞춤법'에 따른 개역성경이 6·25전란 중에 출판되어 처음으로 보급되었기 때문이다. 성경을 읽는 동안 서로 대조되는 두 단어인 '게으름'과 '부지런함'에 더욱 주목하게 되었다. 특히 구약의 잠언에서는 이 두 가치를 극명하게 대비시켜놓고 있다. "게으른 자여 … 네 빈궁이 강도같이 오며 네 곤핍이 군사같이 이르리라"(6:9-11)를 비롯하여, "게으름이 사람으로 깊이 잠들게 하나니 태만한 사람은 주릴 것이니라"(19:15), "자기의 일을 게을리하는 자는 패가하는 자의 형제니라"(18:9) 등 수많은 구절들이 있다. 잠언에는 게으른 자를 경계하면서 그와 대조적으로 부지런함을 격려하고 있다. "손을 게으르게 놀리는 자는 가난하게 되고 손이 부지런한 자는 부하게 되느니라"(10:4), "게으른 자는 그 잡을 것도 사냥하지 아니하나니 사람의 부귀는 부지런한 것이니라"(12:27), "부지런한 자의 손은 사람을 다스리게 되어도 게으른 자는 부림을 받느니라"(12:24).

뿐만 아니라 신약성경에도 예수님의 비유 가운데 달란트 받은 종들의 이야기가 있다. 다른 나라로 떠나는 주인이 그 종들을 불러 금 다섯 달란트, 두 달란트, 한 달란트를 각각 주고 돌아와서 계산하는 것이다(마 25:14-30). 처음 두 종은 각각 열심히 장사하여 그 두 배를 남겨 주인으로부터 "잘하였도다 착하고 충성된 종아, 네가 적은 일에 충성하였으매 내가 많은 것을 네게 맡기리니 네 주인의 즐거움에 참여할지어다"라고 칭찬을 받지만, 한 달란트 받은 종은 "땅을 파고 감추어두었다가" 한 달란트 그대로 가져오니 주인은 "악하고 게으른 종"이라는 꾸지람과 함께 그 받은 것조차 빼앗아 가게 되었다. 성경은 또 "네가 죽도록 충성하라 그리하면 내가 생명의 관을 네게 주리라"(계 2:10)는 강한 메시지를 남기고 있다.

어린 나이에 일찍부터 이러한 교훈에 접할 수 있었던 것은, 천성이 게을러서 만족스럽게 그 교훈대로 실천하지는 못했지만, 인생을 풍요하게 하는 데 결정적인 계기가 되었다. 부지런하자면, 잠자는 시간을 줄여야 하고, 자투리 시간을 잘 활용해야 하며, 집중력을 가지고 일해야만 했다. 같은 일을 하더라도 일하는 방법을 효과적으로 해야 했으며, 인생에 주어진 제한된 시간을 아끼지 않으면 안 되었다. 부지런함을 습관으로 하는 것은 그중에서도 가장 힘들고 중요한 것이다.

부지런한 자에게는 '일복'과 함께 '정직', '충성'과 '절제'와 같은 부가가치가 덤으로 주어진다. 어느 신학자가 말한 대로, 인간의 시조가 처음 타락할 때에 저지른 원초적인 죄악이 '거짓', '게으름', '욕심'이었던 것과 대조해보면 '부지런함'이 '정직', '절제'와 한 짝을 이룬다는 성경의 설명은 자연스럽다. 인생은 결국 한평생을 하나님께서 자신에게 맡긴 평생의 과제를 안고서, 게으름이라는 원초적인 타락성을 제거해가면서 부지런함을 윤활유 삼아 활력 있고 충성스럽게 살아가는 데서 삶의 참다운 의미를 발견할 수 있다. 부지런하면 같은 시간을 살아도 게으른 자보다 몇 배 알찬 삶을 살아갈 수 있다. 그래서 동양의 지혜자들은 일생의 어떠한 계책도 부지런함만 같은 것이 없다고 힘주어 말하고 있다.

_ **1995. 11. 8.** 〈가이드포스트〉

거창 기행

지난 8월 31일 오후 2시부터 경남 거창의 포충사褒忠祠 자전루紫電樓 누각 7-8평 되는 곳에서 제20회 '고택에서 듣는 인문학 강좌'가 열려 50여 명의 빈객들과 오순도순 뜻깊은 시간을 가졌다. 제목은 "우리 역사 오천 년을 어떻게 볼 것인가"였지만, 역사를 보는 시각이 중요한 내용이었다. 강의 후 질의응답까지 무려 4시간을 서로가 화답할 수 있었다. 지리산 자락의 햇살이 사라지는 시간까지 자리를 뜨는 이들도 거의 없이, 한 늙은이를 붙들고 삶이 역사와 어떻게 연결되는가를 토론했다. 이 인문학 강좌는 연세대에서 역사를 전공하고 귀향한 이이화李泂 선생을 중심으로 거창에서 시작했지만 지금은 가히 전국적으로 알려진 모임이 되었다. 이날 포충사의 내력이 설명되고 우리 가락도 어울려 지방 문화 창달의 가능성을 보여주었다. 이 강좌는 멀리 광주에서도 찾고 인근 군과 마을에서도 모여들어 그 성가가 대단했다. 피곤하다는 것을 핑계로 저녁 시간의 뒤풀이에 참석하지 못했지만 거기에 참석하여 교제까지 곁들였다면 좋았을걸 하는 아쉬움도 가졌다. 이 강좌를 통해 지방을 중심으로 한 문화활동의 가능성을 엿볼 수 있어서 기뻤다.

이튿날 우리는 거창고등학교 역사교사로 재직하고 있는 신용균 박사의 인도와 해설로 거창 양민학살 사건 현장을 들러보는 시간을 가졌다. 신 박사는 최근 이 주제로 논문을 쓰신 분이기도 한 전문가다. 지리산 가까이에 위치한 산청, 함양, 거창군은 1948년 10월 '여순사건' 이후 '빨치산' 활동지역으로 되었다. 그 때문에 6·25 전부터 민간인의 희생이 자주 나타났다. 당시 전국적이었던 보도연맹 사건의 희생도 이 지역이라고 예외일 수가 없었다. 거창 지역의 민간인 학살이 크게 나타나게 된 것은 1950년 말 국군 A사단의 거창 주둔과 관련이 깊다. 이해 말부터 거창군 북상면과 신원면에 대한 소개작전으로 많은 인명과 재산 피해가 나타났다. 이는 당시 A사단장 최 모의 견벽청야堅壁淸野 작전과 관련이 깊다. 이는 "꼭 지켜야 할 전략거점은 벽을 쌓듯이 확보하는 주의로 나가고, 부득이 적에 내놓게 되는 지역은 인력과 물자를 이동하고 건물을 파괴하는 등 깨끗이 청소해버려 적으로 하여금 이용하지 못하게 하는" 작전이다. 이 작전으로 산골 민간인 지역은 청야淸野의 대상이 되었다. 이때 그 사단에 배속된 B연대가 지리산 토벌 작전을 전담하게 되었다. 이 부대는 제주도 4·3사건 진압에 동원된 부대였고 그중 C대대가 이 지역의 책임을 맡았다. C대대는 거창군 북상면의

1,200호와 덕유산 아래 마을도 불태워 주민을 학살했다.

한 모 소령이 지휘하는 C대대는 1951년 2월 5일 새벽 신원면을 공격했다. C대대는 2월 9일부터 2월 11일까지 3일간 신원면 일대에서 700여 명의 민간인을 학살했다. 청연마을에서 80여 명의 주민들이 집단으로 학살당했고, 다음 날 2월 10일 탄량골에서는 두 번째 대량학살이 자행되었는데 주민 중에 군인, 경찰, 향토방위대원 가족을 나오게 한 다음 나머지 사람들에게 사격을 가하여 100여 명을 학살했다. 2월 10일 C대대 군인들은 와룡리, 대현리, 중유리 일대의 마을을 불사르고 마을 주민 1,000여 명을 신원초등학교로 집합시켜 그중 군경 가족과 일부 주민을 골라 아랫마을 율원초등학교로 이동시킨 후 2월 11일 C대대장의 지시에 따라 이 모 정보장교가 신원초등학교에 남아 있던 500여 명의 주민들을 학교에서 700미터 떨어진 박살 골짜기로 끌고 가 일제 사격으로 학살한 후, 시신에 나무를 덮고 휘발유를 뿌리고 불을 질렀다. 박살 골짜기에서 517명이 학살당했고 그런 중에서도 몇 사람이 살았다.

우리는 바로 그 비극의 현장인 박살 골짜기에 가서 총 자국이 난 바위를 돌아볼 수 있었다. 움푹 팬 골짜기에 몰린 사람들은 모두들 체념한 듯 서로 부둥켜안고 땅바닥에 엎드린 채 언덕 위 여기저기에 설치된 기관총의 총탄세례를 받았다. 이때 시체 처리를 맡은 몇 사람 중 두 사람이 겨우 살아 이 사실이 폭로되었다. 1951년 2월 9-11일, 3일 동안 신원면에서 국군 A사단(사단장 최 모) B연대(연대장 오 모) C대대(대대장 한 모)에 의해 학살당한 사람은 총 719명이었다. 이들은 뒷날 국회의 진상조사 및 군사재판에서 '빨치산에 협조한 자들을 재판하여 처형했다'고 했으나 새빨간 거짓말이었다. 1951년 3월 29일 거창 출신 국회의원 신중목이 거창 민간인 학살 사건을 폭로하자 다음날 국회, 내무부, 국방부, 법무부의 합동조사단 파견이 결정되었다. 그러나 4월 5일 국회와 3부 합동 거창사건 현장조사는 경남계엄사 민사부장 김 모 대령에 의해 공비로 위장한 군이 이들 조사단을 사격함으로 결국 물러나고 말았다. 이것은 뒷날 그 용감한 김 모 대령이 재판과정에서 폭로함으로 세상에 알려졌다. 그 뒤 군사재판에 의해 몇 사람이 유죄판결을 받았으나 곧 복귀하거나 중용되었다.

우리 일행은 박살 골짜기에서 조금 떨어진 곳에 와서 소아 합동묘, 여자 합동묘, 남자 합동묘 세 무덤을 보았다. 4·19 후 유족들이 그때 학살된 뼈들을 수습하여 뼈의 크기와 형태에 따라 세 개의 합동무덤을 만들고 위령비를 세웠다. 그러나 5·16 후 위령비는 파괴되었고 비문마저 훼손되었다. 그 뒤 1987년 6월 혁명 이후 다시 그 위령비를 복원했다. 그러니까 이 비극의 신원伸寃 문제는 우리 사회의 민주화 및 친일청산의 문제와 직결되어 있었다. 우리 일행은 짧은 시간에 한두 곳밖에 볼 수 없었지만, 이 비극의 현장을 보면서 비통한 마음을 금할 수 없었다.

6·25 전후의 이념적 갈등은 켜켜이 쌓인 이곳의 산악만큼이나 복잡했고, 그런 이념적 갈등과 전혀 관련 없는 많은 민간인, 특히 어린이들마저 희생의 제물이 되었으니 이 업보를 어떻게 감당할 것인가 하는 한숨이 절로 나왔다.

그길로 거창고등학교 교회로 와서 주일예배를 드렸다. 오는 동안에 그 비극적인 민족사를 생각하느라 울적하기 그지없었는데, 마침 인사말을 하라는 부탁을 받고 나는 이 학교의 설립자인 전영창 선생에 관해 감사하면서 그만 울지 않을 수 없었다. 더구나 전영창 선생이 이 비극의 현장을 보고 어떤 생각을 하게 되었을까를 생각하니 이곳에서 전 선생 역시 큰 눈물을 흘리지 않았을까 하고 느껴졌기 때문이다. 그가 6·25 때 미국에서 공부하다가 조국에서 전쟁이 일어났다는 소식을 듣고 급거 귀국한 것이나, 전쟁 중의 그리스도인들과 젊은이들을 향해서 외친 그의 사자후는 중고등학교에 재학 중이었던 내게도 큰 감동이었다. 특히 고신에서 간행한 잡지 〈파수군〉에 번역 연재한 《예수님이라면 어떻게 하실까》라는 소설은 내 젊은 인격을 형성하는 데 큰 영향을 미쳤다고 고백했다. 그날 나는 그가 세운 이 학교를 축복하면서도 계속 울먹였다. 전영창 선생을 회고하는 그 고마운 심정이 오전에 본 거창 양민학살 사건의 비극과 계속 교차되었기 때문이다.

이 땅 어디든지 용서와 화해가 절실하지 않은 곳이 없다. 미

군에 의해 수백 명이 학살된 노근리 사건을 비롯해 6·25 당시에 수십 곳에서 오폭에 의한 살상이 있었고, 5·18에 이르기까지 우리 안의 민간인 학살도 이루 말할 수 없다. 참여정부 때에 법을 제정하여 용서와 화해를 추구하려고 노력했으나 정권이 바뀌자 더 계속할 생각을 접고 아예 입을 닫았다. 과거 무고한 민간인을 학살했던 그 '전통'이 지금에는 극우 보수를 자처하는 자들이 '종북좌빨'이라는 가상의 적을 만드는 것으로 이어져 계속 이를 갈고 있다고 생각한다면 지나친 일일까? 우리 시대는 아직도, '평화를 만드는 자가 하나님의 자녀'(마 5:9)라는 이 부드러운 명령 앞에 겸손히 고개 숙여 참회의 눈물로 우리 속에 잠복해 있는 미움과 살상의 고리를 끊지 않으면 안 된다.

_ 2013. 9. 3.

4

종 되었던 때를 기억하라

한국 교회를 생각한다

종 되었던 때를 기억하라 _ 해방의 역사의식

며칠 후면 광복(해방) 68주년을 맞습니다. 먼저 조국의 독립과 인간의 보편적 자유를 위해 헌신, 순국하신 선진 영령들 앞에 감사와 존경의 예를 올립니다. 우리나라를 여기까지 이끌어주신 하나님의 은총에 감사하지 않을 수 없습니다. 광복의 달을 맞아, 어제 동숭동에 있는 벙커원교회에 가서 신명기 24장 22절 등에 근거하여 '해방절과 역사의식'이라는 제목으로 강론의 기회를 가졌습니다. 그 자리에서 다 하지 못한 이야기를 '종 되었던 때를 기억하라'는 제목으로 나누고자 합니다.

해방의 역사의식을 가장 간명簡明 직절直截하게 표현한 것은 "너는 애굽 땅에서 종 되었던 것을 기억하라"(신 24:22)는 것이라고 생각합니다. 말하자면 '종 되었던 것을 계속 기억하면서 역사의식으로 승화시키라는 것'입니다. 이것은 신명기 전체에 흐르는 아주 중요한 사상입니다. 애굽에서 자기 동족을 40년간

이끌고 나와 목적지 가나안 땅 바로 앞에 다다른 모세, 그는 그 땅으로 들어가지 못하고 그 땅을 바라보기만 하면서 동족에게, '너와 너희 후손들은 너희 조상들이 이집트에서 종살이하던 시절을 결코 잊어서는 안 된다'고 경고했습니다. 이것이 출애굽한 이스라엘 민족에게 준 엄숙한 명령이면서, 1945년 8월 15일 해방을 맞았던 우리 민족에게도 내리는 하나님의 명령이자, 계승해야 할 역사의식이라고 생각합니다.

종살이한다는 것은 바로 자유를 빼앗긴 삶을 말합니다. 인간으로 하여금 인간 되게 하는 가장 중요한 요인은 하나님이 인간에게 부여한 자유입니다. 자유를 상실한 삶이 바로 종(노예)입니다. 종 되었던 시절을 잊지 말라고 한 것은 자유를 상실했던 시기를 잊지 말라는 것입니다. 신명기를 보면, 모세는 이스라엘 백성들에게, 경제가 번창하여 너와 네 후손이 잘 먹고 잘살게 될 때, 또 자유를 만끽하고 있을 그때에도 더욱 이 '종 됨의 역사의식'을 가르치라고 강조했습니다. 이 말은 뒤집어보면 자유란 잘 먹고 잘살며 또 자유를 누리고 있다고 생각하는 그때에 빼앗길 수 있다는 뜻이 아니겠습니까? 우리가 경제적 부와 자유를 누리면서 이제는 어떠한 세력도 우리의 자유를 빼앗을 수 없다고 착각하고 있을 그때, 자유가 침식당할 수 있다는 것을 의미하는 것은 아닐까요? 그런 것을 느껴보신 적이 없습니까? 종 되었던 때를 기억하는 것은 현재를 감사할 수 있게 하고, 현재와 미래의 어떤 역경 가운데서도 새로운 희망과 용기를 갖게 하는 것입니다. 그러나 반대로 그 노예 되었던 때를 되씹는 것이야말로 늘 현재를 경계하면서 어떤 세력이 우리의 자유를 빼앗으려고 하지 않는가 예리하게 성찰해야 하는 것을 의미하는 것이기도 합니다.

"애굽 땅에서 종 되었던 것을 기억하라"는 말씀은 반대로 '종살이를 통해 획득했던 모든 대가들에 연연하지 말고 자유인의 삶을 창조해가라'는 강력한 당부이기도 합니다. 이는 종살이하면서 더덕더덕 붙었던 노예적 삶의 관행들을 기억에서 지우도록 유도하는 것입니다. 이스라엘 백성들이 노예의 상징인 애굽을 떠나 자유의 상징인 광야에 이르러 시련에 직면하게 되자 그들에게 주어진 자유가 얼마나 귀중하고 고마운 것인지를 제대로 깨닫지 못하게 되었습니다. 그들에게 자유의 대가로 주어진 광야는 빈곤과 황량함 그것이었습니다. 그 시련 앞에서 그들은 종살이하던 애굽을 그리워하는 모습까지 보였습니다. 애굽에서와 같이 고기와 떡이 담보되지 않았기 때문이었을까요? 노예생활을 청산하고 얻은 자유가 '고기와 떡'으로 치환될 수 있다는 것은, 슬프지만 현실일 수 있습니다. 광야생활의 어려움은 종살이하면서 배불리 먹던 애굽 시절을 추억토록 했습니다. 자유의 미래를 확신하지 못하는 이들에게는 언제나 당연한 수순입니다. 해방과 자유의 대가가 광야라는 것은, 노예생활의 대가가 풍부한 고기와 떡이었다는 것과 좋은 대조가 됩니다. 고기와 떡이 담보되는 노예생활로 돌아갈 것인가, 그것이 부족하더라도 자유인의 길을 선택할 것인가, 때로는 선택하지 않으면 안 될 때가 있습니다. 그러나 그들은 "애굽 땅에서 고기 가마 곁에 앉아 있던 때와 떡을 배불리 먹던 때"(출 16:3)를 그리워했고, 애굽에 있을 때에 "값없이 생선과 오이와 참외와 부추와 파와 마늘들을 먹은 것이 생각"(민 11: 5)나서 견딜 수 없었습니다. 이것은 해방과 자유를 포기하더라도 고기와 떡을 배불리 먹겠다는 선택에 다름 아닙니다. 경제를 해결해준다면 독재라도 선택하겠다는 그 심리와 다를 바가 없습니다. 하나님이 만나를 통해 광야생활에서 필요한 경제적 여건을 해결해주었음에도 불구하고, 믿음 없는 이스라엘은 자유 대신 빵을, 해방 대신 노예 됨을 그리워했습니다. "애굽 땅에서 종 되었던 것을 기억하라"는 것은 해방과 자유를 고수하려면 때로는 노예생활의 대가로 얻어질 수 있는 경제적인 대가를 포기해야 하고, 자유를 선택하려면 엄청난 고난을 감수하지 않으면 안 된다는 것을 의미한다는 것입니다.

여기서 하나님은 때때로 우리에게 자유냐, 고난이냐의 문제를 가지고 선택을 요구하고 시험한다는 것을 잊어서는 안 됩니다. 그러기에 "애굽 땅에서 종 되었던 것을 기억하라"는 말씀은 경제적 결핍을 각오하고라도 인간됨을 보장하는 자유를 상실해서는 안 된다는 엄숙한 교훈을 주는 것이기도 합니다. '자유가 아니면 죽음을 달라'는 말은 죽음과도 바꿀 수 없는, 귀중한 가치가 자유라는 사실을 웅변해주는 것입니다. 이스라엘 백성이 애굽에 그냥 있었더라면, 그들의 말대로, 고기 가마 옆에서 고기와 떡을 배불리 먹을 수 있었을 것입니다. 마찬가지로 일제 강점하에서 고분고분하게 그들의 지시만을 따랐다면 '식민지근대화론'에 현혹된 채 쌍수를 들어 환영하면서 얼마든지 고기와 떡을 누리며 배부르고 등 따숩게 살 수 있었을지도 모릅니다. 그러나 '삼한의 갑족' 우당 이회영 일가는 자기들의 재산을 다 정리하여 중국으로 망명, 거기서 신흥무관학교를 세우고 조국의 독립과 대한인의 자유를 위해 그 많은 재산을 초개같이 버리고 온갖 고초를 자취하는, '어리석은 짓'을 감행했습니다.

왜 그랬을까요? 독립운동이란 자기 한 몸은 물론 가족과 친족을 버리지 않으면 할 수 없는 것, 그것은 곧 엄동설한과 염천하절의 풍찬노숙을 각오해야 하는 것입니다. 왜 그들은 일제가 약속하는 안락한 생활을 포기하고 고난의 길을 선택했을까요? 그것은 곧 물질문명과 풍요의 상징인 애굽을 버리고 자유의 땅 광야를 선택한 이스라엘의 선택과 같은 것이 아닐까요? 인간의 고상한 가치인 자유를 위해서 자신의 부와 명예와 기득권을 포기하는 것과 다를 바가 없습니다. 이런 죽을 각오를 가능하게 하는 것이 바로 "애굽 땅에서 종 되었던 것을 기억하라"는 것이 아니겠습니까? 우리는 다시 물질적 풍요로 유인하는 애굽의 종살이를 선택할 것인가, 메마르고 거친 땅이기는 하지만 자유와 인권과 공동체가 보장되는 삶을 선택할 것인가, 이 해방절에 스스로를 향해 이 질문을 되풀이하지 않을 수 없습니다.

*

우리는 다시 종 되었던 때를 기억하라는 신명기의 말씀에 접근해봅니다. 종 되었다는 것은 누구에게 하소연할 수 없는 막심한 고난을 겪고 있다는 것을 말합니다. 이스라엘인들의 애굽생활은 그들이 광야에서 회상한 것처럼 고기 가마와 풍부한 떡이 있었던 것만은 아니었습니다. 그 못지않게 고난이 수반되고 있었습니다. 애굽 정부가 강요하는 중노동과 자식 유기遺棄 정책으로 나타났습니다(출 1:9-22). 이스라엘 백성들은 애굽의 철저한 통제하에 들어갔고, 국고성 건축을 위한 강력한 감독체제를 맞게 되었습니다. 흙 이기기와 벽돌 굽기, 농사일에서 혹심한 노동이 강요되었습니다. 이스라엘 백성들의 번창을 이유로, 아들을 낳으면 나일 강에 던지도록 강제했습니다. 이스라엘 가정의 영아 유기는 슬픔과 고통의 연속이었습니다. 이런 고통의 시기에 자기 백성의 부르짖음에 귀를 기울이시는 하나님의 자비가 나타났습니다. 모세가 애굽 왕에게 하나님의 명령에 따라 이스라엘 백성을 광야로 이끌고 나가겠다고 했습니다. 애굽 왕은 이스라엘인들을 더 혹사시키는 것으로 보복했습니다. 벽돌 만드는 데 사용되는 짚을 주지 않고 벽돌의 수를 전과 같이 채우라고 명령했던 것입니다. 노동 강도를 몇 배로 높여 괴롭히겠다는 것입니다. 이것은 바로 애굽 관리들의 손에 칼을 주어 이스라엘인들을 죽이는 것(출 5:21)이나 다름없는 상황을 의미합니다.

"종 되었던 때를 기억하라"는 것은 조상들이 겪었던 이런 혹심한 고난을 기억하라는 것입니다. 이것은 후손들이 선조들의 고난의 역사에 동참하라는 것입니다. 왜 조상들의 고난에 동참하라고 했을까요? 그들 조상들이 종 되었던 때의 역사에 동참시킴으로 조상들과의 일체감을 갖도록 할 뿐만 아니라 그런 역사 기억의 추체험追體驗을 통해 현재의 나태와 안일을 경계하라는 뜻이 아닐까요? 역사와 기억을 통해 조상들이 겪었던 그 고통에 동참하는 한편 앞으로 닥칠지도 모르는 고난에 대비하는 능력을 배양하라는 의미가 아닐까요? 역사를 통해서라도 고난에 동참하게 되면 고난을 극복하는 지혜를 얻게 됩니다.

종 된 것을 기억하라는 신명기의 말씀을 우리 해방절의 역사의식으로 승화시키려면 어떻게 할까요? 우리는 국권이 강제로 강탈되었을 때의 그 고난을 현재의 나 속으로 불러오지 않으면 안 될 것입니다. 일제강점기가 어땠습니까? 두보杜甫의 시 〈춘망春望〉 1절에 보이는, "나라는 부서지고 산하만 남았다國破山下在"는 상황보다 비교가 안 될 정도로 비참했습니다. 단재 신채호는 일제의 강점상황을 이렇게 묘사했습니다.

강도 일본이 우리의 국호를 없이하며 우리의 정권을 빼앗으며 우리의 생존적 필요조건을 다 박탈하였다. 경제의 생명인 산림 천택川澤 철도 광산 어장 내지 소공업원료까지 다 빼앗아 일체의 생산기능을 칼로 베이며 도끼로써 끊고 토지세 가옥세 인구세 가축세 백일세百一稅 지방세 연초세 비료세 종자세 영업세 청결세 소득세, 기타 각종 잡세가 축일逐日 증가하여 혈액은 있는 대로 다 빨아가고 … 우리를 잡아먹으려는 일본 강도에게 진공進供하여 그 살을 찌워주는 영세永世의 우마가 될 뿐이요 나중에는 … '딸깍발이' 등살에 우리 민족은 발 디딜 땅이 없어 산으로 물로 서간도로 북간도로 시베리아의 황야로 몰려가 아귀餓鬼부터 유귀流鬼가 될 뿐이며, 강도 일본이 헌병정치 경찰정치를 여행勵行하여 … 언론 출판 결사 집회의 일체 자유가 없어 … 신문이나 잡지를 본다 하면 강도정치를 찬미하는 반半일본화한 노예적 문자뿐이며 똑똑한 자제가 난다 하면 … 음모사건의 명칭하에 감옥에 구류되어 주뢰周牢 가쇄枷鎖 단근질 채찍질 전기질 바늘로 손톱 밑과 발톱 밑을 쑤시는, 수족을 달아매는, 콧구멍에 물 붓는, 생식기에 심지를 박는 모든 악형을 … 다 당하고 … 환해環海 삼천리가 일개 대감옥이 되어 우리 민족은 … 노예부터 기계가 되어 강도 수중의 사용품이 되고 말 뿐이며, 강도 일본이 … 참혹한 수단을 써서 공포와 전율로 우리 민족을 압박하여 인간의 '산송장'을 만들려 하는도다.

단재 선생은 일제강점 초기의 상황을 두고 저렇게 표현했습니다만, 1930-40년대에 이르면 만주와 중국, 미국과 태평양 지역에까지 전면전을 확대한 일제는 이루 말할 수 없는 고통을 가했습니다. 강제공출로 기본적 생존을 박탈하는가 하면, 보국대다 징용이다 징병이다 학병이다 하면서 젊은 청년들을 전장으로 끌어갔고, 심지어는 소녀정신대와 종군위안부로 한국의 젊은 여성들을 그들의 군수공장과 전쟁터로 몰아갔습니다.

종 되었던 때를 기억하라는 것은, 이스라엘 백성에게뿐만 아니라 성경을 읽는 모든 민족에게 주신 말씀입니다. 애굽에서 종 되었던 것을 기억하라는 것은 우리에게는 일제 강점기를 기억하라는 말과 다르지 않습니다. 일제강점기를 기억한다는 것은 우리 조상들의 종 되었던 고난의 역사에 동참하는 것이며, 그 고난의 원인이 무엇인가를 성찰케 하는 것이기도 합니다. 또 그런 고난을 되풀이하지 않으려면 현재의 삶을 고난의 역사 속에 투영시켜야 한다는 엄숙한 명령 앞에 서는 것입니다. 풍요와 안일을 즐기면서 다시는 고난의 때가 오지 않을 것처럼 생각하는 현대인에게 과거 고난의 역사는 현재의 낭비와 방종을 경계하도록 할 것입니다. 결국 종 되었던 때를 기억하라는 것은 현재와 미래에 대한 엄숙한 경고입니다.

종 되었던 것을 기억하라는 것은 이스라엘인들에게 애굽 사람을 미워하라는 의미일까요? 그렇지 않습니다. 애굽에서 객이 되었기 때문에 그들을 미워하지 말라고 합니다(신 23:7). 나는 이 대목에서 하나님의 뜻을 이해하는 데에 혼선을 느끼고 주저하게 됩니다. 우리를 종으로 삼았던 일본인을 어떻게 치환해서 봐야 할 것인가 하는 점 때문이지요. 이 문제와 관련, 적절한 예가 될지는 모르겠습니다만 내게는 이런 일이 있었습니다.

30여 년 전 어느 신문에서, 독립운동을 하던 한 조선청년의 목을 작두 위에 얹어 공개처형하는 사진을 보았습니다. 1919년

3·1운동 때에 울산수비대가 찍은 것이라고 합니다. 그 사진을 보고 몸이 떨리고 분노가 치솟았습니다. 결국 그 사진을 오려 고린도전서 13장에 끼워 넣었습니다. 이 글을 쓰면서 성경을 뒤적여보니 빛이 바래긴 했지만 아직도 그 자리에 있었습니다. 그 사진을 이렇게 끼워 넣은 것은 이유가 있습니다. 역사를 공부할수록 일본의 만행이 드러나고 그들의 후안무치는 유례를 찾을 없는 지경에 이르렀음을 보게 됩니다. 만행이 드러날수록 일본에 대한 복잡한 감정이 끓어올랐습니다. 그리스도인으로서 이런 성숙하지 못한 자세는 나를 괴롭혔습니다. 그럴 때마다, 이게 원수까지도 사랑하라는 명령을 받은 그리스도인의 자세로서 합당한 것일까 하는 의문도 들었습니다. 일본이 우리에게 남긴 역사를 생생하게 기억해야 한다는 당위성과 일본인을 사랑해야 한다는 하나님의 명령 사이에서 고민하지 않을 수 없었습니다. 기억을 되살리면서 그들을 사랑한다는 것은 내 힘으로는 불가능했습니다. 그러나 내 인간적 성정性情으로는 불가능하지만 하나님의 능력으로는 가능할 것이라고 믿었습니다. 사진을 고린도전서 13장(사랑장)에 끼워 넣기로 한 것은 바로 이 때문입니다. 이 사진을 볼 때마다 일본이 저지른 만행을 잊지 말고 기억하되, 고린도전서 13장이 요구하는 그 명령에 따라서 일본인을 사랑하고 용서하기로 힘써보자는 것입니다. 기억하되 용서하자는 것입니다.

*

앞에서 언급한 바와 같이, 종 되었던 때를 기억하라는 역사의 식은 자유를 상실했던 시기를 잊지 말라는 것이면서 종 되었던 때의 고난을 잊지 말라는 뜻이기도 합니다. 그러면서도 우리에게 고난을 준 그 사람들에게 앙갚음하지 말고 오히려 "원수 갚는 것이 내게 있으니 내가 갚으리라고 주께서 말씀하시니라"고 하신 말씀과 "네 원수가 주리거든 먹이고 목마르거든 마시게 하라. 그리함으로 네가 숯불을 그 머리에 쌓아놓으리라"(롬 12:19-20)는 말씀을 기억하면서 그 말씀에 순종하는 자세를 가져야 할 것입니다. 이것은 피식민지의 그리스도인이 식민국가를 향해 가질 수 있는 역사의식이라고 생각합니다. 이는 용서하되 기억하라는 것입니다.

종 되었던 때를 기억하라는 말씀은 속박에서 벗어나고 고난에서 해방된 오늘을 기뻐하고 감사함으로 받으라는 의미도 있습니다. 그것은 홍해를 건넜을 때 비로소 안도한 이스라엘 백성들이 "여호와는 나의 힘이요 노래시며 나의 구원이시로다. 그는 나의 하나님이시니 내가 그를 찬송할 것이요 내 아버지의 하나님이시니 내가 그를 높이리로다"(출 15:2)라고 기뻐하고 감사했던 것과 같은 기쁨과 찬양이 넘쳐야 한다는 것입니다. 8·15! 종 되었던 데서 자유를 얻은 때를 생각하면 하나님께 이런 찬송과 감사를 드리지 않을 수가 없습니다.

해방절의 기쁨과 감사는 곧 책임으로 변화시키지 않을 수 없습니다. 해방받은 사람이 그 기쁨과 감사를 사명과 소명으로 바꾸어야 한다는 것입니다. 이 책임은 곧 누가복음에서 언급한 예수님의 첫 강론의 강조점으로 연결됩니다. "나를 보내사 포로된 자에게 자유를, 눈 먼 자에게 다시 보게 함을 전파하며 눌린 자를 자유롭게 하고"(4:18). 이 말씀은 이사야서(61:1-2)의 예언의 말씀이면서 시편 146편에서 시인이 노래한 것이기도 합니다. 시인은 하나님의 통치는 억눌리고 주리며, 갇히고 보지 못하고 억울함을 당하며, 나그네와 고아와 과부 된 그런 상황에서 벗어나게 하는 것이라고 강조하고 있습니다. 예수님은 이사야서 못지않게 시편의 이 말씀을 그의 사명의 중요한 지침으로 실천했던 것입니다.

일제하에서 겪은 식민지 경험은 한국인에게 하나의 트라우마임에 틀림없습니다. 그런데 하나님은 이 트라우마를 망각하는 방법으로 치유하기보다는 기억을 되살림으로 그 노예 된 경험을 역사화·현장화하도록 요구하고 있습니다. 여기서 우리는 부끄러운 식민지 경험을 수치로만 생각할 것이 아니라 그 식민지적 경험을 귀중한 자산으로, 자본으로 만들어야겠다는 것입니다. 이것은 말하자면 일종의 패러독스입니다. 역설입니다. 식민지적 경험을 자산으로 한다는 것은 침략을 일삼았던 제국주의 국가들에는 도저히 먹히지도 않고 또 상상할 수도 없는 것입니다. 그 부끄러운 경험을 자랑처럼 어떻게 자산으로 하자는 것입니까? 도저히 불가능할 것 같지만, 그걸 떳떳하게 내놓고 그 부끄러움을 통해 얻은 총체적 경험을 다른 민족에게 나눠보자는 것입니다. 그럴 때 그 쓰라린 경험은 놀랍게도 훌륭한 자산으로 변화될 수 있습니다.

식민지의 쓰라린 경험을 자산으로 하여 그걸 나눈다는 것은 무엇을 의미합니까? 무엇보다 우리가 식민지 되었을 때를 생각하면서 그때 그렇게도 원했던 도움을, 지금 우리의 도움을 필요로 하는 이들과 나누자는 것입니다. 이 땅에는 아직도 정치적·종교적 이유와 사회적 관행으로 인권을 유린당하고 빈곤에서 벗어나지 못하는 많은 민족들이 있습니다. 그들의 눈물을 씻겨주고 먹거리를 챙겨주자는 것입니다. 그들의 고통에 동참하는 성숙한 민족이 되자는 것입니다. 약한 민족들을 섬기고 때로는 그 민족들로 하여금 주체적인 공동체를 만들어가도록 돕자는 것입니다.

저는 늘 우리 민족을 위해 이렇게 기도합니다. 우리가 식민지 백성으로서 자유가 없이 고통을 겪었으니, 과거 우리가 겪었던 것과 같은 고통과 눈물에 싸여 있는 약소민족에게서 그 눈물을 씻겨주고 그들의 고통에 동참하는 성숙한 민족이 되도록 해달라고 하는 것입니다. 이것이 식민지를 경험한 민족이 가질 수 있는 성숙성입니다. 저의 기도에는 제가 외국인 노동자 사역을 통해 알게 된 쿠르드 족의 독립을 위한 기도도 있습니다. 그들은 성경에 보이는 메대 민족으로, 오랫동안 나라를 갖지 못한 채 현재는 터키, 이라크, 이란, 시리아 등 강대국에 분할 통치되면서 3,000만이 넘는 동족이 혹독한 처우를 받고 있습니다. 이런 때에 식민지를 경험한 우리는 그들의 주권쟁취를 위해 우리의 슬픈 경험을 나눠 그들에게 희망을 주어야 하지 않겠습니까? 저의 기도에는 티베트와 신장위구르를 위한 기도와 자신의 언어가 멸실되어가는 여러 소수민족을 위한 기도도 있습니다.

식민지적 경험을 자산으로 하여 나누기 위해서는 해야 할 일들이 많습니다. 세계의 수많은 약소민족, 약소국가들과 나누고 돕는 데로 발전해야 합니다. 6·25 때, 우리는 세계로부터 전방 전투부대와 후방 경제지원까지 많은 도움을 받았습니다. 우리가 여기까지 이르게 된 것은 당시 우리를 도와준 세계의 손길의 힘이 컸습니다. 거기에도 보답해야 합니다. 우리가 먹고살 만하게 된 것은 이런 사명을 감당하도록 하기 위함이 아니겠습니까? 그런데 우리는 종 되었을 때의 그런 고통스런 상황은 잊어버리고 흥청망청 낭비하면서 이웃 민족, 이웃 국가의 고통에 귀를 닫고 있지는 않습니까? 저는 늘 이런 생각을 합니다. 우리가 하나님 앞에 가져갈 것은 내가 얼마나 이 땅에서 가지고 누렸는가가 아니라 얼마나 나누었는가 하는 것이라는 점입니다. 주는 것이 받는 것보다 복이 있다는 말씀은 바로 이런 데에 적용될 것입니다. 제가 잘 아는 분이 외교부 장관이 되었을 때 그를 축하하는 자리에서 강조했습니다. 이제는 우리도 약소민족을 도울 수 있는 해외원조ODA 자금을 획기적으로 늘리고 한국국제

협력단KOICA 사업을 확장해야 한다는 것이었습니다. 이것이 바로 애굽에서 종 되었던 것을 잊지 않고 기억하는 것이라고 저는 믿습니다.

저와 동역하는 희년선교회의 경험을 들려드리겠습니다. 20여 년 동안 외국인 근로자를 섬겨왔습니다. 그렇게 하는 것은 그리스도인이라는 것 외에 중요한 이유가 있습니다. 그것은 바로 일제시기를 겪은 우리의 쓰라린 경험 때문입니다. 일제강점기에 한국인은 아무리 유능해도 정치적 출세는 고사하고 사회·경제적인 면에서도 인간다운 대접을 받지 못했습니다. 그 이유는 다른 데 있지 않았습니다. 민족이 다르다는 점 하나 때문입니다. 민족이 다르다는 이유로 갖은 학대와 핍박을 받았다면 거기에서 중요한 교훈을 얻었어야 했습니다. 그런데 일제로부터 벗어나 살 만하게 되었을 때 어땠습니까? 1988년 서울올림픽 이후 코리언드림을 안고 온 동남아 젊은이들에게 어떻게 처우했습니까? 3D업종에 종사케 하고 경제사회적 멸시와 학대로 일관하면서 인권마저 유린했습니다. 그 이유도, 따져보면 민족이 다르다는 이유 외에는 발견할 수가 없습니다. 그렇습니다. 민족이 다르다는 이유로 일제로부터 그렇게 수모와 멸시를 받았던 우리가, 민족이 다르다는 꼭 같은 이유로 외국인노동자들을 학대하고 인권을 유린했습니다. 우리가 받은 설움을 그들에게 되갚은 것이나 다름없습니다. 이게 종 되었던 데서 해방과 자유를 얻은 민족이 가져야 하는 역사의식일까요?

종살이하는 민족이 해방되어 자유를 누릴 수 있게 되었다면 그 자유와 기쁨을 우리의 공동체 속에 나눌 수 있어야 합니다. 공동체적 삶에서 이 해방의 역사의식을 구현하자면 어떻게 해야 할까요? 오늘 우리 주변에는 정의로운 심판을 통해 구제해야 할 억눌린 자들이 얼마나 많습니까? 각종 노동현장의 수많은 억울한 사연들이 우리의 눈물을 마르지 않게 합니다. 자본의 횡포 앞에 속절없이 고공시위로써만 의사표현을 할 수밖에 없는 노동자들과 비정규직의 한숨, 나그네와 고아와 과부로 상징되는 사회적 약자들, 이들 역시 해방하시는 하나님의 권념眷念의 대상이 아니겠습니까?

종 되었던 데서 해방된 자들의 역사의식은 온갖 폭압세력에 대항하는 시대적 역량을 배양하는 데로 이어져야 합니다. 오늘날에도 과거 제국주의 국가와 같은 세력들이, 변형된 형태로 침략행위를 자행하고 있습니다. 또 권력화한 많은 기구와 단체들도 그들의 의도와는 달리 자유와 해방을 가로막고 있습니다. 카리스마적인 목회자가 이끄는 교회도 그 반열에서 예외일 수가 없습니다. 그들은 이제 거대한 권력집단으로 변해서 자유와 진리를 훼방하는 존재가 되었습니다. 교회는 이제 눈먼 자를 눈 뜨게 하고 포로 된 자를 자유케 하는 것이 아니라 오히려 눈 뜬 자를 눈멀게 하고 자유인을 속박하는 상황으로 변질되어가고 있습니다. 여기서 교회를 해방해야 한다면 그것은 무엇을 의미하는 것일까요?

제68주년 해방절을 맞은 우리는 노예적 상황을 강화하고 있는 온갖 부조리한 제도와 관행, 세속과 부패, 폭력을 일삼는 권력기관, 심지어 '국가폭력'이라는 말로 대변되는 국가권력에 대해서까지도, 해방하시는 하나님의 사역에 동참할 수 있어야 합니다. 구약의 예언자들처럼 감시와 저항, 아파함과 외침의 역할을 외면해서는 안 됩니다. 이게 압제로부터 해방된 자들의 사명이면서, 세속에 살면서 세속으로부터 해방된 그리스도인의 예언자적 삶일 것입니다.   **_2013. 8. 12, 15, 20.**

한국 그리스도인이 수행한 민족사적 과제

한 사회에 새 종교나 사상이 수용되면 그 사회에 변화를 일으킨
다. 시대마다 주어진 과제에 충실할 때 그 종교와 사상은 살아
남는다. 우리 역사에서도 불교가 그랬고 유교가 일정하게 그랬
다. 한말 기존의 종교와 사상이 시대적 과제에 충실하지 못하고
있을 때 예수교가 수용되었다. 한말 서세동점西勢東漸이라는 민족
사의 큰 전환기를 맞았기에 그만큼 큰 과제를 안고 있었고, 그
뒤 일제강점기와 해방, 군사정권하에서도 역사적인 과제는 늘
주어졌다. 교회는 늘 그런 과제를 고민했고 일정한 성과도 거두
었다.

한말 우리에게는 두 가지 큰 민족사적 과제가 있었다. 안으로
봉건사회의 부패를 척결하는 일과 밖으로 외세의 침략을 막아
국권을 수호하는 일이었다. 예수교는 평등한 인간관으로 당시
의 혈통 신분제에 도전하여 근대사회 형성에 큰 영향을 미쳤다.
백정 출신의 박성춘·박서양 부자가 예수교에 입교하여 근대적

인 애국운동에 나설 수 있었던 것은 이 때문이다. 서울의 세력 있는 양반이 예수교 있는 고을에 원님으로 부임치 않겠다고 한 사실이 있었는데, 이는 예수교인들이 원님들의 부정부패에 항거한다는 것을 알고 있었기 때문이다.

한편 1904년 이후 일제는 한국 침략을 본격화하여 1910년에는 대한제국을 멸망시켰다. 이 무렵 한국 교회의 큰 흐름은 원산부흥운동(1903), 평양대부흥운동(1907), 100만명구령운동(1909)으로 이어졌으나, 의식 있는 예수교인들은 나라를 구할 다른 방법도 모색했다. 을사늑약을 파기하기 위한 운동에 나선 이준과 김구, 국내에서 이토 히로부미를 제거하려다 자살한 정재홍, 친일 미국인 스티븐스를 제거한 장인환, 안중근과 협력하여 이토를 제거한 우덕순, 이완용을 제거하려다 실패한 이재명, 이 모두가 예수교인이었다. 이완용 제거에 앞장선 교회 청년들은 10여 명이 동맹하여 매국 일진회 이용구까지도 제거하려 했는데, 여기에는 23세 된 이학필이라는 목사도 가담했다.

일제 강점기에는 무엇보다 국권회복을 위한 독립운동이 민족사적 과제였다. 예수교인들은 이 과제에도 충실했다. 105인 사건과 일제의 사립학교법, 포교법 등으로 예수교의 발전에 제동을 걸었던 일제에 대해 교회는 3·1운동으로 대응했다. 민족대표 33인 중 16인이 예수교인이고, 첫날 만세운동을 시작한 전국 9곳의 대부분은 예수교인들이 주도했다. 당시 전국 대부분 지역이 만세운동에 참여했는데, 일제가 50명 이상이 모여 만세운동에 나선 지역만 조사한 결과 6월까지 202만 명이 참가했다. 이 운동에서 검거된 주모자급 인사들은 초기 17퍼센트, 후기 22퍼센트가 예수교인이었다. 당시 전국 인구의 1.5퍼센트에 불과한 예수교인이 이룩한 성과였다. 이 수치는 천도교인(명부에 등재된 자 300만 명, 의무부담자 200만 명)의 15분의 1 내지 10분의 1에 불과했다. 3·1운동에 참여한 교회 주역들은 독립을 선언하면서 '백성이 주인이 되는 나라를 건설하겠다'는 분명한 의지를 천명했다. 1919년 4월 11일 대한민국을 건국하고 임시정부 약법約法(헌법)에 '대한민국은 민주공화제임'으로 규정한 것은 이 때문이다. 1948년 정부수립 당시 헌법 제1조 '대한민국은 민주공화국이다'라고 한 것은 이 약법의 계승이었다. 일제 강점기 예수교인들은 무장항일투쟁, 의열투쟁, 외교투쟁, 실력양성운동 등에서도 괄목할 만한 성과를 거두었고, 신사참배 반대투쟁에서는 민족적 관점에서 해석될 수 있는 여지도 보였다.

해방 직후 민족적 과제는 일제잔재를 청산하는 일과 민족분열을 극복하는 것, 그리고 민주주의 토대를 굳건히 하는 것이었다. 그러나 미군정의 통역정치, 선교사정치에 예수교인들이 깊이 관여함으로 이 과제들은 망각되고 기득권세력으로 등장하게 되었다. 신사참배를 회개하고 일제잔재를 청산함으로 해방 공간에서 예언자적 사명을 수행해야 했으나 그걸 망각했고, 이념 대결에 앞장섰으며, '예수교인 이승만'을 영구적인 대통령으로 만들기 위해 부정선거에 참여, 민주주의 토대를 세우는 데도 실패했다.

5·16군사쿠데타 후 예수교인들이 각성하기 시작했다. 인권·민주화 운동에 앞장서게 되면서 해방 후의 몰역사적 행태를 반성했다. 그것도 기득권 세력에 편입된 대다수 보수교회에 의해서가 아니라 소수의 진보세력에 의해서였다. 그들이 고난받고 희생당함으로 오늘 우리 세대가 이만큼의 인권과 민주화를 누리고 있다.

인권·민주화 운동은, 군사정부의 안보논리에 직면, 그 논리의 배경이라 할 남북분단을 극복하지 않으면 안 되었다. 여기서 1980년대 기독교 민족운동은 인권·민주화운동에서 자연스럽게 통일운동으로 구심점이 옮겨졌다. 그때까지 민족통일 문제는 남북 정부의 배타적·독점적 권한에 속한다고 생각했다. 그러나 통일을 누려야 할 민중이 통일운동의 주체가 되어야 한다는 주장이 강하게 대두되어, 예수교 통일운동은 민중 주체로 선회하게 되었다. 예수교 통일운동의 큰 공헌은 바로 여기에 있다. 토잔소 회의(1984)를 비롯, 세 차례에 걸친 스위스 글리온 회의, 1988년 2월 29일의 '민족의 통일과 평화에 대한 한국기독교회 선언'은 예수교 통일운동이 이뤄놓은 금자탑이다. 이 통일운동은 그 뒤 1990년대 북한의 기아상태를 구제하기 위한 북한돕기운동으로 발전하였다. 여기에도 교회가 앞장섰다. 북한돕기운동은 1968년 박정희의 삼선개헌이 갈라놓은 한국 교회 진보·보수가 손을 잡고 이룩한 성과다. 국내 정치문제로 분열되었던 보수와 진보가 북한동포를 살려야 한다는 민족적 과제 앞에서 손을 잡게 되었던 것이다.

그렇다고 교회가 시대마다 과제에 충실했던 것만은 아니다. 1980년 8월 7일 전두환을 독재자로 받드는 데에 축복해준 한국 교회 지도자들의 일그러진 행태는 두고두고 역사에 남을 배신이요, 수치다. 그럼에도 불구하고 한국 교회는 적어도 2000년대까지는 자기에게 주어진 민족사적 과제에 비교적 충실했다. 그러나 21세기를 맞으면서 교회는 고난받는 자에 대한 연민 대신 기득권층을 옹호하면서 게토화하고 있다. 이런 우려스런 현실과 우리 앞에 주어진 역사적 과제를 직시하면서 과거 믿음의 선진들처럼 하나님나라를 확장하라는 준엄한 명령 앞에 겸손히 무릎 꿇어야 할 것이다. _2013. 9. 7.

오늘 저녁, 교회개혁실천연대 사경회에서 '성경기독교와 한국 교회 성장'이라는 제목으로 강의했다. '성경기독교'라고 한 것은 선교사들이 한국의 기독교를 두고 'Bible Christianity'라고 언급한 것을 단순하게 번역해서 이른 말이다. 강의에서는 한국이 성경과 접촉하게 된 데서부터 초기 성경 번역과 그 결과에 대해서 설명하고, 나아가 성경의 보급과 성경 공부에 대해서도 언급했다. 여기서는 성경 보급과 관련, 그 주역이었던 권서勸書와, 성경 공부 모임인 사경회査經會에 대해서만 간단히 언급하겠다.

한국에서 성경이 보급된 상황을 보면, 영국성서공회BFBS 한국 지부는 1896년부터 1940년까지 총 2,062만여 권(매년 45만 8,255권)을 반포했고, 미국성서공회ABS 한국 지부는 1901년부터 1919년까지 총 266만 권(매년 14만 455권)을 반포했다. 한국인들은 이렇게 보급된 성경을 읽고 암송했으며, 성경 말씀은 생기와 영감이 없는 한국인들의 뼈와 살 속으로 파고 들어가, 그들을

245

새로운 남자와 여자로 만들었다고 지적한다.

이들 성경 판매와 보급을 맡은 이들을 '권서'라고 했다. 이들은 '복음짐(성경)'을 짊어지고 전국 방방곡곡으로 돌아다니며 그것을 보급하고 복음의 내용을 전하기에 헌신했던 분들이다. 권서들은 교도소와 병원, 나환자 수용소, 매음굴, 도박판, 아편소굴, 그리고 궁궐과 가게 등 뚫고 들어가지 않는 곳이 없었다. 이들은 마치 수색대와 공병대처럼 활동했다. 영국성서공회 성경 보급의 약 85퍼센트가, 미국성서공회 성경 보급의 약 98퍼센트가 이들의 노력을 통해 이루어졌다. 한말 일제하의 성경 반포는 권서들의 '복음짐'과 '부르튼 발'에 의해 대부분 이뤄졌다. 한국의 권서들이야말로 "좋은 소식을 전하며 평화를 공포하며 복된 좋은 소식을 가져오며 구원을 공포하며 시온을 향하여 이르기를 네 하나님이 통치하신다 하는 자의 산을 넘는" 바로 그 아름다운 발이었다(사 52:7). 한말 일제하 한국의 복음화의 공로는 이들 권서들에게 마땅히 돌려야 한다.

성경이 광범하게 반포되자 한국의 초대 기독교 공동체에서는 성경을 읽기 위해서 '국문공부' 운동이 일어났다. 초대 교회 자료에는 예수 믿고 난 뒤에 국문을 깨쳤다고 하는 기록이 자주 보인다. 또 성경을 읽게 됨으로써 성경공부 모임인 사경회 운동이 일어나게 되었다. 사경회 운동은 1903년과 1907년에 일어난 한국 교회 부흥운동을 가능하게 했고, 일제하에서도 교회의 지속적인 성장을 가져왔으며, 해방 후도 한국 교회 성장의 토대가 되었다.

사경회는 초기에 선교사와 그 부인들, 한국인 조사와 장로들 및 권서들이 담당했으나, 뒤에 가면 주로 한국인 지도자들이 부흥회 때에 사경회를 겸했다. 사경회가 어느 정도로 성행했는가 하면, 1908년 미 북장로교 선교구역에서만 800여 회의 사경회가 열렸고 거기에 5만여 명이 참석했으며 신자들의 60퍼센트 정도가 매년 사경회에 참가했다. 1917년에는 겨울마다 12만 5,000명이 성경공부에 참여했다고 보고하고 있다. 참고로 이때 한국 기독교 신자의 수는 약 20만 명 내외였다.

20세기 초 사경회에 참석한 신자들의 열심에 관한 감동적인 기사들이 많다. 1901년 평양에서 개최된 여성 사경회에는 압록강 가의 삭주·창성 지방에서 머리와 등에 필요한 물품을 이고 지고서 300리 길을 걸어왔고, 그 이듬해 400여 명이나 모인 평양의 '사나이' 사경회에는 멀리 전라도의 목포 무안 지방에서도 왔다. 1909년 10일간의 성경공부를 위해 한 자매는 머리에 쌀자루를 이고 300마일을 걸어왔고, 다른 이들은 거기에다 아이들까지 업고 왔는데, 그들은 손때 묻고 닳은 성경책을 갖고 있었다.

신앙의 자유가 제약당하던 한말 일제하의 상황에서 줄기차게 계속된 사경회는 세계 교회사상 유례없는 성장과 발전을 이룩한 한국 교회 성장의 요인을 해명해준다. 이는 사도행전 기자가 초대교회의 성장·발전의 핵심적인 요인을 '말씀의 흥왕'(6:7;

12:24; 19:20)에서 찾았던 것과 다를 바가 없다. 한국 교회의 성장을 직접 목격하고 있던 선교사들은 사경회의 열심이 한국 교회의 성장 요인이었다고 고백했다. 마펫 S. A. Moffett, 馬布三悅은 복음화에서 가장 두드러진 요소인 성경은 한국에서는 좀 독특한 위치를 차지해온 것이 분명하다고 했고, 스코틀랜드성서공회 1930년도 연례보고서는 "한국 교회의 주목할 만한 성장과 발전은 성경을 체계적으로 가르친 때문이라는 것이 충분히 관찰한 사람들의 확신이다"라고 언급했다.

한국 교회가 점차 쇠락하는 상황에서 초대 교회와 같이 하나님 말씀의 흥왕을 다시 체험했으면 한다. 어린이들에게 성경을 외우게 하자. 그러기 위해서는 어른들이 솔선해서 먼저 외우도록 해야 할 것이다. 한국 초대 교회의 선배들이 손때 묻고 닳은 성경책을 남겼듯이 우리도 자손들에게 손때 묻고 닳은 성경을 남기면서 "너희들도 나와 같이 후손들에게 손때 묻고 닳은 성경을 남겨주렴" 하고 부탁하는 운동을 일으키자. 열흘 내외의 성경공부를 위해 얼음과 눈 덮인 300리 산길을 걸어온 믿음의 어머니들처럼, 평양에서 모이는 사경회에 참석하기 위해 목포·무안에서 험난한 길을 떠난 믿음의 아버지들처럼, 또 성경공부를 위해 300마일의 먼 길을 마다하지 않고 쌀자루를 이고 거기에다 아이들까지 들쳐 업고 길을 떠난 조상들처럼, 이제 한국 교회도 새롭게 '성경기독교'의 열심과 영성을 회복하는 각오를 새롭게 해보자. _ **2013. 4. 18.**

기록 보존과 문화민족

1986년 여름, 나는 영국 케임브리지 대학 중앙도서관의 한 모 서리에 자리 잡은 영국성서공회 고문서실에서 100년이 넘은 한 통의 편지를 발견하고 놀랍도록 기뻐한 일이 있다. 1885년 3월 8일자로 된 이 편지는 당시 만주에 와서 활동하고 있던 스 코틀랜드 연합장로회 소속 선교사 존 로스가 쓴 것이었다. 로 스는 이 편지에서 서울에 파송한 권서 서상륜의 활동보고를 간 단하게 썼다. "그가 2년 동안 노력한 결과 현재 70명이 넘는 세 례 청원자가 있으며, 그가 개종시켜 데리고 온 한 동행자의 말 을 빌리면 서울의 서쪽에 있는 한 도시에 '설교당'을 개설하였 고 18명의 신자가 있는 것으로 보입니다…." 이 기록은 한국 기 독교회사의 기년紀年을 바꾸는 결정적인 내용이다.

위의 예는 보존된 기록이 어떻게 역사적 사실을 명증하는 위력을 갖고 있는가를 보여준다. 종래 한국 기독교는 복음 선 교사 아펜젤러H. G. Appenzeller, 亞扁薛羅(감리회)와 언더우드H. G.

Underwood, 元杜尤(장로회)가 한국에 도착한 1885년 4월 5일 이후에 시작되는 것으로 인식해왔다. 그러나 로스의 이 편지는 이들 복음 선교사들이 한국에 도착하기 적어도 한 달 전에 서울에는 이미 70여 명의 세례 청원자가 있었고, 서울 서쪽의 한 도시에서도 18명의 신자들이 모여 '설교당'을 개설하고 있었다는 사실을 밝혀주고 있다. 이 기록은 한국 기독교의 시작 시기를 앞당겨주었을 뿐 아니라 한국 기독교가 외국 선교사가 아닌, 열성 있는 한국인 권서들에 의해 시작되었음도 웅변적으로 보여주었다. 단 몇 줄의 기록이 이렇게 역사를 바꿔버렸다.

1997년 말 IMF를 맞을 때에, 이 나라의 경제를 좌우하고 있던 고급관료 두 사람이 보여준 책임전가의 비열한 행태를 지금도 기억하고 있다. IMF행을 앞둔 시점에 바뀐 전·현직 경제기획원 장관들은 'IMF행 결정시기'의 인계인수 여부를 두고 흙탕물 공방을 벌였고 그 싸움에 전직 대통령도 말려든 적이 있다. 이 점은 국회청문회에서도 분명하게 가려지지 않은 채 얼버무려지고 말았다. 다만 인계하였다고 주장한 측이 경제파탄의 책임 여부로 법의 심판을 기다리고 있고, 인수받지 않았다는 측이 다음 정권에서 정치인으로 변신하여 관운을 누릴 듯하다가 다른 일로 역시 법의 심판 아래 있는 것만은 확실하다. 왜 이런 불필요한 공방이 가능하였고, 그것을 바라보는 국민들을 피곤하고 답답하게 만들었을까? 그런 중요한 시점의 인계인수 내용을 기록으로 남기지 않았기 때문이다. 인계인수서에 그 내용을 남겼다면 머리 좋기로 이름난 두 사람인들 어찌 감히 거짓말로 책임전가를 할 수 있었겠는가.

중요한 일일수록 기록으로 남겨야 한다. 그러나 탈법적인 사건일수록 문서로 남기기를 원치 않는다. 군사정권이 기승을 부리던 시절, 증거를 남기기 싫은 일들은 직접 말 혹은 전화로 지시하는 버릇이 있었다. 그런 분위기에서 문서를 요구하는 깐깐한 합리주의자들의 목이 성할 리 없었다. 설령 어쩔 수 없이 문서로 남겨졌다 하더라도, 그 문서는 검증을 필요로 하는 시기까지 보존되지 않았다. 12·12사태 때 계엄사령관을 체포하기 위해 전두환이 요구했다는 대통령의 재가서는 지금 온데간데없고, 신군부가 자신들의 권력 장악을 합리화하기 위해 급조했던 어용기구 국보위의 기록도 지금 어느 수중에 있는지 확인되지 않는다. 당시의 진실을 밝히자면 꼭 필요한 이런 문서들은 왜 보이지 않는가? 그 기록으로 자신들의 치부가 드러날까 두려워하는 무리들이 없애버렸기 때문이다. 그뿐인가? 벌써 몇 대째의 대통령을 거쳤건만 그들이 재임시에 청와대에서 남긴 기록들이 공적으로 보존되어 있지 않다. 이것이 21세기 근대국가를 지향하는 우리 기록문화의 현실이다.

외국의 여러 형태의 기록보존소를 열람하면서 그들의 치밀성과 정직성을 보고 많은 것을 느꼈다. 기록 보존은 그 사회의 문화적 척도이면서 통치능력의 증거다. 영국이 해외의 식민지를 많이 가졌던 것은 지금에 와서 자랑스러운 일이라고는 할 수 없지만, 그 시대에 이미 알차게 정리된 식민지 관련 문서가 영국의 식민통치 능력을 보인다고 한다면, 그것은 결코 과장된 표현이라거나 제국주의적 시각이라고만 할 수 없다. 조선조가 그런 유약한 힘을 가지고서도 500년 넘게 왕조를 유지한 것은 기적같이 보이지만, 지금도 남아 있는 방대한 기록문화는 그 이유를 어렴풋이나마 설명해주고 있다. 기록을 정직하게 남기지 않는 시대는 문화를 논할 자격이 없다. 그런 점에서 내년부터 발효될 공공기록보존에 관한 법률의 시행에 지대한 관심을 갖게 된다.

_ 1999. 8. 26. 〈대한매일〉

훈민정음이 16세기에 반포되었으나 일반 민중의 문자로 정착되는 데는 수 세기가 흘렀다. 19세기 말 개신교의 수용은 한글의 대중화를 가능하게 한 하나의 계기가 되었다. 한글의 대중화는 무엇보다 성경의 번역과 함께 본격화했다고 할 수 있다. 성경이 번역되자 그것을 읽기 위해 한글을 공부하게 되었고 글자를 익힌 대중들은 다른 서책을 읽음으로써 개화를 주도하게 되었다.

성경 번역 이전에도 언문 서책이 나와 떠돌아다니는 말을 문자(한글)로 잡아 표기한 사례는 있고, 개신교 수용 이전에 불교·유교의 경전도 언문 번역이 없지 않았다. 그러나 그리스도교의 성경 번역은 한글사상 획기적인 의미를 남겼다. '성경 번역' 운동은 한국의 언어를 한글 문자로 정착시킨 것으로, 이는 마치 마르틴 루터의 성경 번역이 독일어를 독일의 문자로 정착시킨 것과도 비교될 수 있다. 독일 민족의 탄생은 바로 루터의 성경 번역과 불가분의 관계에 있다. 특히 성경의 한글역은 평민이 사용하는 언(용)어를 평민이 이해하는 문자(한글)로 붙잡았다는 점에서도 주목된다.

본격적인 성경 번역이 이뤄진 것은 1870년대 후반으로, 1879년에는 신약성경의 복음서 번역을 거의 끝낸 상태였다. 그러다가 1882년 3월과 5월에 심양瀋陽 문광서원에서 누가복음과 요한복음이 출간되었고, 그 번역이 계속되어 1887년에는 '예수성교전서'라는 신약성경이 전부 번역, 간행되었다. 이 번역에는 영국인 존 로스와 존 매킨타이어 그리고 조선인 서상륜, 이응찬, 이성하, 백홍준, 김진기 등이 참여했으며 한문 성경과 영어 성경 및 희랍어 원어 성경에서 번역한 것으로 알려져 있다. 이 중 조선인은 의주 등 서북 사람으로서 장사차 만주에 갔다가 로스 등을 만나 성경 번역에 참여하게 되었다.

간행된 성경은 세 길을 통해 한국인에게 전파되었다. 먼저, 성경 출판 비용을 부담한 스코틀랜드성서공회가 일본 지부를 통해 동래와 대구, 원산, 인천 등지로 들여보냈다. 또 하나, 당시 압록강 북쪽에 살고 있던 3만여 명의 조선인에게 그 성경이 배포되어 1885년 여름까지 100여 명이 세례를 받게 되고 600여 명의 세례대기자를 두게 되었다. 출판된 성경은 또 출판에 관여했던 조선인을 통해 조선 반도에 반입, 전파되었다. 성경 번역과 출판에 관여했던 서상륜은 1882년 10월 초 봉천을 출발하여 서울에 도착, 약 2년간의 사역을 통해 서울에만도 70여 명의 세례희망자를 남겼고 서울의 서쪽과 남쪽에도 각각 20여 명씩의 신자를 얻게 되었다. 이미 다른 데서도 언급한 바 있지만 이런 사실은 한국에 복음 선교사가 입국한 1885년 4월 5일 이전에 일어난 사실이었다. 이렇게 로스와 그 동역자들이 번역하여 봉천에서 간행한 성경은 선교사 입국 이전에 한국에 '자생적 교회 공동체'를 세우게 되었던 것이다.

그 뒤 내한한 선교사들에 의해서 성경이 새로 번역되었다. 1900년에 신약성경이 출판되었고, 1910년에는 구약성경이 번역 완료되어 그 이듬해에 간행되었는데, 한글역 신구약성경이 완간된 것은 1911년이다. 이어서 개역위원회가 결성되어 1936년에 구약개역을, 그 이듬해에는 신약개역을, 1938년에는 신구약성경을 개역, 출판하게 되었다. 이때 간행된 성경은 아직도 아래아(ㆍ)자를 붙이고, 겹닿소리도 'ㅅ'을 붙여 만들지 않고 'ㅈ'을 붙여서 만들었다. 이때 조선어학회에서는 성경을 맞춤법에 맞게 개정해주겠다고 제의했지만 뜻대로 되지 않았다. 그러다가 1952년에 이르러 한글맞춤법에 의한 성경전서가 간행되었다. 성경의 번역과 함께《천로역정》을 한글로 번역했고, 김만중의《구운몽》등도 영어로 번역하여 세계에 소개했다. 사전 제작과 번역에 힘쓴 이로는 게일奇一 선교사를 들 수 있다.

그리스도교회에서는 성경 번역에 힘쓰는 한편 한글연구도 많이 했다. 1901년 9월 장로교 네 개의 선교부로 형성된 장로회 공의회에서는 그전부터 계속해온 한글연구에 대한 토론회를 가졌다. 정부에서 공식적으로 국문연구소를 세운 것은 1907년,

이와 비교해보면 그리스도교회의 한글연구는 그 못지않게 진행되고 있었다. 그리스도인 가운데서 한글학자가 많이 나온 것은 우연이 아니다. 초기의 주시경을 비롯하여 일제하에서는 이윤재, 최현배, 김윤경, 김선기 같은 크리스천 한글학자들이 배출되었다.

그리스도교와 한글과의 관련성은 여러 선학들이 언급한 바 있다. 이희승은 예수교가 성황하게 된 원인을 교역자들의 방언 연구와 언어, 문자를 통한 예수교의 활동에 있다고 보았다. 최현배 역시 기독교가 성경의 한글 번역, 찬송가 번역, 기독교 문학의 번역, 신문 내기, 배달말의 연구(말본과 사전), 한글의 연구 외에 한글을 민중 사이에 전파하였고, 신도들은 사상표현의 말씨를 배우며 글 읽고 글 쓰는 방법까지 깨치게 되었으며, 한글에 대한 존중심을 일으키고 한글을 지키는 마음을 길렀으며, 한글의 과학스런 가치를 인정하였으며, 배달의 말글을 널리 세계에 전파하였고, '한글만 쓰기'의 기운을 조성했다고 했다. 또 그는 일제의 민족 말살기에도 "오직 기독교의 교회에서만은 성경이 한글로 적히고, 목사의 설교가 배달말로 유창하게 흐르고, 찬송가의 가락이 배달 사람들의 정서를 그대로 전파하였으니 우리말 우리글 수호의 공을 기독교에 인정하여야 마땅하다"고 주장했다. 김윤경 또한 《조선문자급어학사朝鮮文字及語學史》에서 한글의 보급과 발전에 대한 기독교의 공헌을 강조했다.

이렇게 볼 때 그리스도교는 성경 번역과 출판, 찬송가의 번역과 문학의 번역, 신문과 잡지의 간행, 그리고 한글연구 등을 통해 한글문화의 토착화에 큰 영향을 미쳤다. 그 결과 그리스도교는 한자문화, 한문숭상의 몰주체적 전통에 짓눌려 천시받고 있던 한글의 가치를 재발견하여 그것을 민족·민중의 문자로 만들었고, 민중들의 인간적 가치를 상승시켰으며, 개명된 민중을 통하여 한국의 민주주의를 신장시키는 데도 크게 공헌했던 것이다. ＿ 2013. 4. 〈한글새소식〉

기도는 하나님의 자녀들이 하나님과 교제하면서 나누는 내밀하고 승화된 언어이며, 하나님과 삶을 같이하기 위해 갖는 호흡이다. 기도를 통해 우리는 하나님께 찬양과 감사를 드리고, 간구와 소원을 아뢰며, 이웃들을 위해서 때때로 중보적인 사역도 감당한다. 기도가 풍성해지는 것은 하나님과의 대화의 풍성함을 의미하고 영적인 삶의 건강성을 담보하는 것이다. 반대로 기도가 끊어질 때, 그것은 호흡곤란과 거기에서 오는 건강성의 상실을 초래하게 된다. 기도가 호흡과 같은 것이라면, 영적인 생명력은 바로 이 기도에 매달려 있다고 할 것이다.

한국 기독교의 성도들은 기도의 사람들이라고 할 정도로 기도에 열심이었다. 지금도 열심이다. 그것은 지금도 한국 교회의 중요한 전통의 하나로 전해지고 있는 새벽기도회가 웅변적으로 증언해주고 있다. 기록상으로는 새벽기도회가 시작된 것이 1906년부터니까 꼭 90년이 되는 셈이다. 뿐만 아니라 공식적인 예배시간에 들어 있는 기도시간의 횟수를 보나, 삼일기도회와 금요일 저녁의 철야기도회 등도 한국 교회의 그 기도의 열심을 웅변하고 있는 것이다.

한국 교회의 기도 전통은 하루아침에 형성된 것이 결코 아니다. 그리고 그러한 전통이 형성된 데는 그것을 가능하게 했던 국가·민족적 배경이 있고 때로는 곡절과 사연이 있다. 기도 중 감사와 찬양은 때로는 상황을 초월하여 이루어질 수도 있지만, 그것마저도 상황을 의식해야만 진정한 모양으로 나올 수 있다. 국가·민족과 사회의 문제를 두고 하는 기도나 가족이나 개인의 문제를 두고 하는 간구는 감사와 찬양의 기도보다도 더욱 상황의 변화에 민감하게 반응하면서 이루어지고 있었다고 여겨진다.

아래에서는 주로 한말의 기도가 시대적 상황과 관련되고 있다는 점을 지적할 것이지만, 그 이후 한국 교회의 기도도 시대적 상황과 깊이 관련되어 있었다. 3·1운동 때도 한국 교회는 운동이 진행되는 중에 지정한 성경을 보도록 하는 한편, 민족을 위한 기도에 힘쓸 것을 강조하였다. 3·1운동 후, 바라던 독립이 이루어지지 않았다는 데에 대하여 어느 정도의 실망과 좌절감이 한국 교회를 누르고 있을 때, '새 하늘과 새 땅'을 강조하면서 한국 교회의 영적인 소성을 부르짖었던 부흥운동기에도 민족을 향한 연민과 고뇌가 그들의 기도 속에 담겨 있었다. 이러한 점은 1930-40년대에 일제의 전시체제의 강화가 민족말살

정책으로 조직화되고 있을 때도 더욱 강조되었다고 본다. 이 때 한국 교회의 경건한 성도들은 때로는 심산토굴에서 신사참배 강요에 저항하면서 일제의 패망과 민족의 독립을 아울러 간구했던 것이다.

한국 교회가 오랫동안 당면해왔던 가장 중요한 기도의 과제는 민족통일이었다. 이는 분단 이래 한시도 빼놓을 수 없는 기도의 과제였다. 민족통일이야말로 역사를 주관하시는 하나님의 전적인 주권에 속하는 것이라고 믿고 있기 때문이다. 많은 성도들이 공사 간에 민족의 통일을 염원하며 하나님께 기도해왔다. 통일을 위한 기도는 아마도 1945년 이후에 시작되어 6·25 때와 그 이후에 더욱 강조되었을 것으로 본다.

그 반면 의외로 공중기도에서 들을 수 없었던 기도의 내용이 인권과 민주화를 기원하는 내용이 아닐까 생각한다. 물론 개인적인 기도에서는 이 내용이 빠지지 않았겠지만, 근 30년간의 공적인 기도를 통해서는 이 점이 간과되어왔던 것이다. 한국 교회가 보수적인 성향이 강한데다가 역사의식이 결여되어서 그랬을 것이다. 한국 교회가 하나님의 축복은 기원하고 감사했지만, 주어진 각종 축복이 고루 나눠지고 정의롭고 평등한 사회가 이뤄지기 위해서는 얼마나 열심히 노력하고 기도하였는지 반성해볼 점이다.

한국 교회 성도들의 기도가 시대와 상황에 따라 변화될 수 있다는 전제 위에서, 그 변천의 과정을 한국 교회의 초기부터 현재에 이르는 전 기간을 통틀어 개괄해달라는 것이 내게 주어진 주문이었지만, 나의 역량상 이 글에서는 한말의 시기에 국한하고자 한다. 가능한 한 기도의 내용을 알아보면서 독자들과 함께 한말 믿음의 선조들의 기도에 동참하고자 한다.

1885년 4월 5일 제물포에 도착한 미국 감리회의 첫 선교사인 아펜젤러는 그가 앞으로 사역할 한국을 위해 다음과 같은 기도문을 남겼다. "우리는 부활절에 이곳에 도착했습니다. 오늘 사망의 빗장을 산산이 깨뜨리시고 부활하신 주님께서 이 나라 백성들이 얽매여 있는 굴레를 끊으시고 그들에게 하나님의 자녀가 누리는 빛과 자유를 허락해주옵소서!" 이 기도문은 아펜젤러가 한국에 도착한 직후인 1885년 4월 9일에 기록한 것으로 그가 일본에서 배를 타고 한국에 도착하는 과정을 자세히 쓴 후에 이 같은 기도로 보고서를 마무리하고 있다. 아직도 복음을 받지 못한 한국을 위하여 첫 선교사들이 할 수 있었던 가장 절박한 기도는 바로 여기에 그대로 나타나 있다. 그의 기도처럼, 한국은 복음이 수용된 지 100여 년에 '하나님의 자녀가 누리는 빛과 자유를 허락'받은 사람들이 1,000만을 넘어서게 되었다.

선교사들은 1885년 6월경부터는 주일날에 모여 종종 예배를 드리고 기도회를 가졌다. 그해 10월 11일에는, 아펜젤러가 아는 한, 개신교회의 최초의 성찬식을 거행하였는데, 이는 "늘 가지는 기도와 간증 모임"에서 행해졌던 것이다. 이렇게 선교사

들은 그들의 선교활동을 위해서 처음부터 거의 정기적인 기도
회를 가졌던 것으로 보인다. 1886년 7월 18일 오후 언더우드가
한국인 노[춘경] 씨에게 세례를 베푼 후에, 노씨가 "세례를 받
음으로써 한국인의 분노 가운데 자신을 내어놓는 커다란 위험
을 감행한 점"에 대해 걱정하면서, 선교사들은 "그를 불러 새
생명을 주신 주께서 그를 보호해주시기를 기도"(1886년 7월 24일
자 아펜젤러 일기)했던 것이다.

한국의 기독교 초기는 복음을 전파하여 회개시키는 역사와
함께 교회를 설립하고 제도와 예규를 세우는 기간이었다. 초기
한국 교회 신자들은 선교사들로부터 복음을 듣고 성경을 배우
며 기도하는 법을 훈련받았다. 선교사들은 교회의 각종 행사(세
례와 성찬, 혼인예식과 상례의식 등)에서 행하는 기도의 예문例文을
만들어 한국인 신자들에게 가르쳤다.

1890년에 간행된 미국 감리교회의《미이미교회 강례》에는 많
은 기도의 예문들이 있다. 그중 성인에게 세례 주면서 행하는
목사의 기도는 이렇다.

전능하시고 영생하시는 상제여, 원하는 사람은 구급하시고, 피난하
여 주에게 나아오는 사람은 도와주시고 주 믿는 사람은 영생을 주시
고 죽은 사람을 다시 살리시나니 우리가 상제께 원하옵기는 이 거룩
한 세례를 받으려고 온 사람들로 하여금 성신을 가득하게 하시옵고
주께서 그 사람들을 받으사 상제께서 자기 사랑하시는 아들로 더불어

허락하여 말씀하시되 구하면 얻고 찾으면 만나고 문을 두드리면 열어 준다 하심같이 지금 우리로 하여금 구하면 얻고 찾으면 만나고 두드 리면 문을 열어주옵시고 이 사람으로 하여곰 천당세례를 받아 영원한 복을 누리옵고 상제가 우리 주 키리스도스에게 허락하신 영생하는 천 국에 이르게 하옵소서. 아멘.

또 성찬예식에서 행하는 여러 사람의 기도는 이렇다.

온전히 전능하신 하나님이 뭇 사람의 마음을 나려보사 뭇 마음의 하 고자 하는 바와 같이 또 은밀한 뜻을 깊이 아시는지라. 하나님 아버님 께 구하옵나니 성신을 나리우셔서 우리를 감화케 하시고 능히 정결한 마음으로써 우리 주를 온전히 사랑하며 하나님의 거룩하신 이름을 크 게 찬미하게 하여주옵소서. 우리 주 예수 키리스도스를 의탁하여 구 하옵나이다. 아멘.

감리회와 같은 시기에 수용된 장로교회에서도 1890년대에는 각종 예규를 만들었다. 1895년에 간행한 《위원입교인규조爲願入 教人規條》에는 성경공부와 성례, 교회 규모, 교회치리법, 주일 지 키는 법 등과 함께 '각식도고문各式禱告文'을 만들었다. 그 서문에 이렇게 썼다.

도고하는 것은 하나님께 사귀어 화친하고 하나님께 빌고 구하는 것이니라. 하나님이 지극히 거룩하시니 우리 죄인들이 예수의 공로와 이름을 의지하여야 하나님께 빌 것이오, 또 예수밖에는 하나님과 죄인의 중보가 없으니 아무 사람이든지 예수만 의지하면 하나님께 빌 수 있느니라. 기도하는 곳과 기도하는 때는 작정이 없으나 그러하나 날마다 아침과 저녁에 하나님께 도우심을 구하고 어여삐 여기심을 감격하게 알고 죄를 사하심을 구하는 것이 마땅히 할 일이니 사람마다 스스로 기도하고 권속을 다리고 기도하며 회당에서 교우로 더불어 기도함이 다 좋은 것이니라. 기도하는 것은 무슨 물건과 향촉으로써 할 것이 아니오, 다만 정성으로 예수를 의지하여 하나님께 기도를 할 것이니라. 기도할 때에 무슨 예든지 무슨 법이든지 좇을 것이 아니오, 또 기도문 몇 가지를 기록하였으나 그대로만 기도할 것이 아니라 각각 제 마음대로 할 것이니라.

복음이 수용된 지 10여 년에 이미 초기의 신자들은 기도란 어떤 것이며 어떻게 기도해야 하는가를 정확하게 배우고 있었다.

장로회의 '각식도고문'에는 '죄를 알아 회개하는 사람의 첫째 기도하는 말認罪悔改人禱告文'과 '예수를 믿는 사람이 조용히 기도하는 말信徒黙禱告文', '권속을 다리고 기도하는 말率眷屬禱告文', '여러 교우가 예배할 때에 기도하는 말衆教友禮拜時禱告文', '음식을 먹을 때에 기도하는 말飯時禱告文', '어린아이 기도하는 말幼兒禱告文' 및 '주기도문主禱告文' 등이 실려 있다. 그중 '어린아이 기도하는 말'은 이렇다.

사랑하시고 보호하시는 우리 주 예수, 나를 보시고 사랑하사 날마다 내가 하나님을 순종하게 하여주옵소서. 나를 인도하사 공부든지 일이든지 잘하게 하옵시고 부모에게 효도하고 동생에게 우애하고 친척에게 화목하여 옳은 사람이 되게 하여주옵소서. 또 죽을 때에 천당으로 들어가 복을 누리게 하여주옵소서. 이렇게 비는 것은 우리 주 예수의 이름을 의지하여 비옵나이다. 아멘.

우리는 한국 교회가 초기부터 기도의 훈련을 제대로 쌓고 있었음을 엿볼 수 있다. 당시 한국인들은 부처 앞에 소원을 아뢰 기도 하였고, 새벽에 정화수를 떠놓고 정성 모아 기도하기도 하였다. 때로는 자연물을 상대로 기도하는 시늉을 내기도 하였다. 이런 상황에서 기독교는 어떻게든 전날의 '다른 신'에게 기도하는 것과 다르다는 것을 신자들에게 가르쳐야 했다. 기도의 대상이 누구며 어떻게 기도해야 하는가를 배웠다. 초기의 문헌에서 대체로 '예수 그리스도의 이름으로 기도한다'는 것을 확실하게 보여주고 있다. 이것은 개인의 기도에서뿐만 아니라 공중기도에서도 그랬다. 이 무렵 정동교회(감리회)에서 여성들이 보호여회保護女會를 조직하고 행한 다음의 공중기도의 대지에서도 그 점을 볼 수 있다.

이 회가 작정되게 하옵시고 또 이 교회 설시한 후에 주께서 이 회의 머리가 되시고 우리를 가르쳐주사 이 회가 진보케 하옵시고 이 회가 크게 흥왕하여 회우會友 수가 여러 만 명이 되게 하옵소서. 이것은 우리 구세주 예수 씨 이름을 의지하여 비옵나이다. 아멘.

한편 교회에서는 신자들이 기도하도록 독려하기 위하여 여러 형태로 기도회를 열었다. 1897년에는 장로회 기관지인 〈그리스도신문〉(4월 8일자)이 기도회 관계 기사를 실었으며, 그해 말에는 미국 북감리회의 기관지인 〈대한크리스도인회보〉(12월 29일자)에는 '만국이 통공하여 한 주일 동안 기도할 제목'을 발표하고 있다. "각국 교인들이 매년 정월 첫 주일부터 한 주일 동안을 기도할 터인데 천하만국에 있는 그리스도교인들이 통공하여 열심으로 기도할 터이니 대한에 있는 교우들도 천하만국과 같이 기도할 것이니라"고 하면서, 다음과 같은 일주일간의 기도 제목을 적어놓았다. 주일 첫날에는 "상주의 백성들이 주께 가까이 와서 그 밝으신 빛에 행할 것"을 기도하는 것을 비롯하여, "죄를 고하고 감사하기 위하여", "교회의 영귀로움을 위하여", "권세 있는 이를 위하여", "그리스도 집안을 위하여", "그리스도를 알지 못하는 나라에 전도하기 위하여", 그리고 마지막 날에는 "그리스도를 아는 나라의 전도를 위하여" 각각 기도하도록 한 것이다.

1900년대에 들어서면서 일본과 러시아가 한국과 만주의 문제를 두고 대결상태에 들어섰다. 한국은 외세의 침략 앞에 노출

되고 있었다. 1904년 2월에는 드디어 러일전쟁이 터졌다. 한국
은 그에 앞서 중립을 선포하였지만, 힘이 뒷받침되지 않은 중립
은 약점의 노출밖에는 의미가 없었다. 한반도가 전쟁터가 되었
고, 일본군의 행패는 자심하였다. 일본은 같은 해양국인 영국과
미국의 지원을 받으며 대륙세력인 러시아를 패배시켰다. 일본
은 여세를 몰아 한국을 강점하려는 계획을 착착 진행시켰다. 러
일전쟁 이후 노골화된 일본의 침략을 의식하면서 한국의 기독
교인들은 민족의 문제를 두고 하나님께 매달리게 되었다. 따라
서 1905년에서 1910년에 이르는 기간에 한국 교인들의 기도는
'나라 위한 기도' 그것으로 일관되었다고 해도 과언이 아니다.

　1905년 9월, 예년과 같이 '장로회 공의회'가 열렸을 때의 일
이다. 이 회의는 1893년부터 한국에 파송되었던 미국의 남북
장로회 선교사들이 중심이 되어 '선교사 공의회'라는 이름으로
모이기 시작했는데, 그 뒤 호주 장로회와 캐나다 장로회의 선교
사들도 참여하게 되었으며, 1901년부터는 '장로회 공의회'라는
이름으로 한국인 조사와 장로들도 참여하게 되었다. 이 모임은
장로회 안에 아직 이렇다 할 치리기구가 없는 형편에, 사실상
장로교회의 정책과 행정을 이끄는 기구 역할을 수행하고 있었
다. 1905년 9월의 회의에서, 당시 평양 장대현교회의 장로였으
며 평양신학교 학생으로서 조사를 겸하고 있던 길선주는 한국
의 장로교회가 그해 11월 추수감사절이 끝난 다음 주간에 나라
를 위해 전국적으로 기도회를 갖자고 제의하여 의결하였다. 일

본이 이토 히로부미를 한국에 파송하여 외교권을 빼앗는 '을사늑약'을 강제로 체결한 것이 11월 17일이었음을 생각할 때, 당시 한국 기독교인들의 역사의식과 나라 사랑의 정신이 어느 정도였는가를 알 수 있다.

을사늑약이 강제되자 기독교인들의 끈질긴 기도운동이 시작되었다. 이틀 뒤인 11월 19일자 〈대한매일신보〉 잡보란에는 기독교인들의 기도회와 관련된 몇 가지 소식을 전하고 있다. 소식 중 '기도 소리가 하늘에 들렸다聲聞于天'는 기사에서는, 누십만에 달하는 대한 전국의 기독교인들이 국가의 침륜·멸망과 사회의 영락·쇠잔함을 보고 장로회와 침례회, 감리회가 연합하여 "독일무이獨一無二하시고 전지전능하옵신 조물주 대주재 상제 야화화耶華和께 위국爲國기도를 경건지성으로" 날마다 설행한다고 쓰고, 위국기도문의 취지와 기도문을 이렇게 소개했다.

위국기도문: 지금 우리 대한이 고난 중에 있는 형편을 우리 동포가 다 아는 바이어니와 예수를 믿는 형제자매들 중에도 혹은 자기가 잘못하여 이 지경에 이른 줄은 깨닫지 못하고 다른 사람만 원망하니 이는 덜 생각함이오 혹은 말하기를 우리의 신령한 나라가 하늘에 있은즉 육신의 나라는 별로히 상관없다 하니 이도 덜 생각함이오 혹은 말하기를 이런 고난을 당하여 어찌 가만히 앉아 있으리요 하고 혈기를 참지 못하여 급히 나아가자 하니 이도 덜 생각함인즉 다 하나님의 뜻에 합당치 않고 다 하나님을 믿고 구하지 아니하는 데 있나니 대저 우리나라

사람이 사신우상을 숭봉하고 악독한 일만 행하며 하나님의 주신바 기름진 땅과 광산과 일용만물을 감사한 마음으로 받아 적당히 쓰지 아니하고 또 하나님 앞에 복을 구하지 아니한 까닭인즉 주를 믿는 우리는 구약 때에 선지자 예레미야耶利未亞와 이사야以賽亞와 다니엘但以理의 기도로 이스라엘以色列과 유태국이 구원 얻은 것같이 대한도 구원 얻기를 하나님 앞에 기도합시다. 기도시간은 매일 신시申時(오후 3시와 4시).

기도문이 여좌如左하니: 만왕의 왕이신 하나님이시여 우리 한국이 죄악으로 침륜에 들었으니 오직 하나님밖에 빌 데 없사와 우리가 일시에 기도하오니 한국을 불상히 여기시사 예레미야와 이사야와 다니엘의 자기 나라를 위하여 간구함을 들으심같이 한국을 구원하사 전국 인민으로 자기 죄를 회개하고 다 천국백성이 되어 나라이 하나님의 영원한 보호를 받아 지구상에 독립국이 확실케 하여주심을 예수耶蘇의 이름으로 비옵나이다.

위의 기사에서 우리는 을사늑약을 맞아 당시 한국의 대표적인 교단이라 할 장로회, 침례회, 감리회가 연합하여 기도운동을 일으키고 있음을 확인할 수 있다. 기도의 내용은, 과거 우상을 숭배했던 죄악을 먼저 회개하고, 하나님나라의 백성이 되게 하며 우리나라가 독립국이 되게 해달라는 것이었다. 기독교인들은 신자로서의 자신들의 죄가 무엇이며 공동체의 일원으로서 민족이 당하고 있는 가장 절실한 문제가 무엇인가를 잘 인식하

고 있었다. 그들은 구약시대에 예레미야와 이사야와 다니엘이
자기 조국을 위하여 기도한 것처럼 위기에 처한 조국을 위하여
회개기도와 구원을 간청하는 기도를 드렸다.

을사늑약 후의 연합적인 기도운동이 그 뒤에도 조직적으로
계속되었는지에 대해서는 확언할 수 없다. 어쩌면 일시적인 현
상으로 나타났을 수도 있다. 그러나 그즈음의 기도회 중에는 전
국적인 혹은 연합적인 성격으로 모이는 것도 있었다. 실제로 전
덕기와 정순만이 중심이 되어 일주일간 이끌어갔던 서울 상동
교회의 기도회는 연인원 수천 명을 헤아렸고 눈물바다를 이루
었다고 한다. 일제에게 외교권을 빼앗겼다는 것이 곧 나라를 빼
앗겼다는 것과 같음을 인식하면서 이 같은 기도회의 열정을 불
러 일으켰던 것이다.

을사늑약 후 국가의 위기를 생각하면, 밤잠을 제대로 잘 수
없었다. 하소연할 수 있는 곳은 하나님밖에 없었다. 전국적으로
혹은 연합으로 기도회를 가졌던 기독교인들은 그것으로 직성이
풀리지 않았다. 그들은 기회만 있으면 나라를 위해 기도하였고
가능하다면 합심하여 기도할 수 있는 기회를 가지려고 하였다.
1905년 11월 장로회 공의회에서 전국적인 기도회 주간을 제의
했던 길선주는 자신이 시무하던 장대현교회에서 특이한 기도
회를 시작했다. 그것은 온 교인이 새벽에 기도회를 갖는 것이었
다. 1906년이었다. 그는 그 교회의 박치록 장로와 의논하고 교
회 앞에 이를 알렸다. 교인들은 적극적으로 호응했다. 교인들의

열심은 예정했던 시간보다 훨씬 이른 새벽시간에 교회당을 찾게 했다. 그렇게 해서라도 나라 위한 기도를 게을리 할 수 없었기 때문이다.

따라서 필자는 한국의 새벽기도회가 나라 위한 기도회에서부터 시작했다고 생각한다. 이때의 상황이 그랬고, 새벽기도회를 발의하고 실천했던 주동인물(길선주)이 바로 나라 위해 전국적인 기도회를 제창했던 분이기 때문이며, 그 시기 또한 그런 주장을 편 지 얼마 지나지 않아서 새벽기도회가 시작되었기 때문이다. 길선주는 그 뒤 3·1운동 33인의 한 사람이 되었다. 이때 시작된 새벽기도회가 한국 교회의 아름다운 전통으로 이날까지 계속되면서 한국 교회의 성장과 영적 소성에 지대하게 공헌하였고, 지금도 한국 기독교인이 가는 세계의 곳곳마다 이 아름다운 전통이 확산되고 있다.

한말 나라 위한 기도회는 일제의 침략이 노골화될수록 더욱 가열하게 진행되었다. 이 무렵의 여러 자료들은 나라 위한 기도회가 지방 간에 유기적으로 연결되고 있음과 교회에 따라서는 자주 나라 위한 기도회를 열고 있었음을 보여준다. 1909년 겨울 순종純宗이 일제의 강제에 의해 지방 순회를 나섰을 적에 평양 지방의 교회에서 나라 위한 기도회를 열어 눈물로 모였는데, 이는 평소에도 모이던 것을 이때에 특별하게 모였음을 보여주었다.

시대상황이 교인의 신앙과 기도의 내용을 규정한다는 것

은 한말이라는 상황에서도 자연스럽게 나타나는 현상이었다. 1905년 을사늑약에 의해 외교권을 빼앗은 일제는 1907년에 이르러서는 헤이그 밀사사건을 빙자하여 고종을 퇴위시키고 군대를 해산하였으며 정미조약에 의해 행정권까지도 빼앗았다. 일제의 식민지배가 노골화하는 상황에서 신자들은 하나님밖에는 의지할 존재가 없음을 통감하게 되었다.

이럴 때에 평양을 중심으로 대부흥운동이 일어났다. 대부흥운동 기간 중 회개기도가 일어났다. 이 회개운동은 사경회를 통해 "가공스러운 죄의 결과와, 신자들의 죄가 무죄한 그리스도에게 가한 고통과, 그들을 위해 죽은 그리스도의 사랑에 대해 깊이 깨닫게 되어" 나타난 결과였다. 부흥운동은 이렇게 먼저 죄에 대한 회개기도로부터 시작되었다. 회개기도의 장면은 손과 머리로 방바닥을 쳐서 신체적 고통을 가하는 것, 비명과 고함, 흐느낌을 통해 죄악에 찬 더러운 생활을 고백하는 것으로 나타났다. 기도를 통해 고백한 내용은 "지옥의 뚜껑을 열어놓은 것 같았다. 살인, 간음, 생각할 수도 없는 불결한 짓들로부터 방화, 술 취함, 강도, 도둑질, 거짓말, 증오, 저주, 시기에 이르기까지 모든 혐오스러운 것들"이었다. 한국 교회가 거듭남의 체험을 가지는 순간이었다고 지적되기도 한다.

회개기도와 함께 부흥운동 기간에 다른 이를 위한 '중보기도'가 활발하게 전개되었던 것은 주목해야 할 특색의 하나였다. 부흥운동을 경험한 한 선교사의 관찰이다. "이미 축복받은 사람들은 매일 몇 시간씩을 기도하며 보냈고, 어떤 사람들은 기도로 밤을 지새우기도 하였다. 한 사람이 자신의 죄를 고백하면 선교사도 그를 위해 함께 무릎을 꿇었다. 죄를 고백한 사람이 기도하는 동안 선교사도 죄에 억눌린 듯이 엎드려 있었다. 마치 그 사람에게 구원이 보장되지 않는다면 선교사 자신이 고통당하고 죽을 것같이 보였다." 서로를 위해서 기도하고 죄의 고백을 들어줌으로써 중보기도는 신자들 간의 인간적 이해와 신뢰를 심화하고 유대를 강화했다. 나라를 빼앗기는 상황에서 교회는 공동체를 새롭게 형성해가고 있었던 것이다. 아마 이러한 회개기도와 중보기도가 일제하에서도 한국 교회의 공동체성을 공고히 하는 중요한 방편이 되었을 것이다. 일제의 유례없는 식민수탈 통치하에서 중보기도는 민족과 나라를 위하는 데까지 그 범위를 확장시켰다. 새벽기도회와 수요기도회, 그리고 주종에 가끔 개최되는 철야기도회에서 한국 기독교인들은 조국의 독립을 위해서 몸부림치며 간절히 기도했던 것이다.

시대상황이 기도의 내용을 이끌어가는 중요한 요인의 하나였다면, 오늘날 우리 민족과 사회의 상황은 우리에게 어떤 기도를 요청하고 있을까?

_ **1998년(경)**

아합 왕이 소집한 국가조찬기도회

이런 걸 '국가조찬기도회'라고 말해도 되는지 모르겠다. 열왕기상 22장에 나오는, 사마리아 성문 어귀 광장에서 열린 그 모임 말이다. 모임에는 왕과 고관대작 그리고 400여 명의 선지자들이 운집했다. 그런 모임을 불경스럽게 어찌 '국가조찬기도회'라고 한단 말인가 하고 입을 쩝쩝 다실 수도 있다. 그렇다면 '전승기원국가기도회'라고 하면 될까? 이름을 어떻게 붙이더라도 지금의 '국가조찬기도회'와 다를 바가 별로 없다.

때는 북쪽 이스라엘 왕 아합(주전 874-853 재위) 말기다. 아합은 그의 부친 오므리(주전 885-874 재위) 때에 아람에 빼앗긴 요단 동쪽의 전략적 요충지 길르앗 라못을 탈환하기 위해 절치부심하고 있었다. 남 유다 왕 여호사밧(주전 872-848 재위)의 도움을 받아 연합군을 편성, 탈환전에 나서기로 했다. 그는 유다 왕의 요청에 따라 하나님의 뜻을 묻기로 하고 종교지도자들을 소집했다. 400명쯤 모였다. 그야말로 고대판 '국가조찬기도회'라

할 수 있다. 집회 장소가 광장이어서 실내의 코엑스와 다를 뿐, 모인 사람은 정치지도자와 종교지도자들이었다.

아합의 부름을 받은 선지자들은 이구동성으로 아합의 전쟁계획에 지지를 보냈다. 출전하기만 하면 승리는 '떼어놓은 당상'이라고 장담했다. 그중 그나아나의 아들 시드기야의 아부는 극치를 이루었다. 자식 잘 둔 덕분에 애비 이름도 등장한다. 동맹했던 유다 왕 여호사밧은 여출일구如出一口로 전쟁의 승리를 열창하는 것이 '관제언론'이 아닌가 미심쩍어 하면서 이들 외에 다른 선지자가 없는가를 물었다. 평소 쓴소리로 아합을 비판하던 미가야가 '국가조찬기도회'에 초청받게 되는 것은 이 때문이다.

미가야를 부르러 온 관리는 신신당부했다. 제발 다른 선지자들과 같이 아합을 지지해달라는 것이다. '관제여론'이 되어달라는 부탁이다. 미가야도 그 당부를 외면할 수 없어 앞선 선지자들처럼 싸움터에 나가 '승리하소서'를 연발한다. 하지만 미가야가 '국가조찬기도회'에 참석한 왕과 대신들, 그리고 종교지도자들 앞에서 여호와의 이름으로 진실을 말하는 데는 그리 오래 걸리지 않았다. 그는 이 전쟁에서 아합이 전사할 것이며 백성들은 목자 없는 양같이 흩어질 것이라는 하나님의 말씀을 전했다. 이 말은 400명 선지자들의 한결같은 열창에 찬물을 끼얹는 것이었다.

미가야는 더 충격적으로 하나님의 뜻을 전했다. 하나님께서 천상에서 회의를 열고, 누가 아합을 꾀어 길르앗 라못에 올라가 죽게 할꼬 하고 계책을 물었는데, 여러 영들이 이런저런 계책을 냈다. 그러나 채택된 계책은 거짓말하겠다는 영이 제시한 것이었다. 자신이 거짓말하는 영이 되어 모든 선지자들의 입에 붙겠다고 했다. 미가야는 "여호와께서 거짓말하는 영을 왕의 이 모든 선지자의 입에 넣으셨고 또 여호와께서 왕에 대하여 화를 말씀하셨다"고 했다.

이 예언으로 미가야는 거짓 선지자 시드기야로부터 뺨을 맞는 수모를 당했다. 아합은 자신이 길르앗 라못에서 승리하고 평안히 돌아올 때까지 미가야를 옥에 가두고 '고생의 떡과 고생의 물'을 먹이도록 엄명했다. 그러나 사마리아성의 그 '국가조찬기도회'의 열창은 거짓 영들에 의한 것이었음이 곧 드러났다. 아합은 길르앗 라못에서 전사했고, 이스라엘은 목자 없는 양같이 흩어지게 되었으며, 아합 가문 또한 얼마 안 있어 멸문지화를 당하고 말았다.

국가조찬기도회. 아합 때의 그것과 다름이 있는가? 그때는 거짓 영을 폭로한 미가야라도 있었지만, 지금은 미가야의 출현은커녕 반대로 시드기야와 같은 아부와 굴종의 '종교지도자들'이 판을 치고 있다. 국가조찬기도회를 통해 국가지도자에 대해서는 아부 아첨하고 부정부패를 감싸고 정의와 심판을 외면한다면, 이 땅의 종교인들과 교회는 더 이상 희망이 될 수 없다.

더구나 불의한 세력을 축복해주는 종교에다 그걸 대행하는 국가조찬기도회라면 스스로 존재의 의미를 물어야 하는 시점에 서 있다.

_ **2014. 3. 14.**

한국 교회, 자기 신학이 있는가

8월 중순 LA에서 풀러 신학교의 김세윤 교수를 만나 대화하는
중, 풀러 신학교가 한국 교회에 사과할 문제가 있다면서 진지하
게 말하는 것을 듣고 놀랐다. 풀러 신학교가 한국에는 신뢰할
만한 신학교로 알려져 있고, 이 학교에서 공부한 많은 한국인
들이 여러 곳에서 활동하고 있으며 또 한국 교회가 성장하는 데
그 신학적 이론을 뒷받침하기도 했는데 한국 교회에 사과해야
해야 할 일이 있다니, 그의 말에 관심을 갖지 않을 수 없었다.

그날 김세윤 박사가 지적한 것은 두 가지다. 첫째는 1970,
80년대에 풀러 신학교가 주장한 교회성장론인데, 이는 한국 교
회 성장에 큰 영향을 미쳤지만 한국 교회를 물량주의로 만들
어버렸다는 것이다. 교회성장론은 성숙 없는 성장을 가져와 교
회의 부패로 이어지게 되었고, 성장을 강조한 나머지 한국 교
회의 분열마저 '미화'시킨 측면이 없지 않다. 맥가브란 교수는
1950년대 한국 장로교회의 분열을 교회성장에 도움을 준 사례

로 들었다. 그가 언급한 대로, 교회성장론을 통해 한국 교회의 분열을 긍정적으로 평가했다면, 교회 분열에 대한 죄책은 한국 교회사에서 찾아볼 수 없게 되는 것이다.

또 하나 김 박사가 지적한 것은 1990년대부터 성행한 축사론 逐邪論과 관련된 것이었다. 풀러 신학교가 1990년대에 귀신론으로 한국 교회를 혼란시켰다는 것이다. 이 문제를 두고 풀러 신학교 안에서 열띤 논쟁이 벌어졌는데, 김 교수는 "On Spiritual Warfare, Generational Curse, and the Like(영적 전쟁과 저주의 대물림에 관하여)"라는 논문으로 이를 정리했다.

여기서 내가 정작 흥미를 느낀 것은 그의 주장 못지않게 그가 축사론을 언급하면서 한국 교회가 '사대주의적인 모습'을 보인다고 한 대목이다. 축사론을 한국의 어느 목사도 주장하고 있는데 그 경우에는 이단으로 몰렸다. 그러나 풀러 신학교의 이론으로 소개하면 이단으로 몰리지도 않고 신학적 정당성을 갖는 축사론이 된다는 것이다. 이걸 들으면서 나는 그가 지적한 '사대주의론'이 비단 '축사론'에만 해당되겠느냐고 느꼈다. 평소 한국의 신학풍토를 두고 '수입신학'에 지나지 않는다고 비판해온 내게 김 박사의 이런 지적은 순간 다른 의미로 공명을 일으켰다. 김 박사가 언급한 '사대주의론'은 넓은 의미에서는 내가 말하는 '수입신학론'과 상통할 것이라는 느낌이었다.

'사대주의'라는 말은 자주성이 없이 강한 세력에 의존하려는 경향을 일컫는 것으로, 일상생활에서 약자가 강자에게 복종하거나 강자의 뜻을 비판 없이 답습할 때에도 사용된다. 자신의 사고나 행동을 비하하고 남의 학설이나 논리를 그대로 따를 때도 '사대주의적'이라고 말할 수 있다. 그런 점에서 외국의 학설이나 사상을 여과 없이 그대로 수입하여 사용한다면 그 또한 사대주의와 다를 바 없다. 여기서 '수입신학'을 아무런 고민이나 여과 없이 그대로 사용하는 것도 사대주의적 발상의 한 형태라고 말할 수 있지 않을까?

김 교수는, 한국의 모 목사가 주장하는 축사론과 풀러 신학교의 축사론이 별로 다를 것이 없는 것으로 보았던 것 같다. 그런데도 한국의 것은 이단시되고 풀러 신학교의 것은 그런 딱지를 붙이지 않는 것을 보고 '사대주의적'이라고 언급했던 것이다. 이것은 풀러의 것이 미국의 신학을 배경으로 했다는 것, 한국으로서는 기독교를 전파해준 나라에서 수입된 이론이란 점 때문에 언감생심 그 진위를 따질 생각을 하지 않았던 것이다.

문제를 이렇게 확대시켜보면 축사론뿐만 아니라 한국의 신학 풍토에서 제법 이론적 틀을 갖춘 신학으로, '민중신학'을 제외하고는, 외국으로부터 소개받지 않은 신학이 있느냐는 질문에 봉착하게 된다. 한국의 신학이 '수입신학'에 불과하다는 필자의 지적은 여기에서 시작된다. 미리 말해두지만 나는 '민중신학'에 전적으로 동의하지는 않지만 그것이 왜 중요한가는 여러 번 언급한 바 있고, 그와 함께 한국 교회가 혼탁한 것은 자기 신학을 갖지 않았다는 점과 무관하지 않을 것이라는 것도 역설한 바 있다.

자주 말하는 것이지만, 학문이란 문제의식에서 출발한다. 그 점에서는 신학도 마찬가지다. 문제의식은 어떻게 생기는가? 그것은 자신을 포함한 주변의 상황을 통해서 일어난다. 그런 문제의식을 논리적으로 분석하고 종합하는 과정을 통해 문제를 풀어내는 작업이 학문이다. 상황이란 자연적인 것도 있지만 초자연적인 것도 있으며, 인문적이거나 사회적인 것도 있다. 그런 상황을 통해 제기된 문제의식을 풀어가는 과정이 바로 학문이라는 뜻이다. 신학은 상황의식과는 무관하다고 우기는 이도 있지만, 칼 바르트의 신학이 제1차 세계대전을 겪은 유럽의 상황을 토대로, 라인홀드 니버의 신학이 미국의 산업화로 인간이 황폐해가는 상황과 관련되었다는 점에서, 상황과의 관련성을 부정할 수 없다.

신학도 하나의 학문인 이상 학문하는 방법이 다른 학문과 다를 바가 없다. 상황을 문제의식으로 승화하여 그것을 성경과 영성에 의해 풀어가는 것이 신학화의 작업이요, 그 결과가 신학이다. 상황과 문제의식이 다르면 그만큼 신학화의 작업도 다양할 수밖에 없다. 다른 학문이 다양하듯이 신학도 그럴 수 있다. 시대마다 지역마다 다른 신학이 있었던 것은 그 때문이다. 그러나 지역 혹은 시대적으로 개성을 가진 특수한 성격의 신학이 그런 특수성에 머물러 있게 되면 보편성에 입각한 학문으로서의 성격을 갖기가 힘들다. 개성적이고 특수한 것을 보편적인 것으로 승화시키는 작업이 필요하다. 한 지역 한 시대에 특수한 성격을 띠고 나타난 학문이 시공을 뛰어넘어 보편성을 갖지 않으면 생명력을 가질 수가 없다. 한 시대 한 지역의 특수한 상황에서 나타난 문제의식이 학문적으로 성숙하려면 반드시 보편화의 과정을 밟아야 하는 이유가 여기에 있다.

한국의 신학이 '수입신학'이라는 것은 우리의 상황과 고민을 통해 성립된 신학이 없다는 것을 의미한다. 천주교가 첫 세례자를 낸(1785) 지 230년이 되어가고 개신교도 첫 세례자가 나온 것이 130년이 넘었는데도 '한국의 신학'이 없다는 것은 부끄러운 일이다. 그러고 보니 신라에서 불교가 공식적으로 인정된 해(527)로부터 원효(617-686)가 나타난 것은 100년이 채 안 된 시기이며, 그의 《금강삼매경론金剛三昧經論》이나 《대승기신론소大乘起信論疏》 등 100여 종의 저술로 동양 불교계에 큰 영향을 미치게 된 것은 불교가 공인되고 140년이 지나기 전이다. 소통의 능력이 지금보다 훨씬 뒤졌던 그 시기에 원효 같은 이가 그렇게 빨리 나왔다는 것은 한국 그리스도교를 정말 부끄럽게 하고 있다.

한국 개신교의 경우, 일찍부터 신학화의 시도가 없었던 것은 아니다. 한국인의 지적·종교적 풍토에 전래된 그리스도교가 이 땅에 뿌리내리는 문제를 두고 소위 토착화를 위한 신학적 시도가 초기부터 있었다. 그러나 보수성이 강했던 선교사들의 신학적 지향성이 이를 막아버렸다. 그 뒤 윤성범, 유동식, 변선환 교수의 신학화 작업이 빛을 보는 듯했으나 충분히 맥을 잇지 못했다. 군사정권과 유신의 엄혹한 상황 속에서 태동한 '민중신학 Minjung Theology'은 해외에까지 한국 신학으로 널리 소개되었으나 너무 일찍 시들어버리는 것 같아 안타깝다.

학문의 자유가 없는 곳에 이런 신학화의 가능성이 있을 수 없다. 해외에 가서 신학공부를 열심히 하고 학위를 받고 돌아오는 이들이 한국에서 자기의 학위논문을 책으로 펴내거나 혹은 강단에서 제대로 강의하지 못하는 것이 한국 신학교의 지적 실정이다. 새것은 철저히 차단하고 옛것만 답습하게 되니 새로운 시대를 향한 신학의 길은 막혀버렸다. 학문의 자유가 없는 곳에 비판의 가능성이 허용되지 않는다. 신학자들의 학문 자유와 비판이 용납되지 않는 상황은 교회의 이상한 신앙행태만 자라게 한다. 신학적으로 제대로 비판을 받지 못하고 검증도 되지 않은, 어쩌면 신학 없는 교회들의 비복음적 신앙이 역으로 신학교의 교육을 폐쇄적인 상태로 몰아가고 '신학화'의 가능성을 잘라버리는 것이 아닌가.

이제 한국 교회는 자기 신학의 길을 모색해야 한다. 성경 연구와 서양 신학, 서양 교회사 못지않게 신학교에서 동양과 한국의 고전을 읽혀야 한다. 종자(씨)에 대한 연구와 교육 못지않게 이 땅과 밭에 대한 연구를 해야 한다. 땅과 밭에 대한 연구는 이 땅의 인문·사회·예술적인 풍토에 대한 연구를 포함한다. 이 땅의 사상적 풍토에 대한 연구가 없이는 한국 교회가 자기 신학을 가질 수 없다. 한국 신학교들은 교육과정을 재검토해야 한다. 한국 교회에서 현장 없는 공허한 설교가 계속되는 것도 바로 이러한 신학적 뒷받침이 없기 때문이다.

한국 교회가 왜 이렇게 혼란스럽고 부패해가는가? 거듭 말하지만, 자기 신학을 갖지 못했기 때문이 아닐까? 세계선교사상 유례없는 성장과 발전을 했다고 하지만 그 성장에 비해서 종교적 영성은 고사하고 윤리적·도덕적 영향력마저 제대로 미치지 못하는 것은 왜 그럴까? 세계적 바울 신학자로 알려진 김세윤 박사는 한국 교회의 현 위기의 근본 원인을 "아무래도 그리스도의 복음에 대한 오해, 또는 신학의 왜곡과 천박성을 그 첫째로 꼽"겠다고 했지만, 나는 거기에 덧붙여 한국 교회가 신학화에 대한 고민과 진통을 제대로 겪은 적이 없기 때문이라고 말하고 싶다. 과거 '토착화'를 고민할 때에는 타종교와의 유사성과 상이점을 천착하여 그리스도교적 주체성을 확립하려고 노력했지만, 그런 노력이 없는 지금은 '복음의 샤머니즘화'가 광신적으로 진전되고 있어도 이를 분간할 영성과 지성을 다 잃어버렸다. 군사독재체제가 기승을 부리던 시절, 산고를 겪은 민중신학은 연약한 '민중'을 자각시켜 하나님의 정의, 사랑, 생명, 평화를 확인하고 실천·투쟁토록 했지만, 장로 대통령이 이끄는 한국 사회에 교회가 아편중독에 걸린 것처럼 만신창이가 되어가고 있어도 이제는 자각조차 하지 못하고 있다. 왜 그럴까?

남의 문제의식을 가지고 자기의 문제를 해결하는 데 한계가 있듯이, 수입신학 가지고는 한국 사회와 교회의 영성적 문제를 풀어가는 데 한계가 있을 수밖에 없다. 수많은 교회와 신학교, 무수한 신자들이 있음에도 한국 교회가 세계에 내놓을 수 있는 자기 신학을 갖고 있지 못하다는 것은 부끄러운 일이요, 우리의 문제를 신학적으로 풀어가는 데도 별로 도움이 되지 못한다. 이제 한국 교회도 자기의 문제를 신학적으로 풀어갈 수 있는 학문 외적 여건은 어느 정도 조성되었고, 이를 통해 세계 교회에 기여할 때도 되었다고 본다. 언제까지 남이 제공해주는 '우유신학', '수입신학'에 머물러야 하는가?　_ **2011. 10. 〈복음과상황〉**

새해 복 많이 받으세요

아직 1월 보름 어간이고 며칠 있으면 구정도 곧 맞게 되니, 새해 인사로 아직 약효가 있을 듯해서 이미 창고 속에 넣어둔 "새해 복 많이 받으세요"라는 덕담을 끄집어낸다. 그러나 필자는 10여 년 전부터 "새해에는 더욱 건강하십시오"라는 말로 인사말을 바꾸었다. '복 많이 받으시라'는 미지근한 말보다는 건강 하나로 확실하게 복을 빌어주고 싶었기 때문이다.

사람들이 입에 달고 있는 이 '복'은, 사전적인 뜻으로는 '아주 좋은 운수', '큰 행운', '행복'을 뜻한다. 그중에서도 '오복'은 흔히 수壽, 부富, 귀貴, 다남多男, 건치健齒를 말하기도 하고, 유교에서는 수, 부, 강녕康寧, 유호덕攸好德, 고종명考終命 등을 말한다. 젊은 시절에는 수, 부, 귀, 강녕 등이 돋보이지만, 나이 들어가면 덕을 쌓고 제명대로 살다가 편안하게 죽는 것을 원한다. 생전에 다른 복을 누리지 못하더라도 '고종명'만 해도 인생을 복되게 마감할 수 있다. 독재자나 극악한 사람들을 두고 제명대로 죽게

해서는 안 된다고 말하는 것은 이 때문이다.

성경에도 '복'은 많다. '복의 근원'이니, 축복이니, 팔복이니 하는 말이 흔하다. 기독교 진리는 '복된 소식', 즉 복음이다. 성경에도 이 말이 여러 번 나오는데, 구약에서는 '바사르'(기쁜 소식을 선포하다), 신약에서는 '유앙겔리온'(기쁜 소식)이라는 용어다. 원래는 '기쁜 소식', '기쁨의 좋은 소식'이었는데 '복음'으로 번역되었다. 이 번역어로 봐서도 한국 기독교가 복을 얼마나 좋아하는가를 알 수 있다. '기쁜 소식'이 번역과정에서 한국 문화의 세례를 받은 것이다.

성경에 나오는 '복'이라는 말은 뜻이 일정하지 않다. 구약에서는 물론, 장수·부귀·자녀·평안을 복으로 간주하는 사상이 없는 것은 아니다. 그러나 복이라는 말로 시작하는 시편 1편은 정의로운 사고와 행동을 하고, 겸손하며, 신실하여 하나님의 말씀을 순종하는 것이라고 말하고 있다. 여기서 복은 정태적인 것이 아니라 동태적인 것이다. 복은 가만히 앉아서 받는 것이 아니고 행동을 통한 실천적 열매라는 것이다. 이것이 대단히 중요하다.

평소에 한국 기독교를 생각하면서, 기독교인 인구가 차지하는 비중으로 봐서 한국 사회에 기독교적 가치관이 확립되지 않는 원인이 무엇인가를 늘 고민해왔다. 이분법적인 신앙행태 못지않게 잘못된 복 관념도 한몫했으리라 생각한다. 한국 기독교인들은 복을 땀 흘리지 않는 소득이나 공짜와 연관시켰다. 우선

'오직 은혜로' 구원 얻는다는 신앙이 값없이 받는 구원과 연결되면서 기독교인의 공짜사상을 더 키웠다. 땀 흘리지 않고 얻는 소득을 복이라 보았고, 그런 점에서 은혜와 공짜를 가장 큰 복으로 치부했다. 그러나 공짜는 복이 아니라 인간의 근면성과 근로사상을 궤멸시키고 게으름을 조장하는 반윤리적 사상이며 인간의 나태와 정욕을 가져다주는 독약이다. 공짜사상은 "일하기 싫거든 먹지도 말라"는 성경의 가르침과 반대되고, 땀 흘려 얻은 소득이 축복이라는 기독교 윤리관과도 엄연히 구분된다.

1960년대부터 불붙기 시작한 이상한 복 바람은 삼박자축복 혹은 삼박자구원으로 알려졌다. 새마을운동의 '잘살아보세' 운동이 한창 일어날 때 이 삼박자축복 운동도 한국 교회에 풍미했다. 삼박자축복이란 요한 3서 2절에 근거하여, 예수 믿는 축복은 물질축복과 건강축복을 가져온다는 것이다. 이런 신앙이 한국 기독교의 외형적 성장에는 일정하게 공헌했다고 평가되고 있지만, 기독교의 복 사상을 '물질과 건강'으로 왜곡·타락시켰다. 기성종교의 기복사상과 다를 바가 없다. 여기서 기존의 오복사상이나 샤머니즘적인 기복사상을 넘어서는 복 사상은 찾을 수 없다. 한국 기독교가 머리털 깎인 삼손이 되어버린 한 원인이 여기에 있다.

한국 기독교의 복 사상이 잘못되었다면 예수님이 친히 가르치신 복으로 돌아가야 한다. 마태복음 5장 3-11절과 사도행전

20장 35절에 보이는 복이다. 가난함에서 출발하지 않으면 어떠한 것도 감사할 수 없다. 애통함과 온유함, 의 사모함과 긍휼, 청결함과 평화 만들기가 거기에 뒤따르는 복이다. 세상 사람들은 의를 행하면 부귀영예를 약속하지만, 예수님은 의를 행하다가 핍박을 당하는 것 자체가 복이라고 했다. 주목할 점은 이 팔복의 순서를 따라가보면 최후에 나타나는 복이 정의를 행하다가 고난을 당하는 복이라는 점이다. 얼마나 큰 가치관의 차이인가? 그래서 최고의 복이라고 할 수 없을까? 정의를 위해 고난을 받는 것, 이를 최고의 복으로 믿고 실천하지 않으면 그리스도인이 사회를 변혁시킨다는 것은 환상에 불과하다.

예수님은 팔복 외에 또 한 복을 강조했다. 주는 것이 받는 것보다 복이 있다는 복이다. 이것은 나눔의 복이요, 베푸는 복이다. 이는 소유하고 더 얻음으로 복됨을 느끼는 세속인들의 관념을 넘어선다. 소유와 관련된 복의 정의를 새롭게 수립한다. 받는 것보다 나누고 베풀고 '주는 복'이다. 이는 세속적 복 관념을 전도시킨다. 이렇게 함으로 하나님의 나라에서는, 가난한 자가 부자보다 복된 삶이 가능하게 되고, 주는 자가 갈취하는 자보다 더 부자가 되는 기막힌 반전이 가능하게 된다. 하나님은 가능성과 기회와 지혜를 쌓아두고 즐기라고 우리에게 소유로 주신 것이 아니라, 나누고 베풀도록 하기 위해 위탁한 것이다. 하나님께서 주신 것을 움켜쥐고 자기의 것인 양 유세를 부리는 것은 하나님의 자녀나 교회가 취할 태도가 아니다. 제한된 재화를 두고 많이 가지려는 자가 있음으로 세상은 불공평해지지만, 많이 베푸는 자가 있음으로 세상은 더욱 풍요롭게 된다.

"새해 복 많이 받으세요"는 예수님이 강조한 복을 실현하려는 염원이어야 한다. 성경의 복은 정태적인 복이 아니라 동태적인 복이다. 실천적인 복이다. 가난하게 되는 것, 정의를 위해 핍박을 받는 것, 그리고 나누고 베풀고 주는 것이다. 이 같은 가치관의 변화 없이는 우리 사회를 성경적으로 변혁시키는 것은 불가능하다. 삼박자축복으로는 샤머니즘조차 앞서지 못한다.

_ 2011. 2. 〈복음과상황〉

가난 실천과 작은 교회 운동

몇 년 전 젊은 목회자들과 함께 한국 교회가 당면한 과제를 두고 대화해보자고 몇 번 모인 적이 있다. 그 모임은 이를 주도하던 김회권 교수가 연구년으로 독일로 떠나는 바람에 더 모이지 못했다. 모임이 계속되지 못한 더 큰 이유는 아마도 대화의 주제가 젊은 목회자들의 흥미를 끌지 못했기 때문이라고 생각한다.

처음 모였을 때에 필자가 모임의 취지를 간단하게 언급했다. 한국 교회는 위기에 처해 있다, 그 원인은 십자가를 내걸고 하나님의 이름을 부르고 있지만 실제로는 바알을 섬기기 때문인데, 그 결과 물신주의가 팽배해지고 교회가 예수님 당시의 예루살렘 성전과 같이 장사치들의 소굴이 되어가고 있다, 이런 속에서 대형교회로 성장하겠다는 유혹이 커지고 이런 추세가 강해져 교회의 세속화는 급진전되고 지역공동체에 기반한 작은 교회들은 근거를 잃어버리고 있다, 때문에 이 시점에서 한국 교회를 살리기 위한 가장 시급한 조치는 한국 교회가 가난을 실천하고 작은 교회 운동을 펼쳐나가는 것이다, 대강 이런 내용이었다.

그때 이야기를 나누면서 함께한 이들의 표정을 살폈다. 내 말에 관심을 갖기는 하나 진지한 모습은 별로 보이지 않는 것 같았다. 대화가 진행되는 중에도 필자가 언급한 내용은 거의 주목을 받지 못했다. 젊은 목회자들은 한국 교회가 병들어 있다는 데 대해서는 의견을 같이했지만, 그 병리현상에 대한 진단은 필자가 고민하는 것과는 달랐다. 많은 젊은 목회자들이 개척교회일 등으로 피곤해서 그런지는 알 수 없으나 오히려 교회성장론에 더 깊은 관심을 보였다. 한국 교회가 왜 성장하지 않느냐에 대한 관심은 그들에게 있었지만, 그 원인이 현대 사회가 갖고 있는 병리현상, 적어도 내가 진단하고 있는 원인과 관련되어 있다는 점에 대해서는 동의하지 않는 것처럼 보였다.

한국 교회가 가난을 실천해야 한다거나 작은 교회를 지향해야 한다는 필자의 문제의식이 공유되지 않는 것이 거의 확인되었음에도 불구하고 다시 언급하는 것은 그 문제가 급선무라고 판단했고 오랫동안 이를 위해 기도해왔기 때문이다. 가난 실천은 한마디로 자기를 비우고 부정하면서 겸손히 예수의 십자가를 지는 '좁은 길'이며 이웃의 고통과 눈물에 동참하는 길이다. 그것은 현재 한국 교회와 같이 명예와 풍요로써 하늘의 영광을 누리는 길이 결코 아니다. 소유와 기회와 가능성을 자기를 위해 쓰는 것이 아니라 '그의 의'와 영광을 위해 바치는 길이며 도움을 필요로 하는 자를 위한 헌신의 길이다. 필자의 생각에는 한국 교회가 21세기를 제대로 생존하자면 당장 개혁해야 할 우선 과제가 바로 여기에 있다고 본다.

안락과 풍요를 지향하면서 하나님의 영이 거주할 공간을 만들어갈 수 있을까? 목회자들의 기름기 흐르는 몸은 영성과 어울리지 않는다. 그렇다고 가난과 궁핍이 영성을 담보하는 것도 아니다. 그러나 "가난한 자가 복되다"는 말씀은 영성 회복의 가능성을 열어주었고, 풍요 지향의 삶보다는 경건한 삶을 담보하기가 쉽다. 이스라엘 백성들의 광야 40년은 가난한 삶과 자기부인을 통한 하나님과의 동행이었다. 그러나 그들은 이집트 시절을 회상하면서 하나님을 원망했다. 하나님의 약속을 믿고 자유인이 되기보다는 노예생활이었지만 고깃국을 먹던 안정된 삶을 희구했다. 이게 인간이고 인간 공동체다. 그러나 종교마저 그래서는 안 된다.

예수님은 부자가 하늘나라에 들어가는 것이 낙타가 바늘구멍을 통과하는 것보다 어렵다고 말씀했지만, 인간은 불법적인 방법으로라도 부자 되기를 원하는 유혹을 뿌리치지 못한다. 믿는 사람들의 공동체인 교회도 그 점에서 자유롭지 못하다. '고르반' 되었다는 말이 상징하듯이, 한국 교회는 하나님을 잘 섬기려 한다는 명분으로 물신숭배를 용납하는 것마저도 정당화해버렸다. 예루살렘 성전에서 그랬던 것처럼 말이다. 그러나 예수님은 사람이 만든 명분에 연연하지 않고 환전상의 상을 엎고 성전

대청소를 감행하셨다. 오늘날 한국 교회를 예수님은 어떻게 보실까? 예루살렘 성전처럼 '강도의 굴혈'로 만든다고 분노하지는 않으실까?

인생여로는 이스라엘의 광야 40년처럼 순례자의 길에 비유된다. 그들에게는 거주를 위해서 벽돌로 된 집이 아니라 쉽게 옮겨 다닐 수 있는 천막이 필요했다. '어리석은 부자'처럼 창고를 지어놓고 몇 년씩 먹을 수 있는 곡식을 쌓아놓도록 하지 않고 매일매일, 그것도 이틀분을 비축하는 것이 용납되지 않은 일용할 양식 만나를 공급했다. 천막과 만나를 제공하신 하나님과는 대척적인 위치에서 튼튼한 벽돌집과 곡식을 쌓아놓을 창고를 보장한 신이 있었다. 바알이었다. 하나님은 이스라엘 백성을 40년간 훈련시키면서 바알을 멀리하고 일용할 양식을 허락하신 하나님만 섬기라고 요구했다. 한국 교회를 향해서도 바알을 금하라는 경고를 주고 있다.

개인의 신앙생활처럼 교회도 순례자의 삶이 요구된다. 가벼운 행리行李라야만 광야생활을 헤쳐나갈 수 있다. 한국 교회는 가벼운 행리 대신 너무 많이 가졌고 그걸 누리자고 강변한다. 거기에는 가난한 자가 복이 있다는 예수님의 말씀이 들어갈 틈새가 없고 만사형통과 '축복, 축복'이 판을 치며, "자기를 위하여 재물을 쌓아두고 하나님께 대하여 부요하지 못한" 어리석은 부자의 모습만 보인다. 어느 기독교 연합기관에서 상습적으로 보여왔듯이, 돈으로 해결하려는 물질만능 풍조는 '은혜'라는 이름으로 세속화되었고 일상화되었다. 거기에 자기를 비우는 성경적 영성이 깃들 수 있을까? 처치 스테이Church-stay를 하겠다고 국가예산을 들먹이는 그곳에 하나님이 머무시는 것God-stay이 가능하겠으며, "네게 있는 것을 다 팔아 가난한 자들에게 나눠주고 그리고 와서 나를 따르라"는 예수님의 당부가 먹혀들 수 있을까?

부와 풍요를 지향하는 교회상이 필연적으로 도달한 곳은 바로 대형교회다. 한국의 경제성장이 대재벌로 귀착되었듯이, 한국의 교회성장이 대형교회로 귀착된 것은 결코 놀랄 일이 아니다. 대형교회는 그 순기능이 없지 않음에도 한국 교회의 앞날을 어둡게 하고 있다. 공공의 논의를 통해 제정된 교단의 영令이 적용되지 않는가 하면, 그곳 목회자는 무소불위의 권한을 남용하는 경우도 있으며, 그것도 모자라 대기업처럼 세습까지 감행하는 경우도 종종 보인다. 지역사회에 뿌리박지 못한데다가 교회 간판 뒤에 자기를 숨기는 교인이 양산되고 성도 간의 교제가 제한적이기도 하여 '가난 실천'을 통한 사랑의 공동체 형성도 어렵다.

교회는 지역사회에 기반한 풀뿌리공동체여야 한다. 그렇지 않으면 교회가 생명력을 유지하기 어렵고 사회적 영향력도 상실한다. 그런 풀뿌리공동체를 이룩하는 것은 대형교회로서는 거의 불가능하다. 어느 대형교회 목회자는 5만 명이 모이는 한 교회보다 500명이 모이는 100개의 교회가 더 바람직하다고는 했다. 산술적으로 그렇게 될 수는 없겠지만, 지역사회에 뿌리박고 공동체적 성격을 살릴 가능성은 대형교회보다 소형교회에 있다는 뜻일 것이다. 말씀과 행정과 재정까지 독점하는 제왕적 교회구조와 대기업적 경영구조를 극복하는 것도 소형교회가 더 쉽다. 대형교회만이 할 수 있다는 사업은 작은 교회들의 연합사업으로 대체될 수 있다.

'가난 실천'과 '작은 교회 운동'은 동전의 양면과 같아서 서로 연관되어 있다. 지금까지의 삶의 형태를 바꾼다는 것이 어렵겠지만 바꾸지 않으면 한국 교회에 희망이 없다. 교회의 재원은 매머드화한 교회 자체를 위하기보다는 주변공동체와 미래를 위해 나눔으로써 가난을 실천해야 한다. 소형화하고 풀뿌리공동체화하는 것이 어렵겠지만 그걸 감행하지 않으면 한국 교회는 서서히 고사할 것이다. 이 시점 성장하고 있는 교회가 있으면 그걸 기뻐하지 말고 대형화의 메커니즘이나 유혹에 빠지기 전에 지교회 세우기 등을 통해 소형화하고 풀뿌리화하도록 노력해야 한다. 한국 교회에 주어진 재역동의 기회는 그렇게 길어 보이지 않는다. _ 2011. 3. 〈복음과상황〉

〈복음과상황〉 20년을 고민한다

〈복음과상황〉(이하 '복상')이 출간 20년을 맞는다. 지령도 243호 (2011년 1월호)가 된다. 그동안 이 잡지를 일으켜주시고 지속되게 하시며 이 잡지를 통해서 많은 개혁과 변화를 허락해주신 하나님께 먼저 감사한다. 그동안 '복상'을 위해 헌신한 많은 선각자들께도 감사한다.

'복상'은 김진홍과 필자를 공동발행인으로 하여 1991년 1월에 창간되어 초기에는 격월간으로 발행되었다. 편집인 박철수, 편집위원장 이문식, 편집위원에 강경민, 고직한, 김호열, 김회권, 이성구, 한철호, 편집장에 이승재로 진용을 짰고, 창간호 144면을 간행했다. 편집진은 지금 생각해도 당시 복음주의권 젊은이들에게 가장 큰 영향력을 가진 지도자들로 망라되었다고 할 것이다.

'복상'도 창간 당시부터 뚜렷한 이념과 목적을 가지고 출발했다. 그것은 로잔마닐라선언문의 일절을 인용하면서 시작된 창간사 〈복음과상황〉을 역사 앞에 내놓으며'의 마무리 부분에 잘 드러나 있다.

우리 시대의 역사적 과제가 대내적 민주화, 대외적 자주화 및 민족적인 통일임을 통감하는 〈복음과상황〉은 양자를 균형 있게 조화시킴으로써 이 과업을 달성하기에 매진할 것이다. 〈복음과상황〉은 질시와 반목의 상황에 화해의 복음으로, 분단과 지역감정의 상황에 일치의 복음으로, 불안과 냉소적 상황에 안식의 복음으로, 그리고 퇴영과 반동의 상황에 변혁의 복음으로 나아갈 것을 자임한다. 무엇보다 우리는 상황에 대한 예리한 성찰에 앞서 복음 앞에 진지하고 겸손하게 무릎 꿇을 것을 약속하면서 〈복음과상황〉을 역사 앞에 내놓는다.

'복상'은 1980년대 신군부 파쇼체제하에서 복음주의권의 자기 변신을 모색하려는 고민 속에서 태동되었다. 1980년 광주 민주화운동을 깔아뭉개고 교수, 기자, 노동자, 학생들을 직장과 학원에서 쫓아내거나 투옥시키고, 민중을 겁박하면서 집권한 전두환은 신군부 독재체제를 강화했다. 그러나 그의 집권은 학생과 노동자층을 중심으로 형성된 자생적 민주화운동세력의 강력한 저항에 직면하게 되었다. 1987년, 대통령직선제 개헌을 약속한 6·29특별선언은 사실상 민중에 대한 신군부세력의 항복을 의미했다. 그해 12월 대통령 직선제하에서 실시된 선거에서 김영삼·김대중의 갈등을 활용한 민정당의 노태우가 13대

대통령에 당선되었다. 노태우 정권하에서는 억눌렸던 민중들의 요구가 분출되면서 백가쟁명의 시대가 도래한 듯했다.

1988년 서울올림픽은 한국의 발전된 모습을 세계에 소개하였으나, 그 이듬해 문익환·임수경의 방북사건은 점차 자신을 잃어갔던 노 정권에게 공안정국 조성의 빌미를 제공하여 남북관계가 다시 헝클어지게 되었다. 거기에다 1990년이 되면서 세계는 급격한 변화를 맞았다. 한국이 북방정책으로 소련과 국교를 맺으면서(10.1) 사회주의권 진출을 적극화하는 동안 독일은 동서독의 통일(10.3)을 성취했고, 이와 때를 같이하여 사회주의권이 붕괴되기 시작했다. 불안을 느낀 북한은 체제의 안전을 담보하기 위해 남북고위급 회담을 서둘렀고 남북기본조약을 맺는 등 남북관계진전에 토대를 마련했다.

한편 기독교계에서도 많은 변화가 오게 되었다. 1960년대 이후 한국 사회의 인권·민주화운동을 주도하던 기독교 진보진영은 1980년 광주민주화운동을 계기로 통일운동을 적극화하게 되었다. 기독교계는 민족통일 문제가 인권·민주화 문제와 별개의 것이 아니고 서로 끈끈하게 연계되어 있음을 깨닫고 인권·민주화운동과 민족통일운동을 병행하게 되었다. 이 과정에서 기독교계 진보진영의 선각자들이 많은 희생을 치렀지만, 민족통일의 과제와 관련, 도잔소회의(1984)와 글리온회의(1986, 1988, 1990), '민족의 통일과 평화에 대한 한국기독교회선언'(1989)을 도출해내었고, 민주화운동에서는 공명선거운동과 도시산업선

교회와 각종 노동운동, 경실련운동을 비롯한 기독교 NGO운동에서도 볼 만한 성과를 거두고 있었다.

기독교 진보진영의 민주화·통일운동은 정교분리의 세례를 받아 엉거주춤 사회문제를 바라만 보고 있던 복음주의권의 많은 청년 학생들에게 반성과 자극을 주었다. 그들은 이런 격변의 시대에 방관자처럼 기도만 하고 행동하지 않는 것이 복음주의자들인가 하는 회의마저 갖게 되었다. 그럴 즈음에 1974년 스위스 로잔에서 150여 개국 3,000여 명이 합의, 서명한 '로잔 언약'이 늦게나마 소개되어 한국 복음주의자들이 사회문제에 적극 참여할 수 있는 이념적 근거를 만들어주었다. 로잔 언약은 6장(교회와 전도)에서 "우리는 우리 교회의 '울타리'를 헐고 불신 사회에 침투해 들어가야 한다"라고 강조했고, 9장(복음전도의 긴박성)에서는 "인류의 3분의 2가 넘는 27억 명 이상의 인구가 아직도 복음화되어야 한다. … 수천, 수백만이 당하고 있는 빈곤에 우리 모두가 충격을 받으며, 이 빈곤을 만들어내는 불의에 분노한다. 우리 가운데 풍요한 환경에 살고 있는 사람들은 생활양식을 소박하게 변화시켜야 할 의무를 기꺼이 받아들여야 하며, 그러한 변화를 통해 빈곤퇴치와 복음전도에 더 많이 공헌해야 할 것이다"라고 언급했다. 이는 교회의 사회적 책임을 명시적으로 밝힌 것이다. 로잔 언약에서 당시 복음주의권 젊은이들의 의식을 깨워 사회적 책임 수행이 복음운동의 한 영역이라고 일깨워준 것은 5장의 '그리스도인의 사회적 책임'이다. 그 전문을 소개한다.

우리는 하나님이 모든 사람의 창조주이신 동시에 심판주이심을 믿는
다. 그러므로 우리는 인간 사회 어디서나 정의와 화해를 구현하시고
인간을 모든 압박으로부터 해방시키려는 하나님의 관심에 동참하여
야 한다. 사람은 하나님의 형상대로 창조되었기 때문에, 인종, 종교,
피부색, 문화, 계급, 성 또는 연령의 구별 없이 모든 사람은 천부적 존
엄성을 지니고 있으며 따라서 사람은 서로 존경받고 섬김을 받아야
하며 누구나 착취당해서는 안 된다. 이 사실을 우리는 등한시하여왔
고, 또는 종종 전도와 사회참여가 서로 상반된 것으로 잘못 생각한 데
대하여 참회한다. 사람과의 화해가 곧 하나님과의 화해는 아니며, 또
사회참여가 곧 전도일 수 없으며, 정치적 해방이 곧 구원은 아닐지라
도, 전도와 사회·정치적 참여는 우리 그리스도인의 의무의 두 부분임
을 인정한다. 이 두 부분은 모두 하나님과 인간에 대한 교리와, 이웃
을 위한 사랑, 그리고 예수 그리스도에 대한 우리의 순종의 필수적 표
현들이기 때문이다. 구원의 메시지는 모든 소외와 압박과 차별에 대
한 심판의 메시지를 내포한다. 그러므로 우리는 악과 부정이 있는 곳
에서는 어디서나 이것을 공박하는 일을 두려워해서는 안 된다. 사람
이 그리스도를 영접하면 그의 나라에 다시 태어난다. 따라서 그들은
불의한 세상 속에서 그 나라의 의를 나타낼 뿐만 아니라 그 나라의 의
를 전파하기에 힘써야 한다. 우리가 주장하는 구원은 우리로 하여금
개인적 책임과 사회적 책임을 총체적으로 수행하도록 우리를 변화시

키는 것이어야 한다. 행함이 없는 믿음은 죽은 것이다.

로잔 언약이 소개되는 시기를 전후하여 복음주의권에서는 성
경신학에서 '하나님의 나라' 신학이 소개되고 있었다. 종래 '예
수 천당' 신앙에 젖어 있던 한국 그리스도인들에게는 하나님의
나라란 곧 죽어서 갈 저 천당으로 이해되었다. 그러나 복음주의
권 성경신학자들에 의해 새로 소개된 하나님의 나라는, 그것이
어디에 있는가, 언제 이뤄지는가 하는 시공의 영역적 개념으로
서보다는 통치적 개념으로 받아들여졌고, 따라서 '하나님의 나
라'는 곧 '하나님의 통치'가 이뤄지는 것으로 이해하게 되었다.
'하나님의 통치'는 죽어서 갈 저 천국에만 적용되는 것이 아니
며 이 세상도 하나님의 통치 아래 있음을 확신하게 되면서, '하
나님의 나라'는 시간적으로 미래적임과 동시에 현재적이고, 공
간적으로는 내세적임과 동시에 차세적此世的임을 확신하게 되었
다. 하나님의 나라에 대한 새로운 인식으로 현재 이 땅에 하나
님의 나라를 건설하고 확장하는 책임이 주어지게 되어 '하나님
나라'의 건설 운동을 수반하게 되었다.

로잔 언약은 빌리 그레이엄과 존 스토트를 중심으로 이뤄진
것으로 알려졌다. 그 무렵 존 스토트의 저술이 번역 소개되면
서 로잔 언약은 하나님의 나라 신학과 함께 한국 복음주의자들
에게 상승효과를 나타냈고 사회참여를 신학적으로 정당화하게
되었다. 이렇게 로잔 언약과 하나님의 나라 신학이 소개되자,

그렇지 않아도 사회참여의 신학적 뒷받침을 찾고 있던 젊은 복음주의자들은 사회참여에 적극 뛰어들게 되었고, '경실련' 운동에서는 진보적인 그리스도인들과 연대하는 모습까지 보이게 되었다.

'복상'은 바로 이러한 복음주의 청년 학생들의 간절한 소망에 응답하고 이들을 이끄는 안내역을 자임하면서 간행되었다. 어느 시점부터 그 문구가 빠졌는지 확인하지 못했지만, 초기 '복상'이 그 제호 밑에 "〈복음과상황〉은 로잔 언약에 나타난 신앙고백에 기초하여 복음의 빛으로 역사와 사회를 조명하는 신앙지입니다"라고 썼던 것은 바로 이런 배경을 갖고 있다.

'복상'이 창간되었을 때 사람들은 그것이 창간되었다는 사실만으로 자부심을 가졌고 기뻐하는 모습을 보였다. 특히 창간호에 대한 기대가 컸던지, 초판 5,000부가 매진되어 재판 2,000부를 더 찍기도 했다. 당시 기독교잡지로 30년 이상의 전통을 가졌던 〈기독교사상〉이 3,000부 내외로 판매되었던 것을 생각하면 초기 '복상'의 구독률은 상상을 뛰어넘는 것이었다. 그 여세를 몰아 '복상'은 그 이듬해 9월호(통권 제11호)부터는 월간으로 전환하면서 272면으로 증면을 단행하여 21호까지 이끌고 갔다.

이렇게 복음주의자들의 사회변화에 대한 여망이 '복상'에 힘을 실어주어 연 6회 간행을 12회로, 창간호 144면을 2배에 가깝도록 증면을 단행했지만, 시간의 흐름은 그런 열심들을 차차

상쇄시켜갔다. 그럴 만한 이유도 있었다. 1992년 12월 대통령 선거에서 김영삼 후보가 당선되어 이듬해 2월 말에는 문민정부가 출발했다. 문민정부 초기 몇 달 동안의 '개혁'은 상당한 호응을 얻었다. 많은 국민들도 그랬지만, 복음주의자들도 그런 '개혁'에 착시현상을 일으킬 만했다. 착시현상이란 이제 온 국민이 기대했던 개혁이 이뤄진 것이 아닌가 하는 것이었다. 그 문민정권의 뿌리가 유신·신군부 정권이었음에도 불구하고 당시 복음주의자들조차 '상황'에 대한 판단을 정확하게 하지 못하고 있었다. 상황 판단에 대한 한계는 '복상'의 역할론에도 영향을 미쳐 독자가 더 늘어나지 않았고, '복상'의 독자 유지도 점차 동력을 상실하게 되었다. 이와 때를 같이하여 잡지 간행에 으레 따르게 마련인 난관이 비교적 빨리 나타났다.

우선 재정적자가 불어나게 되었다. '복상'이 고정 독자 3,000명을 확보하지 못한 정황에서 든든한 밑천 없이 경영한다는 것은 어려웠다. 매월 500만 원 이상의 적자가 났던 것으로 기억한다. 이 문제를 해결하기 위해 평생독자를 모집하기도 하고 출자를 권유하는 광고도 냈으며 지인에게 1년분 구독료를 선불하여 독자로 이끄는 제도도 만들었지만 역부족이었다. 재정적자 문제를 해결하기 위해 두레선교회를 발행주체로 하여 부족한 재정을 충당하도록 하는 조치를 취했다. 두레선교회는 그 뒤 수년간 많은 재정을 감당했다. 지금도 '복상'이 여기까지 오게 된 데는 두레선교회의 공헌을 잊을 수 없고, 김진홍 목사에게 감사하는 마음이다.

또 하나의 문제는 '복상'의 신학적 정체성의 문제였다. 이것은 복음주의권 원로그룹에서 이따금 언급하기 시작했는데, 잡지가 복음주의권의 영역을 벗어나고 있다는 우려였다. 그런 우려는 많은 필자가 복음주의권 밖에서 충당되고 있다는 지적으로 더욱 증폭되었다. 이 무렵 '상황'을 그리스도교적 관점에서 정확하게 응시하고 분석하는 필진이 복음주의권에서는 한계를 드러내고 있었다. 당시 복음주의권은 특수한 '상황'에 대해서는 치지도외置之度外했고, 그런 식견을 가진 전문가들을 양성하지도 않았다. 그러니 어떤 특집을 하려고 하면 필자를 구하는 데 한계를 느끼지 않을 수 없었다. 간행 초기에 두 달치를 묶어 합본호로 간행한 것이 더러 보이는데, 그것은 경영상의 문제도 있었지만 주된 이유는 필자를 찾지 못해 원고를 제대로 받을 수 없었기 때문이다. 그런 상황에서는 진보적인 그리스도인 혹은 비기독교인 중에서 필자를 찾아야만 했다. 이 같은 복음주의권의 한계는 '복상'의 정체성 문제 제기의 빌미가 되었다. 오늘날 진보와 보수의 연대가 별로 문제가 되지 않는 상황에서 본다면 복음주의자들이 그때 그렇게 속이 좁았나 하는 생각을 하게 된다. 참고로 1호부터 21호(1993년 7-8월호)까지 기획 혹은 특집 제목만 나열하여 독자들의 이해를 돕고자 한다.

80년대 학생운동에 대한 평가 / 사회주의권 개혁과 기독교 / 한국 현대사에서 광주항쟁이 갖는 의미(기획), 한국 교회와 정교분리(특집) / 말씀과 교회의 토착화 / 위기신학으로서의 메시아니즘이 갖는 특징들 / 하나님, 역사, 역사가 / 한국 교회의 위기와 종말론 신드롬(기획), 새 하늘과 새 땅(특집) / '92년 선거와 기독인의 자세(기획), 사회주의권 선교의 과제와 전망(특집) / 기독교와 정당 / 한국 교회와 교회정치 / 복음주의를 다시 생각한다 / 종교개혁의 전통을 어떻게 계승할 것인가 / 한국 복음주의운동의 현주소 / 대통령 선거와 한국 기독교 / 전환기의 한국 사회와 한국 교회 / 한국, 한국인, 한국 교회 / 김영삼 정권의 출범과 한국 교회의 나아갈 길 / 하나님나라와 기독교왕국 / 하이테크 시대의 영성과 기독운동 / 외국인 노동자, 어떻게 그들의 이웃이 될 것인가 / 탈냉전 시대의 통일, 어떻게 준비할 것인가

정체성 논란을 극복하기 위해 편집자문위원 기능을 강화하기로 하고 손봉호, 김세윤, 김일수, 이승장, 김지철, 송인규를 맞아들이고, 편집인(김호열)과 편집위원들도 대폭 교체했다. 그래도 정체성 논란이 가라앉지 않자 발행인에 손봉호, 홍정길을 맞아들여 네 사람의 발행인 시대가 되었다. 신학·신앙의 정체성과 교계를 배려한 조치였다. 이런 변화 속에서 '복상'을 위해 자기재산까지도 끌어들인 김호열 편집인이 스스로 물러났다. '복상'의 면모도 일신하겠다는 의도에서 판형도 22호(1993년 9월호)부터 사륙배판 104면으로 발행하게 되었는데, 그 뒤 42호(1995년 5월호)부터는 신국판으로 다시 바꾸었다.

정체성 위기는 그럭저럭 넘겼다 하더라도 계속되는 재정적자는 해결할 방법이 없었다. 누적된 적자는 재정 책임을 맡은 두레선교회도 압박하게 되어 1997년 2월호를 끝으로 두레선교회가 후원을 마감하게 되었고 하는 수 없이 폐간 안내까지 공지하게 되었다.

'복상'의 폐간은 복음주의권의 젊은이들과 '상황'을 그리스도교적인 관점에서 이해하는 데 도움을 받아왔던 독자들을 안타깝게 했다. 우창록(법무법인 율촌 대표변호사)도 그 한 사람이다. '복상'의 가치와 역할을 누구보다 눈여겨봐온 그는 '복상'이 회생할 다른 방안을 찾을 때까지 잠정적으로 재정적인 책임을 맡겠다고 나섰다. 기사회생의 순간이었다. 아마도 그가 63호부터 통권 100호가 될 무렵까지 재정적 책임을 맡지 않았는가 생각된다. 따라서 '복상'이 이날까지 간행되고 있는 것은 어려운 책임을 스스로 졌던 우창록을 기억하는 것이 좋겠다.

그 뒤 2000년대가 되면서 '복상'에는 큰 변화가 오게 되었다. '복상'을 중심으로 성장한 복음주의권의 운동방향을 '복상'과 '복상포럼'으로 개편, 분리했다. '복상'은 이사회 제도로 운영키로 하고, 2000년에는 홍정길을, 2003년에는 이승장을 이사장으로 영입하였다. 그런 몸부림에도 불구하고 재정악화가 근본적으로 해결되지 않아 '복상'은 2004년 10월 154호를 끝으로 더이상 발간이 어렵게 되었다. 다시 폐간의 위기를 맞았다. 폐간이냐, 다른 방식의 생존이냐의 문제를 두고 필자를 찾은 몇 분에게 필자는, 잡지란 한 시대의 시대적 사명을 다하면 죽는 것이 오히려 떳떳하며 그래야만 정당한 평가를 받을 수 있다고 권했다. 그러나 '복상'은 그런 기로에서 〈뉴스앤조이〉로부터 통합 제의를 받아 〈복음과상황〉과 〈뉴스앤조이〉를 통합한 'GN 커뮤니케이션'이라는 새로운 주식회사 설립을 선택했다. 그 후 GN 커뮤니케이션은 2006년 11월까지 2년간 〈복음과상황〉을 격주로 발간했으나, 2006년 11월부터는 월간으로 환원하면서 이사장에 박은조, 김정명을 세웠고, 그 기간에 발행인은 이문식, 박철수가 맡았다. 그러다가 최근에는 후원이사 30명 모집 등 '복상'의 재정자립을 위한 여러 방안들이 모색되어 박종운 이사장, 김회권 발행인 체제로 새로운 전기를 맞았다.

'복상' 20년의 의의를 언급하는 것으로 이 글을 마무리하고자 한다. '복상'이 손에 쥔 것 없이 20년간 지속되어온 것은 인간의 생각으로써는 풀 수 없다. 그러기에 '하나님의 섭리'로 해석할 수밖에 없다. 몇 번의 재정 및 정체성 위기에도 불구하고 오늘에 이른 것은 아직도 그 사명이 있기 때문일 것이다. 사명이 존속하는 한 유기체는 물론 공동체도 지속되는 것이다. 아직도 복음주의권을 포함한 한국 그리스도인들은 '복상'의 역할과 사명을 필요로 하는 것일까? 출발 때의 그 이념과 지향이 얼마나 효력을 유지할 수 있을지는 알 수 없으나, '복상'이 출발 때에 가졌던 '하나님나라' 이상과 '로잔 언약'의 행동 강령은 '복상'의 이념적 토대로서 아직도 유효하다고 본다. 이를 토대로 하여 시대변화에 따라 새로운 이념과 지향을 전략적으로 모색해가야 할 것으로 본다.

'복상'은 그동안 많은 필자와 독자를 엮어 다양한 영적·지적 공동체를 형성하는 데 크게 기여했다. '복상'은 당시까지 숨겨졌던 많은 필자를 개발했고, '복상' 지면을 통해 많은 필자들이 성장했다. 초기에 피동적 입장에 있던 독자층이 20년 후에는 새로운 필진으로 등장하기도 했다. '복상'을 가교로 하여 복음과 상황을 연결시켰을 뿐만 아니라 복음을 통해 상황을 재발견하고 상황 속에서 복음이 기능해야 할 영역을 개발했다. '복상'은 각 영역을 통합적으로 개발, 연결시키고 그걸 동력화해 무기력한 그리스도인들을 행동하는 영적 복음주의자들로 성장시켰다. '복상세대'란 말은 이런 추세를 함의할 것이다. 따라서 한국의 복음주의권이 영성적·정적 공동체에서 행동할 줄도 아는 동적 공동체를 지향하게 된 데는 '복상'의 영향력이 컸다고 본다. 이것은 '복상'이 존속하는 한 피할 수 없는 과제라고 본다.

끝으로 간단히 제언하는 것으로 이 글을 끝맺겠다. '복상'이 20년 동안 계속되었지만 앞으로 계속 간행한다고 할 때 정체성 문제는 다른 측면에서 다시 고민해봐야 한다. 정체성 문제는 잡지의 수준 문제와도 관련된 것이다. 시대가 변하기 때문에 상수로서의 '복상'의 이념과 지향은 변수로서의 시대적 과제를 포용해야 한다. 또 잡지가 타깃으로 하고 있는 세대와 소통하기 위해서는 그 세대가 공유하는 문제의식과 언어에 직면하지 않을 수 없다. 그렇더라도 과제를 분석하고 해결하는 사상과 언어는 신중해야 하고, 특수성을 훼손하지 않으면서도 보편적 가치를 상실하지 않아야 한다. 잡지란 한 세대의 언어를 담는 용기이기도 하지만, 돌출언어가 여과되지 않으면 생명을 잃게 된다는 우려도 고민해봐야 한다. 적어도 '복상'에 오른 테마와 내용은 그 세대가 공유·고민하면서 숙성시켜가야 할 가치가 있는 것이면 더 좋을 것이다.   _ 2010. 12. 28. 〈복음과상황〉

한국 교회의 죄책 고백 문제

광복 60주년을 맞아 한국은 과거사 청산이라는 과제에 직면하게 되었다. 과거사 청산이 죄책 고백을 통해 화해를 이루는 데까지 갈 수 있다면 가장 이상적이다. 그러나 과거사에 관련된 당사자들이나 기관들이 이 문제에 대해 소극적으로 나올 뿐만 아니라 때로는 여론을 통해 역공격에 나서는 경우를 보면서 안타까운 심정이다.

한국은 지난 100년간의 역사에서 남북분단과 지역 간의 갈등, 부정과 부패, 군부독재 등을 겪었다. 해방 60주년을 맞아 과거사 문제를 법으로 해결하려는 정치사회에 대해 교회가 먼저 죄책 고백에 나서야 한다고 주장하는 것은 한국 교회의 성숙성을 기대하기 때문이다. 모든 것을 법으로만 풀 수는 없다. 사랑과 화해를 강조하는 그리스도 교회가 죄책 고백을 유도할 수 있다면 분명히 교회는 시대적 사명을 자각하고 완수하는 것이라고 생각된다. 외국의 사례들도 참고하면서 한국 교회의 죄책 고백 문제를 생각해본다.

제2차 세계대전이 끝난 이후 독일 교회는 죄책 고백을 했다. 독일 정부는 한걸음 더 나아가 거기에 따른 책임도 지고 있다. 필자는 최근 베를린을 방문하고 2,700여 개나 되는 돌기둥으로 이뤄진 홀로코스트 기념물과 그 아래층 지하의 기념관을 돌아 보면서 많은 감동을 받았다. 이것은 그들의 죄책 고백의 한 실 체이면서, 다시는 이런 일을 되풀이하지 않겠다는 각오를 표시 한 것이다. 독일은 유대인 학살에 대해서는 법적으로 공소시효 를 없앤 채 끝까지 그 범죄에 대해 책임을 묻고 있다.

프랑스도 비시정권에서 유대인 관련법을 만든 데 대해 뒷날 죄책 고백을 했다. 일본은 독일처럼 정부 차원의 죄책을 인정한 적이 없다. 그러나 교회는 죄책 고백을 한 적이 있다. 특히 '종 전' 50년을 맞는 시기를 전후해서는 여러 교단과 기관에서 죄책 고백을 한 바 있다.

나라에 따라서는 과거사에 대한 죄책 고백을 통해서 화해를 추구하는 경우도 있다. 그들 나라들은 꼭 전쟁이나 유대인 학 살에 가담했기 때문에 그렇게 한 것은 아니다. 오랫동안 인종차 별로 갈등을 빚던 남아프리카공화국은 흑인정권이 들어서면서 '진실과화해위원회'를 만들어 죄책 고백을 유도하고 이 죄책 고 백을 통해서 화해를 실현했다. 2차 대전 후 독재를 경험한 많은 나라들도 역시 이 방법을 썼지만 남아프리카공화국만큼 효과를 거둔 것은 아니다.

한국 교회에서도 죄책 고백이 전혀 없었던 것은 아니다. 우선 '신사참배 죄책 고백'을 들 수 있다. 한국 교회는 해방 후 '신사참배'를 회개하는 두 차례의 결의를 남겼다. 1938년 제27회 총회에서 '신사참배는 국가의식이다'라고 결의하고 신사참배를 용인한 데 대해, 1946년 6월 서울에서 열린 남부총회에서 '취소 결의'를 한 적이 있고, 1954년 4월 안동에서 열린 제39회 총회에서 이른바 '취소 성명서'를 발표한 바가 있다. 그러나 뒷날 신사참배 회개를 자주 주장하는 것을 보면 죄책 고백의 차원에 이르지는 않았던 것 같다. 또 군부정권에 한국 교회가 협조한 사실을 두고 1996년 1월 1일, '복음주의권 지도자들의 한국 교회 회개를 촉구하는 성명서'가 발표되었다(이만열, 〈한국현대사와 과거청산의 문제〉 참조). 그 뒤 1997년 합동 측에서 217명의 한국 교회 지도자들의 명의로 '종교개혁 제480주년 기념 한국 교회참회록'을 발표하면서 신사참배 사건을 포함하여, 독재정권을 위해 삼선개헌을 지지하고 유신헌법을 지지한 성명을 발표한 일 등 몇 가지를 회개한다고 했다.

이 밖에도 1988년 2월 29일의 '민족의 통일과 평화에 대한 한국기독교회 선언'을 발표하면서 그 선언문 안에 죄책 고백 부분을 포함시켰다. 이 선언문이 생명력을 얻게 된 것은 바로 죄책 고백 부분이 있기 때문이라고 지적되었다(이만열, 〈'민족의 통일과 평화에 대한 한국기독교회 선언'(1988)의 역사적 의의〉 참조).

한국 교회의 이같은 죄책 고백에 대해서 그 진정성 여부를 말하고 싶지 않다. 다만 한국 사회가 광복 60주년을 맞아 과거사 문제로 고민하는 이때, 한국 교회도 일정한 책임을 공유하면서 죄책 고백에 나선다면 사무엘의 미스바 성회처럼 교회사와 민족사에 큰 전기를 마련할 것이다. 죄책 고백은 첫째, 기독교적인 건전한(성숙한) 인격을 위해서, 둘째, 우리 사회의 화해를 위한 전제 조건으로서 중요한 것이다. 죄책 고백은 과거사의 파괴 대신 복원을 위해서도 꼭 필요한 것이라고 생각한다. 가령 일제 하에 간행된 한국의 두 신문이 과거사에 대해 죄책 고백을 할 용기를 갖게 된다면 그들이 일제 강점기에 이룩한 많은 민족적인 업적들이 되살아나 민족사를 한층 풍요하게 만들 수 있을 것이라고 본다.

한국 교회가 이 시점에서 죄책 고백을 한다면, 정치·사회적인 것으로 민족분단 문제에 일정하게 영향을 미친 것을 비롯하여 휴전협정에 반대한 것, 이승만 정권에 협조해서 부정선거에 관여한 것, 5·16군사쿠데타를 지지하고 그에 편승한 것, 1980년에 전두환 신군부의 장도를 축복해준 것 등을 먼저 죄책 고백해야 할 것이다. 교회적인 점과 관련해서는, 그리스도교를 기복화한 것, 잘못된 축복관에 입각하여 성장주의·세속주의·물량주의를 부추겼던 것, 이원론적 신앙행태를 강조하고 있는 것, 일부 대형교회가 교회를 사유화하고 세습화하는 것 등을 축약해서 말할 수 있을 것이다. 그리고 인구의 25퍼센트가 기독교인이라고 하면서도 이 사회에 정직·근면·절제의 기독교적 윤리를 확립하지 못한 것과 기독교적인 가치관(노동관, 청지기관, 지배자관 등)을 확립하지 못한 것도 회개해야 할 것이다. 한국 교회의 분열상은, 그것이 민족과 사회의 갈등을 선도했고 한국 교회 타락의 주범 노릇을 했다는 점에서, 크게 회개해야 할 것이다.

죄책 고백은 그 대상을 분명히 해야 하는데, 먼저 하나님께 해야 할 것이고 나아가 국가와 민족, 이웃에게 해야 할 것이다. 죄책 고백의 형태는 사적·지역적·교회적으로 이루어져야 할 것이고 교단 혹은 범교단적 죄책 고백도 필요할 것이다. 후자의 경우, 정치·사회적인 문제를 다루어야 하며 이를 위해서는 공식적인 특별위원회가 주관하되 한국 그리스도교의 이름으로 해야 할 것이다. 독일이나 일본, 프랑스 같은 곳에서는 거의 교단이나 범교단적 연합체를 가지고 죄책 고백에 임했다. 따라서 위원회를 만들어서 죄책 고백 운동을 심화·확대시켜야 할 것이다. _ 2005. 10. 6.

표절과 그 두둔 세력

복수의 증언자들로부터 들은 이야기니까 아마도 틀림이 없을 것이다. 사랑의교회 목회자로 말미암아 제기된 표절 시비는 이제 그 불똥이 엉뚱하게 다른 곳으로 번지고 있다. 본인이 그 표절을 시인했다고 하니 진실 게임에서는 진일보한 상태지만, 그 여파는 아프리카와 LA로 튀고 있어서 걷잡을 수 없다. 목회자에게 왜 학위가, 그것도 두 개씩이나 필요한가에 대한 의문은 이런 상황이라면 접는 것이 좋다. 문제는 학위 다음이다. 표절이 사실이라면 사퇴하겠다고 한 약속은 온데간데없고, 오히려 표절행위를 두둔하는 세력이 나타나고 있다는 것이다. 이에 대해서 큰 우려를 표하지 않을 수 없다. 한국 교회, 특히 복음주의 진영에서 그런 두둔 세력이 결집되고 있다고 하니, 한때 복음의 순수성을 자신들의 전유물이라도 되듯이 주장하면서 도덕적 우위를 과시했던 이들에게는 청천벽력 같은 이야기가 아닐 수 없다.

표절 문제가 불거졌을 때 나도 측근에게 이번 문제는 관여하고 싶지 않다고 했고, 관여하지 않도록 권고했다. 전에 사랑의 교회 건축 문제로 성명서를 발표할 때 앞장선 적이 있기 때문에 이번 표절 문제에 다시 관여함으로 그 교회 문제에 유독 목을 매는 듯한 인상을 주고 싶지 않았다. 표절 문제는 단순하고 명백해서 교회건축 문제와 뒤섞어서 문제를 복잡하게 만들어서는 안 되며, 따라서 교회를 어려운 수렁에 빠뜨리지 않으려면 당자 스스로가 상식적인 선에서 결단하는 것이 최선의 길이라고 믿고 있었다. 적어도 지금까지의 그의 영적 지도자로서의 존재는 외부의 어떠한 달콤한 유혹에도 불구하고 스스로 결단할 수 있는 영적 통찰력을 갖고 있다고 믿어왔다. 그의 결단이 섬기는 교회는 물론 수렁에 빠져들고 있는 한국 교회에 참신한 기풍을 불어넣는 길일 수도 있다는 일말의 기대마저 갖고 있었다. 또 다른 이유로는 그가 결단하지 않을 경우, 그동안 복음적 정통과 도덕적 우위를 '과시'해온 한국의 복음주의 진영에서 이 문제를 좌시하지 않으리라는 확신도 있었다.

그러나 상황은 전혀 다른 방향으로 흘러가고 있다. 변명으로 일관한 본인은, 박사학위 논문을 제대로 써본 사람이라면 도저히 이해할 수 없는, 상식 밖의 방향으로 일을 진행시켰다. 원저자의 허락을 받아 게재했다는 변명부터가 꼬이는 시초다. 논문을 인용하는 데에 왜 원저자의 허락이 필요한가? 인용할 때는 정확하게 주註만 달아주면 된다. 이건 국내에서 심심찮게 발견되는, 통째 베껴놓고 레퍼런스마저 붙이지 않는 '해적행위'와는 다르다. 또 논문을 수정했다면서 이미 사망한 논문심사자의 서명을 붙인 것은 무슨 해괴한 노릇인가? 이런 과정들은 학위논문의 생산과정을 정확하게 지실하는 분이라면 있을 수 없는 치명적 실수다. 거기에다 최근 당해 대학교가 표절을 인정하고도 학위논문을 취소하지 않겠다고 한 데 대해서는 더 실망하지 않을 수 없다. 그럴듯한 변명을 늘어놓은 것을 보면 논문심사 때와 같은 형식적 절차는 밟은 것 같다. 그러나 표절을 인정하고도 그 논문의 창조성이 인정되기 때문에 학위를 취소하지 않겠다는 말에는, 그 대학에서 학위를 받으신 다른 분들에게는 대단히 죄송한 말이지만, '그 밥에 그 나물'이라는 의구심을 지울 수가 없다. 따라서 이런 오해를 받지 않으려면, 그 대학에서 학위를 받은 동창들이 학교 당국과 협의하여 문제를 풀어가는 것도 하나의 방법일 수가 있다.

　표절이 인정된다면 학문적인 '도둑질'을 했다는 그 사실만으로도 학위가 취소되어야 함이 마땅하다. 표절을 인정했다는 것은 논문의 첫 심사가 그만큼 허술했다는 것을 의미하는 것이지만, 그럴 때는 자기의 살을 베는 듯한 아픔으로 학위 취소를 결단해야 한다. 그만큼 박사학위 논문에는 학교의 명예가 걸려 있고, 첫 심사에서 표절을 걸러내지 못한 무능까지 엄격한 검증의 대상이 되어야 한다. 박사학위 논문은 그 내용만 문제되는 것이 아니고 도덕적 권위도 지니기 때문에, '표절'이라는 도덕적 하자가 발견될 경우에는 그 하나만으로도, 학교의 명예가 실추된다는 부끄러움을 무릅쓰고 학위 취소를 감행하는 것이 상식이다. 그래서 웬만한 국내 대학의 박사학위 논문 규정에도 뒷날 문제가 생겼을 경우에는 학위를 취소한다는 단서를 달아놓고 있다. 그 대학에는 그런 단서도 없었던 것일까?

표절 문제가 등장하고 난 뒤에 본인의 분명하지 못한 태도는 물론이고 그 교회 당회가 취한 태도는 실망스럽기 짝이 없다. 표절이 밝혀졌으니 본인이 약속한 대로 약속에 상응하는 조치를 취하는 것이 당연하다. 당회는 교회가 처한 교회당 건립 등 복잡하게 얽힌 문제를 고려했을 것이다. 그러나 어렵고 복잡할수록 원칙에 충실해야 한다. 이런 때야말로 인간적인 방법이 아니라 하나님의 방법을 물어야 한다. 목회자들이 잘 사용하는 '하나님께 맡기자'는 외침은 이런 때를 위한 것이다. 그 교회가 그렇게도 존경했던 전임 교역자의 뜻이 이런 때에 어땠을까를 묻는 것은 자연스러울 것이다. 그래, 전임 교역자 같았으면 이런 때에 어떤 답을 냈을까?

최근에는 어느 신학교의 교수들이 표절 행위를 두둔 내지는 두호하는 듯한 의견을 개별적으로 표명했단다. 그러다가 집단적 의사표명에 나설 움직임을 보이고 있다고 한다. 김 모, 박 모 교수 같은, 평소 인격으로 봐서는 도무지 믿기지 않는 분들의 행동이어서 처음 들었을 때 내 귀를 의심했다. 그러나 그게 사실이라면 그들의 학자적 양심은 이런 문제에는 통용되지 않는 것인지 의심하지 않을 수 없다. 학자적 지성이 표절 두호에 이용되고 있다면 "네 많은 학문이 너를 미치게 만들었다"(행 26:24)는 비난 또한 면치 못할 것이다.

표절 두호 세력에는 새로운 목회윤리 표방에 관여한 인사나 단체도 관련되어 있다. 항간에는 그런 단체들이 침묵을 지키는 이유를 사랑의교회로부터 받는 이해관계와 관련시키기도 하는데, 사실이라면 있을 수 없는 일이다. 목회윤리 제정 멤버였던 이 모 목사는 언론을 통해 표절을 옹호하고 있어서, 그의 과거의 행적에 비춰볼 때 참으로 딱하게 보인다. 더구나 표절 논문이 교수 채용 등 학문활동에 활용되지 않았다는 이유로 그를 옹호하는 것은 해괴하기 짝이 없는 논리다. 만에 하나, 이런 논리를 가진 이들 때문에 한목협(한국기독교목회자협의회)에서 표절에 대한 공식적인 입장을 나타내지 않는다면, 이는 한목협이 고故 옥한흠 목사 이래 지금까지 가졌던 자기정체성을 부정하는 것이나 다름없다.

이번 표절 사건은 한국 교회의 거짓을 폭로하는 계기가 되었다. 표절행위와 그 두둔 세력은 하나님을 기쁘시게 하고 있을까, 아니면 자신들의 의도와는 달리 사탄을 신바람 나게 하고 있을까? 두호하는 이들을 보면 미가야 선지자가 언급한 '거짓 말하는 영'(왕상 22:22)을 떠올리게 된다. 대안이 없다는 식으로 이번 사건을 뭉개고 두호한다면, 한국 교회의 거짓과 불신앙을 가속화하는 결과를 가져올 것이다. 걸핏하면 나오곤 하는, "모든 것을 믿고 하나님께 맡기라"는 목회자들의 외침이 이런 때만큼 절실할 때가 없다. 그런데도 왜 하필이면 이런 때에는 그 외침이 숨을 죽이고 있는지 궁금하다. 대안이 없다는 이유로 이번 사건을 뭉개버리려는 이들은 인간의 절망 위에서, 인간적 대안 없음 위에서 역사를 새롭게 시작하시는 하나님의 능력을 믿어야 하는 것이 아닌가? 표절 당사자도, 교회 당회도, 두둔 세력으로 등장하는 교수군도, 그리고 한목협의 어정쩡한 지도자들도 인간의 판단 위에 역사하시는 하나님의 선하시고 기뻐하시는 뜻에 따라 결단해야 한다. 인간적 판단력과 통찰력 밖에서 역사하시는 하나님을 믿고 순종하는 마음으로 겸손히 그의 인도를 따라야 한다.

과거 한국 장로교회는 여러 차례 분열된 경험을 갖고 있다. 신사참배 회개 문제는 1952년 고신의 분열을 가져왔고, 신학상의 갈등은 1953년 기장의 분열을 가져왔으며, 세계교회협의회 WCC 문제 등으로 1959년 통합과 합동이 분열되었다. 1969년 삼선개헌 문제로 한국 교회는 진보와 보수의 경계선을 분명히 했다. 그러나 북한 돕기를 계기로 1993년 남북나눔운동이 결성되는 등, 보수와 진보가 손을 잡는 기적도 있었다. 왜 이 말을 하는가? 표절 문제가 두둔 세력과 비판 세력으로 나눠져 계속 쟁론을 벌이게 되면, 사랑의교회는 물론 한국 교회의 소위 복음주의 진영도 분열되지 않으리라는 보장이 없다. 이 가속화되어가는 예감은 나만의 것일까?

지금은 표절 시비의 한가운데 서 있는 당사자가 교회를 위하는 길이 무엇인지를 살피는 통찰력을 가져야 한다. 더 이상 자신을 두둔하는 세력 뒤에 숨어 있어서도 안 된다. 자신을 잘못된 판단으로 유도하는 '아부세력'에 의존해서는 더구나 안 된다. 반대로 뒤에서 이들을 조종하는 듯한 모습을 보여서도 안 된다. 지금이야말로 자신을 내려놓고 결단해야 할 때다. "하나님만 바라보십시오", "하나님만 의지하십시오"라고 외쳤던 자신의 말을 실천으로 보여주어야 할 때다. 지금까지 자신의 행동을 정당화해왔던 전임 목회자의 뜻이, 이런 상황을 맞았을 때 과연 어떻게 나타났을까를 재삼 숙고하면서, 사랑의교회와 한국 교회 전체에 정의를 세우고 화해를 추구하는 방향으로 결단해야 한다. 두둔 세력 또한 그가 이런 용기 있는 결단을 할 수 있도록 힘을 실어주어야 한다. 이 글을 쓰는 필자도 그렇지만, 그와 마찬가지로 두둔 세력 또한 하나님의 심판 아래 있음을 직시하자.

_ 2013. 6. 3.

그들은 천당이 있다고 믿을까

지난 해 말 어느 목회자의 은퇴식에 참석했다. 기획력이 뛰어난 그는 자신의 은퇴식을 계획대로 한 치의 오차도 없이 잘 진행했다. 그날의 화려한 행사에서 천국의 황홀함 같은 것을 느꼈다. 교우들의 복장은 물론이고 찬양대도 은퇴식을 위해 작곡한 특별음악을 연주했다. 강단에서는 그분의 사역을 상찬하는 데 입을 모았다. 선물 증정에 은퇴기념논문집까지 헌정되었으니 지극한 찬하를 받은 셈이다. 은퇴식이 진행되는 동안 이런 말이 떠올랐다. "저분들은 과연 내세가 있다고 믿을까?" "이 땅에서 저런 대접을 받았으니 천당 가서도 또 같은 대접을 받을 수 있을까?"

문득 한경직 목사님의 다음 말씀이 생각났다. "목사님들, 예수 믿으십니까?" 어떤 정황에서 그런 말이 나왔는지 알 수 없다. 그러나 목사님들을 보고 '예수 믿으시냐'고 한 질문은 질문이 아니다. 분명 다른 뜻이 함의되어 있을 것이다. 아마도 "그래가지고서 예수 믿는 목사라고 할 수 있겠소?"라는 말이거나, 아니면 소위 내로라하는 '목사들'을 향해 던진 '야유'가 아닐까. 혹은 천국과 지옥을 입버릇처럼 말해온 목사님들에게 '이 지옥 갈 천하의 고얀 사람들'이라고 대놓고 말한 것은 아닐까? 다만 한경직 목사님이 그런 모진 말을 할 성품이 아니어서 그렇게 우회적으로 표현한 말은 아닐까?

은퇴식 이야기를 하면서 애꿎게 한경직 목사님까지 끌어들였다. 연관이 없는 듯하지만, 매우 밀접히 관련되어 있다. 최근 여러 목사님들의 은퇴 이야기를 들으면서, 그들이 평생 복음을 전한 분들이라면 정말 그렇게 할 수 있을까 할 정도로 심각한 사건들을 많이 접했다. 그들이 은퇴에서 보이는 모습은 자신들이 외치고 가르쳤던 것과는 전혀 일치하지 않았다. 왜 그럴까?

은퇴식의 화려함 못지않게 눈살을 찌푸리게 하는 것은 과다하게 물적 보상을 요구하는 행태다. 때로는 거래 형식으로 나타난다. 그 유형을 여기에 다 밝힐 수는 없으나, 평소 물질에 초연해 보였던 목회자들이 은퇴 때가 되면 상식을 뛰어넘는다. 그런 요구는 그동안 보였던 '주님의 종'의 모습을 표변시켜버린다. 우리 사회는 여러 시행착오를 거쳐 은퇴 때의 보상기준을 대강 마련했다. 그러나 교회는 그런 기준을 무시하고 갖은 궤변으로 예외 기준을 만들고 변호한다. 대형교회만 그런가 했는데 중소교회도 마찬가지다. 상식을 벗어난 은퇴예우는 점차 관행화되어가고 있다. 어떤 교회에서는 상상하기 어려울 정도로 일시불 얼마에 월정액 얼마, 거기에다 교회에서 설립한 기관의 운영권 혹은 특정건물 사용권 등을 요구하고 있다. 다음에 무슨 소릴 할지 모르니까 그걸 약정서로 만들어두잔다. 작은 교회도 거액의 일시불과 월정 생활비를 지급한다. 이 같은 현상은 일반 사회에서도 극히 예외적인 경우다. 자신이 봉사했던 교회에 이런 짐을 떠맡기는 것은 목자牧者의 자세가 아니다. 겉으로는 '은혜스럽게' 결정되었다지만, 거의 '강제적'이다. 은퇴 때의 이런 모습에서 '악마'의 얼굴을 보았다면 지나친 표현일까?

목회자들은 평생 하나님이 동행한다고 주장했고, 사랑과 공의의 하나님을 믿으라고 가르쳤다. 인간은 이 세상에서 끝나는 것이 아니고 도래할 하나님의 나라에 가야 하며, 이 세상은 최후의 심판을 맞는다고 가르쳤다. 인간 개개인도 죽음을 맞는 날 하나님의 표준에 따라 심판을 받는다고 외쳤다. 하나님은 선한 자에게 상을 주시고 악한 자에게 벌을 주시는 상선벌악賞善罰惡의 심판주라고도 가르쳤다.

이렇게 가르친 목회자들이, 자신은 그 말씀에 적용되지 않는 양, 은퇴 때에 추한 모습을 보이면서 교회는 물론 사회까지 혼탁하게 한다. 은퇴시의 추한 모습은 그가 목회자로서 '양떼'들에게 가르친 모든 교훈을 한판으로 뒤엎어버린다. 목회의 마지막 순간에 그들은 선한 목자가 아니라 거짓된 삯군이요, 이리떼였음을 확증시켜준다. 특히 교회 설립자가 은퇴할 경우에 이런 폐단은 자심하다. 이때 은퇴하는 목회자의 요구는 때로 인간의 상상을 초월한다. '하나님의 종'에 대한 회의는 '악마적 욕심'에 대해 저주하면서 교회를 떠나는 이들마저 양산한다. 이럴 때 "누구든지 나를 믿는 이 작은 자들 중 하나라도 실족하게 하면"(막 9:42)이라는 말씀이 연상된다. 그들에게는 적용되지 않는 말씀일까? 양떼들을 '젓 담그는' 저 같은 사실은 뒷날 한국 교회사에 부패와 쇠망의 요소로 꼭 기록될 것이다.

한국 교회에서 관행화되어가는 은퇴비리 문제는 심각한 수준에 이르렀다. 성경은 선행에 대한 지상의 보상을 강조하지 않는다. 도래할 하나님의 나라에서 보상받도록 "오직 너희를 위하여 보물을 하늘에 쌓아두라"(마 6:20)고 강조한다. 선행을 하면서 나팔을 불지 말 것은 은밀한 중에 계시는 아버지의 갚으심을 받기(마 6:4) 위함이다. 은퇴에 대한 땅 위의 보상은 하늘의 상과 양립될 수 없다. 그렇다면 더욱이 교회사역에 대한 과다한 보상은 성경적일 수 없다. 오히려 '부자와 나사로 비유'에서 아브라함이 음부의 고통 중에 신음하는 부자에게 "얘 너는 살았을 때에 좋은 것을 받았고 나사로는 고난을 받았으니 이것을 기억하라. 이제 그는 여기서 위로를 받고 너는 괴로움을 받느니라"(눅 16:25) 하는 책망을 상기시킨다. 화려한 은퇴로 하나님의 영광을 가린다면, 하나님의 영광을 훔친 헤롯의 운명(행 12:23)이 될까 두렵다.

은퇴가 목회의 종착역이라면 목회자는 그 종착역에서 구름같이 운집한 성도들을 향해 자신이 그동안 외치고 가르쳤던 복음의 확실성을 입증해 보여야 한다. 그동안 수없이 외쳤을, 40년 광야생활에서도 이스라엘 백성을 먹여 살렸던 그 하나님을 믿는다면, 오병이어로 5,000명을 먹이셨던 그 주님을 믿는다면, 공중의 새를 먹이고 들의 백합화를 입히시는 하나님의 은혜를 믿는다면, 은퇴 후 여생을 염려하여 '양떼'들에게 의혹의 짐을 지울 수가 없다. 은퇴시의 후례厚禮는 어쩌면 순간적인 유혹이요, 평생 목회의 시험대와도 같다. 그런 유혹에서 벗어나지 못해서일까? 믿음 없는 자가 되지 말라는 예수님의 음성이 들리는 듯하다.

독버섯처럼 번져가고 있는 은퇴비리 문제는 이제 더 이상 개 교회 차원의 문제가 아니다. 교단 차원, 아니 전 기독교 차원의 회개와 대책을 요구한다. 이 때문에라도 한국 교회의 공교회성은 회복되지 않으면 안 된다. 대형교회를 중심으로 번져가는 개 교회 차원의 무절제성은 공동적 차원의 강제성을 띤 자정운동을 절실히 요청한다. 목회자들이 품앗이하듯이 이웃 교회를 기웃거리면서 은퇴목회자 예우를 설교를 통해 '협박'한다. 이게 자기 얼굴에 침 뱉는 것과 무엇이 다를까?

한국 교회에 은퇴 시에 비리만 보이는 것은 아니다. 아름다운 모습을 보이는 목회자들도 있다. 은퇴가 평생 목회의 완결편이라고 한다면 그런 목회자의 은퇴 모습은 존경과 귀감의 대상이다. 그들의 은퇴에서 평생 동안의 목회 이상의 진한 감동을 받는다. 그들에게서 예수님의 모습을 발견한다면 과장된 표현일까? 그들은 은퇴 시에 교회에서 마련한 각종 후례를 마다하거나 선한 일에 희사하면서 오히려 자신이 목회자로서 '양떼'들과 함께 보낸 세월을 감사하며 축복 속에 짐을 벗는 아름다운 모습을 보인다. 이 시대에 성자가 따로 없다. 이들이야말로 성자다. 한국 교회의 길지 않은 전통에서 그런 '성자'를 발견한다는 것은 자랑이요 기쁨이다. 이런 '하나님의 아들들'이 출현하기를 고대하는 것은 비단 한국 교회뿐만이 아니다. 피조물들도 고대하고 있다(롬 8:19). 그들 중에는 거명하면 금방 알 수 있는 이들도 있다. 그들의 신앙은 "명령받은 것을 다 행한 후에 … 우리는 무익한 종이라 우리가 하여야 할 일을 한 것뿐"(눅 17:10)임을 고백하는 충성된 종들의 모습 그것이다.

은퇴 시에 무얼 남겨야 할 것인가? 자신이 평생 가르친 말씀의 열매를 최후로 보여줄 것이다. 신앙적 인격과 남모르게 쌓은 덕은 하나님 자녀의 깨끗한 이름을 보장한다. "내가 그리스도를 본받는 자가 된 것같이 너희는 나를 본받는 자라 되라"(고전 11:1)는 바울의 고백은 위기에 처한 한국 교회에 그래서 더 절실히 요청된다. 이것이 목회자가 역사에 사는 길이다. 아울러 기로에 선 한국 교회를 살리는 길이다. _2011. 6. 24. 〈복음과상황〉

섬기는 것과 누리는 것

며칠 전 어느 교회의 장로 장립식에서 축사할 기회가 있었다. 두 분을 장로로 세우는 자리였는데, 나는 축사를 한답시고 이런 변명부터 먼저 늘어놓았다. 평소에 어떤 직책을 맡은 분들을 대하는 경우, 나는 "축하합니다"라는 말은 잘 하지 않고 "어려운 일 맡았습니다"라는 말부터 먼저 한다는 것이었다. 축하할 만한 자리일수록 힘이 드는 법이고 여간 일을 잘해도 빛이 나지 않으며, 때로는 그 자리가 취임할 때의 포부와는 달리 곧 자기를 심판하는 자리가 된다는 것이다. 많은 사람들이 평범하게 지내면 자기의 약점이 드러나지 않을 것을, 그런 자리에 앉음으로 부끄러운 과거는 물론 일거수일투족이 발가벗겨지게 된다. 이런 것들을 상정하면, 축사한답시고 축하의 말을 함부로 꺼낼 수 없게 되는 것이다. 때문에 나는 축하를 받을 만한 그런 자리에 오르는 분에게, "어려운 일 맡으셨습니다"라고 오히려 위로하고 격려는 할망정 "축하한다"는 말은 좀처럼 하지 않는다. 그날도 형식적으로는 '축하'하기 위한 '축사'의 순서를 맡았지만 내 마음속에서 우러나온 말은 "어려운 일을 맡으셨습니다"라는 것이었다.

나는 다시 두 분에게 장로라는 직분은 섬기는 직분이지 누리는 직분은 결코 아니라는 것을 강조했다. 섬기는 직분은 오를수록 겸손해지는 법이며 섬길수록 고개 숙이는 것이라고 했다. 직분이 오를수록 섬기는 영역이 넓어지기에 더 세심해져야만 그 섬김의 강도를 높일 수 있다. 때문에 목에 힘을 주면 위만 보이지, 정말 섬겨야 할 낮은 사람들과 약자들은 보이지 않는 법이다. 자기보다 높은 이를 섬기는 것은 세속 사회의 관행이지만, 기독교회의 섬김은 어디까지나 자기보다 낮은 이를 섬기는 데 강조점이 주어져 있다. 마침 그 교회는 지금까지 장애우를 섬기는 공동체로서 그 교회의 목표와 지향점이 약한 자를 섬기는 데에 있기 때문에 그날 장립하는 장로들이 그 교회의 지향점에 더욱 충실하기 위해서는 낮은 이나 약한 이를 더 섬기지 않으면 안 될 것이라고 강조했다.

나는 또 그 두 분이 그날 임직받은 장로직에 너무 오래 머물지 않기를 기대한다고 주문했다. 한국의 장로들 중에는 취임 때와는 달리 장로직을, 섬기는 직분이 아니라 누리는 직분으로 착각하는 이들이 많다. 그 점에서는 목회자들도 예외가 아니다. 대형교회 목회자들이 그 직을 자식에게 세습하는 것은 그 같은 증거다. 장로직은 누리는 직분이 아니고 섬기는 직분이기 때문에, 그 일에 정말 충실하려면 그 직책에 오래 머물 수가 없다는 것이 내 생각이다. 얼마나 많은 한국 교회의 지도자들이 자신들이 맡은 직책을 섬기는 것으로 하지 않고 누리는 것으로 하고 있는지 알 수 없다. 그래서 장립받는 두 분에게는 대단히 미안했지만, 한국 교회의 앞날을 염려하면서, 그 직을 더 성실한 후배들이 맡을 수 있도록 가능한 한 빨리 그 자리를 물러나야 한다고 강조했던 것이다. 이렇게 강조한 것은, 지도자의 자리에 앉기만 하면 오랫동안 그것을 누려야 하는 것으로 배짱 부리면서, 때로는 그 공동체에 짐이 되기도 하고 때로는 공동체 개혁에 걸림돌이 되기도 하는 한국의 현실을 목도했기 때문이다. 교회의 장로든 다른 공동체의 지도자든 자신이 가장 잘나간다고 생각할 그때 물러날 것을 생각하고 준비해야 하며, 그런 지도자가 기억 속에 남는 존경받는 지도자가 될 것이라고 생각한다.

　이 아침에 장로 주변에서부터 이야기를 전개하는 것은 단순히 장로에 국한된 것이 아니라 한국 교회는 물론이고 한국 사회 공직자들의 한 단면을 지적하기 위한 것이다. 공직이란 섬기는 직책이지 누리는 직책이 결코 아니다. 그런데 언제부터인가 공직을 누리는 것, 대접받는 것, 축재하는 수단으로 착각하게 되었다는 것이다. 공직은 대중들을 섬기면서 거기에서 진정한 가치와 즐거움을 발견하는 직책이지, 대중 위에 군림하면서 폐쇄적인 성을 쌓거나 그 직을 이용, 축재하기 위한 수단으로 삼는 것이 결코 아니다. 그래서 공직자를 예부터 공복公僕이라 했다. 공복이란 공공의 종이요, 공공을 섬겨야 하는 종이라는 뜻이다.

공복에서 섬김과 희생이 빠져버리니, 공복의 상징이 권위주의와 뇌물, 보신주의에 복지부동으로 얼룩지게 되었다.

최근 이런저런 일로 동사무소와 우체국에 가보고 변화를 실감하고 기뻤다. 무엇보다 대민관계를 맡은 이들의 친절함에 놀랐고 마음으로부터 감사했다. 그들이야말로 공복의 자세를 몸으로 실천하고 있었다. 그들은 내방객에게 무엇을 도와드리며 무엇으로 섬길까 하는 자세가 몸에 밴 것 같았다. 그러나 언론에 뜨는 공직자에게서는 그 반대의 현상도 경험했다. 공직의 힘으로 백성을 섬기기보다는 백성에게 군림하며, 윗분의 눈치를 살피며 때로는 아부하기에 급급하면서도 백성의 요구에는 아랑곳하지 않았다.

지위나 재물을 참으로 아름답게 누리는 방법은 갖지 않은 이를 그것으로 돕고 섬기는 것이다. 가진 자가 섬겨야 그 사회는 공평성을 유지하게 되고 약자가 사회정의를 실감하게 된다. 가진 자가 자기를 위해 가진 것을 누리면 사회의 불평등은 심화되고 정의는 사그라지게 마련이다. 미국이 오늘날 저런 곤경에 빠지게 된 것도 따지고 보면 언제부터인가 자신들만이 누릴 수 있다고 자만했기 때문이 아닐까. 엊그제까지만 해도 자기에게 한 표를 달라고 외치던 후보들의 목소리가 높았다. 그들이 원했던 직을 갖게 되었을 때, 그 직을 누리는 자가 될 것인지, 아니면 정말 유권자를 섬기는 자가 될 것인지, 이제부터는 마음먹고 그들의 약속을 지켜봐야 하겠다. _ **2001. 10. 27. CBS 칼럼**

5

역사에 살아 있는 사람

그들을 기억한다

옥한흠 목사를 기리며

옥 목사님께서 하늘나라 영원한 안식처로 가셨다는 소식을 듣고 그동안 교제하며 지냈던 짧지 않은 시간을 되돌아볼 수 있었다. 합동신학교에 강의하기 위해 수원까지 그의 차편에 편승, 가깝게 대화를 나눈 적도 있었다. 그런 대화를 통해 비슷한 연배에 속한다는 것을 확인했고 가까운 인척 중에 내가 존경하는 선배가 있다는 것도 확인할 수 있었다. 그런 대화 속에서 그리스도 안에서 누리는 교제가 더 풍성해지고 있다는 기쁨도 가질 수 있었다.

다음에 적시하는 몇몇 사례는 필자가 옥 목사님과의 교제를 나누는 동안 직접 체험한 것으로 옥 목사님의 인격과 지도력을 더 깊이 이해하게 되는 계기가 되었다. 옥 목사님의 업적은 필자와의 교제권 밖에서 이뤄진 것이 더 많았기 때문에 독자들은 필자의 이 글이 옥 목사님의 업적을 소개하는 몇몇 사례에 불과하다는 점을 미리 유의해주기 바란다.

첫째는 말씀사역자로서의 옥 목사님에 대한 이해다.

1980년대 초 우리 사회가 민주화의 진통을 겪고 있을 그 무렵, 교회도 신학교도 어려움을 겪으면서 더러는 분열의 아픔도 감수하지 않을 수 없었다. 서초구 반포동 소재 남서울교회에서 합동신학교가 개교되고 박윤선 목사님의 요청을 받은 목회자들이 강사로 혹은 경건회 인도자로 와서 신학교의 영성을 북돋우고 있었다. 하루는 옥 목사님이 경건회를 인도했다. 그때까지 옥 목사님은 '제자훈련'이라는 새로운 교회양육 실험을 한국 교회에 시행하고 있다는 것으로만 인각되어 있었지, 좀처럼 그의 설교를 들을 기회가 없었다. 그날 옥 목사님은 사무엘상 22장 1-2절 말씀을 본문으로 설교해주었다.

그러므로 다윗이 그곳을 떠나 아둘람 굴로 도망하매 그 형제와 아비의 온 집이 듣고는 그리로 내려가서 그에게 이르렀고 환난당한 모든 자와 빚진 자와 마음이 원통한 자가 다 그에게로 모였고 그는 그 장관이 되었는데 그와 함께한 자가 사백 명가량이었더라(개역판).

어떻게 보면 이 본문은 평범한 역사적 사실을 기록한 데 불과하다. 옥 목사님은 이 본문을 놀라운 영성을 가지고 대하면서 그 설교를 듣는 많은 분들에게 큰 감동을 주었다. 그것은 당시의 역사적 상황을 기록한 이 성경말씀이, 설교를 하던 바로 그 시대적 상황 속에 재해석되어 던져졌기 때문이다. 신군부 전두환 정권이 들어서면서 당시 환난당한 자와 마음이 원통한 자들이 많이 생겨나 그들을 포용할 수 있는 '아둘람 굴'이 절실히 필요했던 때다. 필자도 신군부에 의해 교수직에서 강제 해직되어 마음이 편치 않았다. 옥 목사님은 그 설교에서 다윗 당시 그 사회로부터 환난당한 자와 빚진 자 그리고 마음이 원통한 자들이 피해 가서 의지할 곳이 아둘람 굴이었듯이, 신군부에 의해 고난당한 자들이 찾아가 위로를 얻어야 할 곳이 바로 교회여야 한다는 것을 강력하게 시사했던 것이다. 그는 그 설교에서 오늘날의 아둘람 굴은 어떤 곳이어야 하는가 반문하면서, 환난당한 자와 마음이 원통한 자를 포용하여 위로하고 그들의 눈물을 씻겨주어야 할 아둘람 굴은 한국 교회가 아니겠느냐고 강력하게 선포했다. 당시 복음주의권에서 그런 설교가 쉽지 않았던 때에 그는 말씀을 시대상황에 비춰 적절하게 성육화成肉化시켰던 것이다.

설교란 무엇인가? 그것이 성경공부와 어떻게 다른가? 필자는 설교란 하나님의 말씀을 시대상황 속에서 재해석하여 선포하는 것이라고 생각해왔다. 지금도 그 생각에 변함이 없다. 그렇기에 상황이 빠진 말씀 선포는 설교라고 할 수 없다. 그것은 단순한 성경공부에 불과할 것이다. 시대상황 속에 새롭게 던져지는 말씀이기 때문에, 상황에 대해 무감각한 말씀 선포는 설교라고 말하는 데에 회의적이다. 설교를 어떻게 정의하든, 나는 하나님의 말씀이 오늘의 현장 속에 새롭게 던져지는 말씀으로 생각하기 때문에 상황 속에 육화되지 않은 말씀 선포는 공허한 '말장난'일 수 있다고 본다. 북을 울려도 큰 울림이나 감동이 없고, 피리를 불어도 춤추지 않는 것은 이 때문이다. 상황 속에 재해석되어 주어지지 않는 한국 교회의 많은 설교는 '설교'라고 할 수 있을까? 회의해봐야 할 대목이다.

두 번째는 교회 밖의 사역 중 한국기독교역사연구소 설립을 지원한 대목이다.

1980년대 중반, 한국 교회가 선교 100주년을 맞았다. 자연스럽게 한국 교회사에 대한 관심들이 주어졌다. 한국 교회 전체에 대한 역사 못지않게 개교회사에 대한 관심도 주어지고 있었다. 한국 교회사에 대한 이 같은 관심이 교회사 연구를 불러일으키는 계기가 되었다. 한국 교회 전체의 역사를 새롭게 기술하는가 하면 많은 교회에서는 개교회사를 편찬하는 데에도 열을 올렸다. 연구단체도 설립되었다. 필자도 주변에 떠밀려 신앙과 학문을 같이하는 동지들과 함께 '한국기독교사연구회'를 조직하고 그동안 개별적인 차원에 머물러 있던 한국 교회사 연구를 조직화하는 일에 힘을 보탰다. 그러다가 '연구회' 수준에서는 아무래도 한계를 느낄 수밖에 없어 1980년대 말에는 '연구소'를 설립하자는 움직임으로 발전하게 되었다.

연구소는 자료의 수집과 연구업적의 축적을 위해 공간이 필요하며, 그것을 조직·관리하는 일정한 인원도 두어야 해서 출발 단계에서부터 재원財源이 필요하게 되었다. 매월 필요한 운영비는 몇몇 교회로부터 약속받은 선교비 헌금으로 충당키로 했다. 특별한 재원 없이 출발한 한국기독교역사연구소는 지금도 매월 지원되는 헌금으로 유지되고 있기 때문에 우리는 '여호와이레'의 신앙으로 이 연구소를 운영하고 있다. 그러나 당장 연구소 건물을 구하는 데는 거금이 필요했다. 그때 옥 목사님을 찾아가면 해결의 방법이 있을 것이라는 주변의 권고가 있었다. 찾아가 취지를 말하니, 즉석에서 두 사람을 추천하면서, 미리 말해둘 터이니 찾아가보라고 했다. 목사님이 정해준 순서를 따라, 목사님의 제자인 첫 번째 분을 찾아갔다. 그분은 역시 두말하지 않고 연구소 건물 임대에 필요한 재원을 약속해주었다. 그러면서 "우리는 사업이나 기관을 보고 투자하지 않고 사람을 보고 투자합니다"라고 했다. 아직도 그분의 말을 기억하고 있다. 목사님이 추천한 두 번째 기업인을 찾아갈 필요도 없이 연구소 임대료 문제는 해결되었고, 그때 받은 재원은 뒷날 연구소를 사단법인으로 만드는 데 그대로 사용하도록 허락되었다.

이때 나는 옥 목사님을 실제적인 상황에서 다시 보게 되었다. 비단 한국 교회사 연구에서만 그런 것은 아니겠지만, 옥 목사님은 한국 교회(사회)가 필요로 하는 그 필요를 공감, 선견先見하는 지도자적 혜안과 그 필요에 대비하여 많은 인력을 준비해가는 자세였다. 당신은 그 많은 일을 일일이 다 할 수 없었지만 각 분야에서 그 일을 할 수 있도록 필요한 준비를 해갔던 것이다. 이것은 지도자로서의 '자기분신'을 만들어가는 것이다. 그 뒤에도 옥 목사님을 통해 각 방면의 많은 역군들이 탄생되고, 복음의 말씀을 통해 기관이 탄생, 운영되는 것을 엿볼 수 있었다. 필자가 한국기독교역사연구소의 경우만 들었지만, 옥 목사님은 교회가 교회 이름으로 직접 관여할 수 없는 많은 필요에 부응하여 교회의 시대적 사명을 다해갔던 것이다.

옥 목사님의 교회 밖 사역은 교회 안 사역과 특별히 구분되는 것은 아니었다고 본다. 그가 오랫동안 이끌었던 교회갱신을위한목회자협의회(교갱협)는 말할 것도 없고, 한국기독교목회자협의회(한목협)와 한국교회희망봉사단에서의 활동, 해외유학생을 복음적인 사역자로 훈련시켜 각 분야의 지도자로 만들어왔던 코스타, 연변과기대와 평양과기대 및 남북나눔운동 등 한반도의 평화와 통일운동을 지원한 것, 그 밖에 한국OM선교회와 국제제자훈련목회자네트워크 등은 그가 교회 밖 기독교 사역을 얼마나 중시했는가를 보여주는 것이다. 그 밖에 옥 목사님은 성서한국운동 등 주로 교회 젊은이들을 중심으로 한 기독교운동에도 깊은 관심을 가지고 협력하고 지원했다. 여기서 우리는 옥 목사님의 복음에 기초한 기독교사역과 거기에 나타난 비전과 지도력 및 포용력을 가늠해볼 수 있다.

셋째로 그와 나눈 필자의 개인적 경험은 '교갱협'과 관련된 것이다.

필자는 옥 목사님의 당부에 따라 교갱협 모임에 가서 강연한 적이 있다. '교갱협'은 그 이름 '교회갱신을위한목회자협의회'가 함의하는 바와 같이 자타가 공인하는 복음주의권의 교회갱신을 위한 기구라고 할 수 있다. 평소에 한국 교회에 대해서 비판적인 소리를 하고 있는 필자를 불렀기 때문에 필자는 미완성된 원고지만 나름대로 생각하고 있던 한국 교회의 개혁과제를 그 모임에서 제기한 적이 있다. 필자가 특별히 제기한 문제라고도 할 수 없는, 문제의식을 가진 한국 기독교인들이 제기한 문제들이었다. 필자와 같이 제3자적인 입장에서는 문제라고 느낄 수 있지만 목회자의 입장에서는 간과할 수 있는 문제들도 있었다. 뒤에 들은 이야기지만, 교갱협에서 필자가 강연한 내용을 가지고 어떤 분들은 필자를 색깔론으로 몰아가기도 했다. 심지어는 필자의 공직자로서의 경력마저도 좌편향적 입장에서 보려고 하는 목회자들이 있었던 것도 아마 교갱협에서 행한 한국 교회에 대한 비판이 빌미가 되었던 것으로 안다.

이런 움직임에도 불구하고 옥 목사님은 내 강연에 대해서 포용적인 입장을 취했을 뿐만 아니라 필자를 격려해주기도 했다. 강연 후에 어떤 분이 너무 심하지 않느냐고 했을 때 옥 목사님은 마땅히 할 말을 했다고 했고, 한국 교회가 회개해야 한다는 점을 여러 번 강조했다. 필자의 기억이 분명하지는 않지만, 교갱협에서 다시 필자를 불러 교회 개혁에 대한 필자의 견해를 나누고자 한 것을 생각하면 그 역시 옥 목사님의 의중이 많이 반영된 것이 아닌가 생각하고 있다. 그런 점에서 본다면 교갱협을 통한 목사님의 한국 교회 개혁의 의지가 어떠했던가를 이해할 수 있다.

이런 경험을 공유했음에도 불구하고 필자는 사랑의교회 건축 문제에서는 옥 목사님의 뜻과 다른 입장에 서기도 했다. 사랑의교회가 새 교회당을 짓겠다고 했을 때 필자는 반대의 입장에 서서 옥 목사님의 마음을 불편하게 한 적이 있다. 우리의 생각은 '성명'을 통해 발표한 바 있다. 그때 사랑의교회 교우들은 '우리 교회만'을 두고 왜 그런 반대를 하느냐고 했지만, 우리는 다른 교회는 몰라도 '사랑의교회이기 때문에' 그처럼 반대의 입장을 취한다는 것을 분명히 했다. 그동안 사랑의교회는 옥 목사님께서 '제자훈련'을 통해 한국 교회가 걸어가야 할 제자도의 길을 가르쳤는데, 새로 건립하려고 하는 대형예배당이 그 제자도의 길과 다르지 않겠느냐는 점에서 문제제기를 했던 것이다.

필자는, 새 교회당 건축에 대한 옥 목사님의 자세가 어떠한지 알고 있으며, 간접적으로는 옥 목사님이 어떤 입장 표명을 했는가를 듣기도 했다. 필자는 옥 목사님의 그런 입장을 이해하고 있었다. 그러면서도 한편 필자가 사랑의교회의 그 같은 건축을 왜 반대하고 있었는지를 옥 목사님은 이해했을 것이라고 믿는다. 그런 확신은 바로 그가 교갱협에 필자를 초청하여 필자의 주장을 관용하면서 때로는 지지와 공감을 표했던 것으로도 충분히 지실할 수 있다. 이런 이해와 공감을 다시 만나 나누지 못한 채 유명을 달리하게 되어 안타깝기 짝이 없다. 그러나 동시대를 살면서 같이 한국 교회를 고민했던 옥 목사님의 생각이 필자와 크게 다르지 않았을 것이라는 생각에는 변함이 없다.

옥 목사님과의 교제에서 공감 못지않게 견해를 달리한 부분도 없지 않다. 필자가 국사편찬위원회 위원장으로 재임하고 있을 때의 이야기다. 당시 한국 교회가 사회로부터 많은 비난을 받고 있었다. 당시 한국 교회가 한국 사회의 문제 해결에 큰 몫을 할 수 있는 역량이 있음에도 불구하고 거의 역할을 하지 못하고 있는 점도 안타까웠다. 그때 일본 교과서의 한국사 왜곡 문제라든가 중국의 동북공정으로 인해서, 한국사 연구뿐만 아니라 외국의 한국사 왜곡에 대한 정책적인 노력이 절실해졌다. 그 해결을 위해서는 '한국사연구재단' 같은 기구를 만들어 대책을 수립하는 것이 필요할 것으로 느껴졌다. 이것은 필자가 그 자리에 부임해서 국가적인 차원에서 그 문제를 바라봤을 때 더 절실했던 것이다. 그래서 혼자서 고민하다가 당시 한국 사회로부터 많은 비판과 비난을 받고 있는 한국 교회가 이런 일을 감당할 수 있다면 한국 교회에 대한 한국 사회의 비난과 비판을 상당히 완화시키고 한국 교회의 이미지를 개선하여 전도에 도움도 줄 수 있을 것이라고 생각했다. 그래서 옥 목사님을 뵙고 이 문제를 상의했다. 가능하다면 사랑의교회가 혼자 힘으로 이 일을 감당했으면 좋겠다는 뜻도 피력했다. 그러나 옥 목사님은 자신은 은퇴한 몸이고 다른 일을 많이 벌여놓았기 때문에 사랑의교회를 설득하여 그런 민족적인 일을 수행하기에는 역부족이라는 대답을 듣게 되었다. 크게 기대했지만 옥 목사님의 그런 대답을 듣고는 많이 안타까웠다. 그와 함께 한국 교회를 통해서 그 일을 하려는 계획은, 한두 군데 더 알아보았지만 더 진행되지 못했다. 그 대신 정부를 움직여 이 일을 계속 추진하게 되었는데 그것이 처음에는 고구려연구재단, 그다음에는 동북아역사재단을 창립하는 것으로 열매를 맺게 되었다.

옥 목사님과의 교제가 어찌 이뿐이겠는가. 이 글에서 다루지 못한 것도 없지 않다. 그의 포용적이면서도 자신에게 엄격한 절제라든지, '제자훈련'과 함께 후진을 양성하여 각 분야에 필요한 인재를 양성하고 적재적소에 배치하는 지도력 같은 것은 뒷날 밝혀질 것으로 기대한다. 다만 그가 하나님의 부르심을 받은 순간 필자에게 생각나는 그와의 교분을 몇 가지 들춰내어 옥 목사님의 천국행 장도가 외롭지 않다는 것을 간단하게 증언하고자 했을 따름이다. _2012. 9. 3. 〈옥한흠 목사 추모논집〉 편찬에 부쳐

방지일 목사

지난 10월 10일, 한국 교회에서 목회자로 최장수를 누린 방지일 목사가 돌아갔다. 1911년생, 우리 나이로 104세다. 그 연세에 비하면 돌아가기까지 건강했고, 가끔 뵐 때에 휠체어를 이용하기도 했으나 거동에 큰 불편은 보이지 않았다. 위급상황을 맞은 지 7시간 만에 임종했다고 하니 오랜 시간의 괴로움은 없었다. 동양에서 말하는 오복의 고종명과, 천수를 누렸다고 할 것이다.

방 목사는 평북 선천 출신으로 미션 계통의 선천 신성중학과 평양 숭실대학 영문과를 마쳤다. 이어서 평양 장로회신학교에 입학, 1937년에 졸업하고 이해 목사안수를 받았다. 그는 박윤선, 김진홍 등 친구들과 같이 미국 유학의 길이 열렸으나, 조선예수교장로회 총회의 부름을 받아 중국 산둥성 선교사로 파송되어 1937년부터 21년간 봉직했다. 산둥성 선교는 조선예수교

장로회가 1912년 총회 조직을 기념하여 논의, 그 이듬해 박태로, 사병순, 김영훈 세 분을 선교사로 파송하는 데서 시작되었다. 그 뒤 3년 만에 중단될 위기에 처하자 총회는 방효원, 홍승한, 김병규와 박상순, 이대영을 차례로 파송하게 되었다. 방지일은 방효원 선교사의 장남으로 부친을 따라 중국 선교사로 봉사하게 되었다.

그가 선교사로 파송되던 1937년은 일본이 중일전쟁을 시작한 해였다. 중국 대륙은 일본의 침략을 받은 데다 내전까지 겹쳐 혼란을 거듭했고, 1945년 일본의 항복 이후에는 국공國共내전에 들어가게 되었다. 중공이 대륙을 석권(1949)한 이후에도 그는 선교를 계속하다가 1957년 중공의 추방령으로 홍콩을 거쳐 귀국하게 되었다. 그 후 영등포교회에서 목회하는 한편 장로교(통합측) 총회장을 역임하는 등 한국 교회의 여러 봉사직에 매진하다가 1979년에 은퇴했다. 은퇴 후에도 그는 한국 교회의 영적 성장과 지도자 양성, 교회의 일치를 위해 노력하기에 여념이 없었다.

그는 장수를 누리면서도 깨끗하고 담백한 삶으로 후세에 본을 남겼다. 근검·절약·절제는 그의 신조였고, 그것이 그의 장수의 비결이기도 했다. 최근까지도 초청을 받아 강론할 기회가 주어지면, 설교를 제외하고는 1분을 넘기지 않은 것으로 정평이 나 있다. 가끔 나이 든 분들이 마이크를 잡으면 청중들의 분위기를 파악하지 못하고 지루하게 하는 것과는 좋은 대조를 이루었다. 그는 돌아가실 때까지 총기를 잃지 않았다. 컴퓨터 같은 기억력은 매일 아침 성경 요절 100절을 외웠다는 그의 회고담에서 그 비결을 찾을 수 있다.

방지일 목사는 일찍부터 조부 방만준의 사랑과 지도를 받았다. 일찍 그리스도를 받아들인 조부는 슬하에 장남 효원을 비롯하여 5남 1녀를 두었고, 사위를 합하여 세 분이 목사로 봉직했다. 4대에 걸친 방씨 가문에는 친·외손을 합하여 26명이 목회의 길을 걷고 있다. 방선주 박사, 방선기 박사(이랜드직장사역연구소), 방연상 박사(연세대 교수)는 방만준 할아버지의 증손이다. 특히 방선주 박사는 방지일 목사의 장남으로 미국 국립문서보관소NARA의 한국 측 자료를 발굴하여 학계에 폭넓게 제공했다. 아마도 한국의 근현대사를 연구하는 학자치고 그의 도움을 받지 않은 분이 없다고 할 정도로 한국 학계에 크게 공헌한 분이다.

최근 방지일 목사는 조부의 당부에 순종한다면서, 방씨 집안이 맞아들인 며느리들에게 비단옷을 만들어 입히는 자상함을 보였다고 한다. 영결식에서 림인식 목사는 방 목사가 웬만한 집안의 4대에 걸친 조손들은 이름까지 거명하면서 안부를 물을 정도로 자상했다고 전한다. 그는 "내가 그리스도를 본받는 자가 된 것같이 너희는 나를 본받는 자가 되라"(고전 11:1)는 말씀을 실천했고 그 본을 보여주었다. 그는 평생 100권의 저술을 남졌고, "닳을지언정 녹슬지 않겠다"는 등의 어록을 많이 남긴 것으로도 유명하다. 한국 교회는 14일 오전 9시에 한국기독교 100주년기념관에서 전례前例 없는 '한국기독교장'으로 그를 천국으로 보냈다. 그 천국환송식은 참석자들에게 슬픔이 기쁨으로 승화되는 영광스러운 예전禮典으로 기억될 것이다.

_ 2014. 10. 14.

안병무 선생을 내가 처음 만난 것은 1960년대 중반으로 생각한
다. 아마 선생께서 막 유학을 마치고 귀국해서 독일에서 배우고
터득한 바를 후진들에게 왕성하게 가르치고 있을 때가 아닌가
생각된다. 지금 한신대학의 신약학 교수로 있는 김창락 형의 권
유로 청계천변 어느 지점에 있던 중앙신학교에서 야간에 선생
의 강의를 청강하면서 선생을 처음 대하게 되었다. 김 형은 신
학을 전공하려고 결심하고 선생을 찾았지만, 나는 신학에 관심
을 가지고 강의를 청강하는 정도였다.

그에 앞서 김창락 형과 나는 인천에 있는 기독교 학교인 인성
학교의 교사로 있으면서 김 형이 영어를, 내가 역사를 가르쳤
다. 첫 직장이었고 대학을 막 졸업한 시기여서 우리는 의기투합
하여 교육에 열성을 다 바쳤다. 그때 같이 가르쳤던 동료들 중
에는 대학으로 진출하여 학계의 중진으로 활약하는 이들도 있
다. 그 시절 우리는 지금 국민대학 영문과의 전재근 교수와 함

께 셋이서 자취를 한 적도 있어서 무척이나 가까이 지내고 있었다. 김 형은 1965년경에 서울의 대광고등학교로 옮기고 본격적으로 학문의 길을 모색하였다. 그는 철학으로 대학원 석사과정에 진학하는 한편 그 무렵 중앙신학교에서는 안 선생의 강의와 허혁 박사의 강의를 주로 듣고 있었다. 김 형은 학문에 대한 정열이 넘쳐서 새로 터득한 것이 있으면, 혼자서 독점하기보다는 그것을 친구들과 나누기를 좋아했다. 그래서 나에게도 자주 안 선생과 허 박사의 강의를 꼭 들어보라고 권하였다. 이렇게 당시 가장 진보적인 신학 강의를 들을 수 있었던 것은 순전히 김 형의 권유와 열성 때문이었다.

당시 청강했던 강의 내용은 제대로 생각나는 것이 없다. 두 분에게서 복음서에 대한 색다르면서도 깊이 있는 강의를 듣는 한편 당시 한창 소개되고 있던 불트만의 학문에 더욱 접근할 수 있었던 것은 큰 수확이었다. 그것은 당시까지 전혀 접하지 못했던 미지의 학문 세계였다. 때문에 당시 내가 신학의 새로운 세계를 발견하고 느낀 놀라움과 충격은 매우 컸다. 한편 학문한다고 하면서 우리는 얼마나 피상적인 세계에 머물고 있는가도 깨닫게 되었다. 더구나 그때까지 고신파의 보수적인 신앙과 신학을 소개받고 그 세계 안에서 생활하는 것으로 자족해왔던 폐쇄적인 신자였던 나에게는, 안 선생과 허 박사를 통해 듣는 것이 모두 충격적인 것이 아닐 수 없었다. "신앙과 신학의 세계에서도 저런 심오함이 있을 수 있는가!" 하고 감탄하지 않을 수 없었다. 우물 안 개구리 모양으로 아집에 빠져 있던 나에게는 두 분의 강의가 나의 신앙과 신학상의 개안開眼에 그만큼 큰 충격을 주었던 것이다. 이 같은 충격은 그 뒤에도 선생과의 접촉을 통해서 계속되었고, 그만큼 나의 세계관은 확대되었다.

선생과의 계속된 만남은 그가 시작한 한국신학연구소를 통해서 더욱 확대되고 심화되었다. 한국신학연구소를 설립하고 가끔 학술토론이 있으면 나를 불러주었기 때문이다. 한국신학연구소는 선생과 뜻을 같이하던, 주로 해외에서 오랫동안 신학을 연구하던 신학자들이 해외 연구를 통해 얻은, 우리의 신학이 절실히 필요하다는 깨달음을 전제로 시작한 연구소다. 한국적 신학의 창출을 기약하면서 설립한 것이다. 모든 학문이 자기의 상황과 그 상황이 던져준 문제의식을 전제로 한 것이라면, 신학도 예외일 수가 없다. 따라서 자기의 상황과 문제의식을 전제하지 않은 학문은 존재할 가치가 없다. 주의할 점은 아무리 자기의 상황과 문제의식을 전제로 한 학문이라 할지라도, 그것이 인간의 보편적인 가치와 상통하지 않으면 안 된다는 것이다.

아마도 선생은 구라파 유학생활을 통하여 그 점을 뼈저리게 느꼈을 것이다. 유럽의 신학이 결국 자기의 문제의식 위에서 시작되어 인간의 보편성으로까지 확대시키려고 하는 것이라는 점을 모를 리가 없다. 그렇다면 우리에게는 우리의 상황과 문제의식이 없을 수 없지 않은가? 거기에 한국 신학이 존재할 당위성이 있다. 우리는 한국 신학을 통해 세계의 신학을 더욱 풍부하게 만들어갈 책임이 있다. 이 점은 신학뿐만 아니라 기독교 예술을 포함한 한국의 기독교 문화 전체를 두고도 말할 수 있을 것이다. 우리의 문제의식에서 출발한 학문과 문화가 세계적 보편성을 획득하는 단계로 발전하는 것은 개성과 세계성의 조화를 의미하는 것이다. 세계는 바로 이 개성과 보편성의 조화와 균형을 통해 평화와 발전을 기약한다.

내가 선생의 부름을 받은 것은 그때만 해도 한국 역사학계에서 국사를 공부하는 기독교인이 거의 없었기 때문이라고 말하고 싶다. 당시 한국 기독교의 진보적인 신학자들 가운데서는 한국의 민중현실을 의식하면서 한국 상황에 필요한 신학을 고민하는 분들이 있었고, 그 작업의 일단은 한국신학연구소를 중심으로 진행되었다. 민중신학의 얼개를 조성하는 과정에서 신학자들이 필요로 한 것은 우리나라의 민중현실을 역사적인 관점에서 살펴볼 수 있는 국사학의 도움이었다. 내가 민중신학을 토론하는 모임에 초청받게 된 것은 국사학을 공부한다는 것 때문이었지만, 평소 보수적인 교단에 속한 필자가 진보적인 신학자들의 토론에 참여하게 된 것에는 약간의 설명이 필요할 것 같다.

1972년 '10월 유신'이 선포되고 한국의 민주주의는 압살되는 운명에 봉착하였다. 10월 유신은 우선 대통령 선거와 국회의원 선거를 집권자의 자의에 따라 시행할 수 있도록 헌법을 개변하였다. 헌법 개정은 형식적이지만 국민투표를 통해 국민의 동의를 구하는 절차가 필요하였다. 그 과정에서 한국의 많은 기독교 지도자들이 이를 지지하면서 유신체제의 불가피성을 호소하는 대열에 참가하였다. 그 무렵 막 대학의 전임으로 교편을 잡게 된 나는 유신체제가 한국의 민주화를 가로막는 큰 장애물임에 틀림없는데 왜 한국 교회의 지도자들은 여기에 적극 동조하고 나서는가 하는 의구심을 갖지 않을 수 없었다.

나는 이때, 이런 의문에 대한 기독교적 해답은 신학적 천착을 통해야만 얻을 수 있을 것으로 생각했지만, 체계적으로 신학을 공부하지 않은 나로서는 방법을 제대로 찾지 못했다. 신학을 통해 문제의 해결을 얻으려는 생각과 함께 나는 역사를 공부하는 학도로서 이런 상황에 어떻게 대처하는 것이 정도일까 하는 문제의식도 가지고 있었다. 이런 문제의식을 통해 나는 역사연구를 통해서도 우리 시대에 부딪힌 문제에 맞설 수 있는 어떤 해답의 실마리를 얻을 수 있을 것으로 기대하게 되었다. 그런 과정에서 나는 당시와 비슷한 격변기에 처했던 한말에 그리스도인들이 어떻게 결단하고 고민했으며 역사에 어떻게 대결했는가 하는 점을 찾아보는 것이 의미가 있을 것으로 생각하게 되었다. 격변기 한말은 그것 자체로서는 슬픈 과거이지만, 그것을 통해 국난극복이라는 교훈을 얻어야 하는 후세들에게는 하나의 사례로 충분하였던 것이다.

나는 유신이 선포되는 상황에서 한국의 기독교 지도자들이 역사의식을 팽개쳐버리고 권력에 굴종하는 모습이 결코 하나님이 원하시는 예언자적 길이 아니라고 단정하고, 그러한 문제의식을 논문 속에 투영하기로 하였다. 그 결과 나로서는 한국 기독교사 관계 최초의 논문이라 할 〈한말 기독교인의 민족의식 형성과정〉이 햇빛을 보게 되었다. 이 논문은 제목 그대로 한말 기독교인들의 민족의식이 어떻게 형성되어가고 있었는가를 밝힌 것이지만, 중요한 포인트는 이들이 민족적 모순에 직면하여 불의한 침략세력에 대항하여 민족의식을 어떻게 형성시켜갔는가를 그린 것이다. 특히 이 논문에서는 당시 한국 기독교의 주류 계열에 속하는 대부분의 교회들이 정교분리의 오도된 교훈에 얽매여 침략세력에 적극적인 저항을 하지 못하고 있었는데, 거기에 비해 당시 기독교 지도자나 주류라고는 할 수 없는 젊은 기독 청년들은 침략의 원흉들을 의열투쟁으로 제거하는 데에 앞장섰음을 밝혔다. 샌프란시스코의 페리 부두에서 스티븐스를 저격한 장인환이 기독교인이었고, 박영효의 궁내부 대신 축하연에서 이토 히로부미를 처치하려다가 그가 나타나지 않자 자살한 정재홍이 기독교인이었으며, 이토 히로부미를 하얼빈 역에서 저격한 안중근이 가톨릭 신자였고, 그와 함께 거사에 참여했던 우연준이 기독교인이었으며, 매국의 길을 치닫던 이완용을 명동성당 앞에서 해치우려고 한 젊은 이재명 역시 기독교인이었다. 이렇게 밝혀놓고 보니, 한말 매국원흉들을 제거한 젊은이들은 모두 기독교계 인사들이었고, 지금의 입장에서 보면 당시 기독교 민중들이 어떻게 민족의 문제에 투신하였는가를 밝힌 셈이 되었다.

이 논문은 당시 자그마한 파문을 일으키게 되었다. 한국 기독교계에서는 특히 진보 측에 속한 기독교 지도자들과 신학자들이 나에게 이 논문을 요청하였고, 혹은 복사하여 읽는 이들이 있었다. 많은 기독교 학자들로부터 이 논문에 관한 이야기를 들었고, 때로는 진보계열에 속한 교회들로부터 이 논문에 쓰인 내용을 중심으로 강의 혹은 강연을 해달라는 부탁도 많이 받게 되었다. 특히 청년들의 모임에서 이 내용을 강연해달라는 요청이 많았다. 나는 원래 일반 한국사를 연구하는 학도였지만, 이 논문을 계기로 일약 한국 기독교사 연구자로서 알려지게 되었다. 지금 그 논문을 보면 별로 새로운 것이 없는데, 당시에는 시대가 그랬던 만큼 독자들에게 기독교사의 인식에 새로운 파문이 일게 했던 것이다. 이 논문을 발표하고 난 뒤에 몇몇 친구들로부터는 신변의 안전에 대해 걱정하는 소리를 들었다. 한말 기독청년들의 의열투쟁을 밝힌 것이 당시 유신에 반대하는 젊은이들을 선동하려는 의도가 있지 않겠느냐는 식으로 덮어씌울 수도 있다는 판단 때문이었다.

이 논문을 계기로 나는 진보적인 신학자들과 교유할 수 있게 되었다. 내가 나이가 훨씬 적은 데다 신학적 입장을 달리하고 있다는 것을 알고도 그들은 열린 자세로 나를 불러주었고 대화 혹은 토론의 자리를 마련해주었다. 그런 분들 중에서도 지금은 타계하신 서남동 교수와 안병무 선생을 잊을 수가 없다. 서남동 교수는 나에게 자주 한국사에 관해 질문하였다. 그럴 때의 모습은, 죄송한 표현이지만, 꼭 어린애와 같았다. 나는 재학시절 연세대의 김형석 교수로부터 서남동 교수에 관한 이야기를 자주 들었는데, 그런 석학이 한참이나 후배인 나에게 국사에 관해 질문하면서 겸손해 하던 그 모습은 지금도 잊을 수가 없다.

안병무 선생으로부터는 전에 중앙신학교에서 청강받은 바가 있기 때문에 더 자주 접촉할 수 있었다. 안암동 로터리 근처에 있는 한국신학연구소에서 민중신학을 논의하거나 좌담회가 열릴 때에 역사 공부하는 사람을 끼워 넣을 필요가 있으면 나를 불렀다. 한번은 민중신학의 명칭을 두고 나와 토론자들 사이에서 논쟁이 벌어졌다. '신학'이라는 말 앞에 관형사로서 '민중'이라는 말을 사용하는 것이 논리적으로 모순이 아니냐는 것이 나의 질문의 요지였다. 당시 나는 '신학'은 말 그대로 '신에 관한 학문'이기 때문에 그 앞에 어떤 관형사를 붙이는 것이 이상하다고 생각하고 있었다. 굳이 붙여야 한다면 '신학'이라는 말 밑에 '민중론' 정도로 하면 되지 않겠느냐고 주장하였다. 이렇게 주장한 것은 민중신학을 조직신학의 범주에 속하는 한 유파 정도로 인식하였기 때문이다. 조직신학에 '신론', '기독론', '인간론', '구속론', '말세론' 등이 있듯이 민중신학도 민중의 문제를 다루는 만큼 '민중론' 정도로 명명하면 되지 않겠느냐는 것이다. 이 토론의 내용은 그 뒤 〈신학사상〉에 게재된 것으로 알고 있고, 어떤 신학자가 나의 이 주장에 일리가 있는 것으로 인용한 것을 본 적도 있다. 말하자면 "무식한 놈이 용감하다"는 격으로, 민중신학에 대해 이해가 부족했던 나로서는 무식에다 만용까지 부렸던 것이다. 그 정도로 당시 나의 의식세계는 꽉 막혀 있었다. 그 막혀 있었던 것이 그때까지 내가 접했던 보수신학의 폐쇄성 때문이었다고 종종 변명하지만, 그것은 바로 나의 무지와 의식의 한계 때문이었다.

토론 도중 선생은 나의 억지가 딱했던지, 민중신학에 대하여 차분히 설명하였다. 내용은 민중신학이 종래의 신학의 한 유형이나 종속개념이 아니고, 종래의 신학과는 출발에서부터 완전히 다르다고 설명하였다. 종래의 신학이 위(신)로부터 시작되는 것이라면 민중신학은 아래(인간)에서 시작되는 것이며, 종래의 신학이 텍스트를 중요시한다면 민중신학은 컨텍스트를 중요시하며, 과거의 신학이 기득권자를 위한 것이라면 민중신학은 억눌린 자를 위한 것이라고 하였다. 말하자면 신학 하는 자세에서부터 신학의 틀과 개념 자체가 종래의 신학과는 완전히 다른 것이라고 강조하였다. 그렇기 때문에 '신학'의 '민중론' 정도로는 민중신학의 개념을 담을 수 없다고 하였다. 그러면서 오클로스 *ochlos* 이야기를 하였지만, 당시 아집에 사로잡혀 있었던 나로서는 선생의 설명에 쉽게 동의할 수 없었다.

그런 논쟁이 있고 난 뒤부터 선생은 나를 볼 때마다 "저 골보수"라고 놀려대곤 하였다. 당시 고신파에 속해 있던 나로서는

'골보수'라는 말이 싫지 않았기 때문에, 그 놀림소리를 들을 때마다 수치심 대신 오히려 긍지를 느끼곤 하였다. 오히려 그런 소리가 그들과 나의 차별성을 부각시켜주는 것같이 느꼈다. 선생이 나에게 '골보수'라고 한 말이 농담이었다는 것을 깨닫게 된 것은 1980년에 선생과 내가 같이 해직을 당해 학교에서 쫓겨나 더 깊이 교제할 수 있는 기회가 생겼을 때였다. 해직이 장기화되어 언제 다시 교단으로 돌아갈 수 있을지 기약이 없던 시절, 선생은 나더러 "당신 복직하게 되면 우리 한신대학으로 와" 하는 말을 한 적이 있고, 그 뒤에도 몇 번 확실한 다짐을 받으려 한 적이 있다. 그 말을 듣는 순간, 안 선생이 나에게 '골보수'라고 한 말이 농담에 지나지 않았구나 하는 생각을 갖게 되었다. 그의 말처럼 내가 정말 '골보수'였다면, 진보성으로 대표되는 한신대학으로 오라고 권유했을 것 같지는 않았다.

선생을 비롯한 진보적 신학자들과의 만남은, 내가 그분들에게 어떤 기여를 했다기보다는 오히려 나의 생활에 더 많은 변화가 있게 되었다고 말하는 것이 정직할 것 같다. 유신말기에 오게 되면, 나는 보수의 입장을 확실히 하면서 외형적인 활동상으로는 한국 교회의 진보계와 보수계를 넘나들고 있었다. 진보적인 신학자들의 영향 때문인지, 그 무렵 나의 글에는 '민중'이라는 말이 자주 등장했다. "한국사에 있어서의 민중"이라는 글과 "민중의식 사관화史觀化의 시론" 등의 글이 바로 그런 것들로서 여러 논문에서 인용되고 있다. 또 한국 YMCA연맹의 '목적과 사업 위원회'로부터 한국 Y의 역사를 간단히 정리하여 전국대회에 와서 발표해달라는 요청을 받고, 그것을 계기로 그 위원회의 유동식, 현영학, 서광선 등 많은 진보적 신학자들과 어울리게 되었고, 그 뒤에도 그들과의 교제가 더욱 확대·심화된 것도 잊을 수 없다. 그 뒤 아카데미하우스에서 강원룡 목사의 주재하에 한승헌, 이문영, 김경재 제씨와 함께 한국아카데미 총서《한국민주문화대전집》(문학예술사, 1985) 10권 중, 제7권인《한국 노동운동의 역사와 전망》의 편집을 내가 맡게 된 것도 모두 이런 나들이와 만남의 결과라고 할 것이다.

선생과의 교제는 1980년대에 들어서서 신군부의 등장으로 대학에 있던 교수들이 쫓겨나게 되면서 더 깊어진 것 같다. 내가 알기로는 한신대학에서 문동환, 안병무 교수가 해직되었다. 그 밖에 기독자 교수로서는 서울대의 한완상, 이명현, 연세대의 서남동, 김동길, 김찬국 교수와 고려대의 김용준, 이문영 교수, 이화여대의 이효재, 현영학, 서광선 교수 등이었고, 나도 까닭 모르게 그들의 말석에 끼게 되었다. 1980년 여름, 수많은 지식인들이 국보위에 참여하여 권력을 위한 시녀 노릇을 하면서 정권이 주는 영광의 대가를 누린 것과는 반대로 비판적인 교수들은 무자비하게 학교로부터 축출당하는, 일대 숙청이 단행되었다. 재미있는 것은 당시 군부정권에 협조하여 지식인의 절조를 잃었던 사람들 중에 그것을 보상이라도 하려는 듯, 그 뒤 지금까지 자기의 부끄러움을 숨긴 채 대학의 요직에서 버젓이 행세하는 사람들이 있다는 것이다.

선생은 해직 후에 오히려 연구소 일에 열중하기 위함인지, 혹은 건강이 여의치 않아서인지, 해직교수들이 모이는 회합에 그리 자주 나오지는 않았다. 그러나 해직교수들이 공동의 일을 하려고 할 때는 꼭 동참하였다. 이 기간 나는 자주는 아니지만 가끔 연구소를 방문하여 선생을 뵐 수가 있었고, 다른 기독교 관계 회합에서도 가끔 뵐 수가 있었다. 그럴 때는 나를 보고 '골보수'라는 농담으로 친근감을 표시하곤 하였다.

선생과 거의 마지막으로 일을 같이 해본 것은 1985년 여름 '학원안정법' 문제에 대처했을 때였다. 해직교수들은 그 전해 8월을 전후하여 대부분 원적교에 복직하게 되었는데, 학원안정법 문제가 불거지자 몇몇 교수들이 힘을 합쳐 그 철회를 요구하는 모임을 갖게 되었다. 그 중심은 선생이었고 참여한 대부분은 그 전해 복직된 해직교수 출신이었다. 이 이야기는 배경 설명이 약간 필요하다.

'학원안정법' 발상의 배경은 학생들의 반정부운동이었다. 아직도 우리의 기억에 생생한 소위 미국 문화원 점거 사건이 있었던 것이 1985년이었다. 그해 5월 23일, 서울의 5개 대학 76명의 학생들이 서울의 미국 문화원을 점거하고 '광주사태'에 대해 미국이 책임을 인정하고 공개사과할 것을 요구하면서 단식농성에 들어갔다. 이것은 당시 군사정권에 큰 충격을 주었을 뿐 아니라 그들을 뒤에서 받쳐주고 있는 미국 또한 당황케 했다. 이를 계기로 학원에 대한 정권 차원의 탄압은 더욱 노골화되어, 같은 해 6월에는 경찰이 110개 대학을 일제히 점검하고, 7월 18일에는 검찰이 전국 19개 대학의 삼민투위三民鬪委 학생 56명을 구속하고 주동자 13명에 대해서는 보안법을 적용하였다.

이 같은 사태의 악화는 당시 민정당과 정부로 하여금 8월 3일 당정회의에서 '학원안정법'을 제정하기로 결정토록 했고, 그 후 약 보름 동안 공방을 벌였다. 학원안정법은 허울 좋은 명칭과는 달리 학원을 안정시킨다는 명분으로 소위 '문제 학생들'을 격리시켜 제재를 가하겠다는 것이었다. 당시의 말로는 학생들을 삼청교육대와 같은 곳으로 보내겠다는 것이었다고 했다. 이것은 군사정권에 반대하거나 비판적인 학생들을 이 법에 의해 제거하겠다는 것이었다. 정치권에서는 약간의 논란이 있었고 언론계서도 그 내용만 소개하였지, 정작 교육을 맡은 대학에서는 아무런 반응이 없었다. 다만 학생들만 여기에 대해 강도 높은 투쟁을 벌이겠다고 전의를 불태우고 있었다. 따라서 전두환이 이 법의 추진을 보류하도록 지시한 8월 17일까지 정국은 이 법 문제로 뜨겁게 달아오르고 있었다.

선생을 중심으로 몇몇 교수들이 학원안정법에 대한 반대의사를 표명하기 위해 모였던 것은 8월 15일 전후로 기억된다. 저녁 무렵 뜻을 같이하는 교수들이 종로구 안국동 로터리 근처에 있는 버드나무집(?)이라는 음식점에 모였다. 이곳은 평창동의 평창면옥과 함께, 그전에도 해직교수들이 자주 모이던 곳이었다. 선생은 준비된 초안을 갖고 와서 모인 이들의 의견을 수렴하였다. 발표문에는 사랑하는 제자들이 사지로 끌려가도록 방치하는 것은 대학이 교육을 포기하는 것이나 마찬가지인데도 체제 순응적인 대학들은 묵묵히 군사정권의 독재에만 따르고 있다고 비판한 내용도 있었던 것으로 기억된다. 그때 모여 그 자리에서 정식 서명한 교수들은 9명 정도였는데, 밤사이에 4-5명을 규합하여 그 이튿날 기자회견에서는 13명의 명의로 발표되었던 것으로 기억한다. 그날 모임에 참석하였지만 서명자 명단에 오르지 않은 분으로 한신대학의 김성재 교수를 들 수 있다. 아마도 반대투쟁을 위한 제반 준비는 김 교수가 하지 않았나 생각될 정도였는데, 선생은 사랑하는 제자가 희생될 수도 있다는 우려 때문이었던지 김 교수를 명단에 넣지 않도록 배려하였던 것으로 생각된다. 그 회합에서 서로 말들은 하지 않았지만, 자칫하면 대학에서 다시 쫓겨날 수도 있다는 긴장감이 감돌았다.

그 이튿날 기자회견을 통해 학원안정법에 대한 반대를 분명히 공포한 우리 소수는 닥쳐올 박해를 예상하면서 긴장 속에서 하루를 보냈다. 이 반대성명이 나가자 언론에서는 드디어 대학교수들이 연대하여 학원안정법 반대에 본격적으로 뛰어드는 것을 의미한다는 해석을 가하였다. 이 같은 해석은 법안을 추진하던 민정당과 정부도, 바보가 아니라면, 같은 판단을 내렸을 것으로 생각된다. 그래서인지 17일 정부는 그것을 추진하지 않기로 한다는 입장을 밝혔다. 오비이락인지, 아니면 우리들 몇 사람의 반대성명에 위협을 느꼈던지 분명히 알 수 없으나, 그 성명은 적시에 발표되어 제자들을 학원에서 추방하려던 악법의 제정을 저지하였을 뿐 아니라 당시 지나치게 체제순응적이라고 지탄을 받던 대학가에 그나마 체면을 세워주었던 것이다. 지금도 평소에 유머와 여유를 보이던 선생이 버드나무집에서는 약간 긴장한 채 회의를 주재하던 모습이 떠오르곤 한다. 선생은 필요할 때는 꼭 역사의 현장에 나타나 의연히 맞서 싸웠던 것이다. 선생이 한국의 민주화와 인권을 위해 남긴 여러 업적 가운데는 이 사건도 우뚝 서 있을 것으로 기대해본다.

이제 나에게 각인되어 있는 선생의 단편적인 모습을 그리면서 이 글을 끝내고자 한다. 선생의 빛나는 눈빛은 상대방의 의중을 늘 꿰뚫어보는 듯하여 나는 선생 면전에서 똑바로 대하기가 힘들었다. 곱슬한 듯한 머리칼에 사색하는 모습은 시대의 고민을 다 짊어진 듯했고, 얼굴에 늘 끼어 있는 우수는 조국의 민주화와 통일을 염원하는 뜻의 반영이었다. 선생의 음성은 압축된 금속성의 중후한 톤으로 또렷하였고, 어떤 모임에서든 촌철살인의 기지가 발휘되어 그 한마디로 좌중을 휘어잡곤 하였다. 학문과 비판에는 빈틈없는 논리를 갖고 있었으나, 상대방을 듣고 이해하려는 여유를 잃지 않았다. 선생은 주장을 또렷하게 전개하는 편이었지만, 자신의 예리함을 유머로 감싸 부드럽게 전달하려는 편이었고, 어려운 상황은 회피하지 않고 정면으로 대결하는 용기를 보이면서도, 때로는 위트로 반전시키는 지혜를 갖고 있었다.

선생은 이상과 영원을 추구하면서 늘 위를 바라보았으나, 두 다리는 이 땅의 현존과 시대에 단단히 뿌리박고 있었다. 그러기에 선생은 신학이라는, 종전의 이해에 의하면, 하늘의 학문을 이 땅의 현존 가운데 접목하기에 심혈을 기울였다. 선생은 복음서의 음성을 고통받고 눌려 있는 오클로스들에게 전함으로써 그들이 하나님께로부터 받은 천부적인 인권과 민주를 회복토록 했으며, 그것을 남북에 나누어진 민중들에게 적용함으로 화해와 용서, 협력과 일치의 하나님의 음성으로 승화시켰던 것이다. 그래서 선생은 '천상天上적, 출세간出世間적' 신학을 참다운 인간학으로, 또 우리 사회의 민주화와 우리 민족의 통일화의 기초가 되는 '지상地上적, 세간世間적' 학문으로 환격시켰던 것이다.

선생은 자신의 이념과 사상을 학문으로만 밝히고 행동을 주저하는 선생이 아니었다. 자주는 아니지만 꼭 필요한 결단이 요청될 때에는, 행동으로 자신의 사상을 입증하는 학자였다. 선생이 옥살이를 마다하지 않았다든지, 여러 운동에 대표로 동참하였던 것, 그리고 학원안정법 반대투쟁에 분연히 나섰던 것은 바로 이 때문이었다. 선생의 이념은 자신의 행동지표였고, 따르는 많은 이들의 이념과 행동을 교정해주었다. 선생의 행동은 자신의 이념을 더욱 현실화하고 예리하게 만들었다. 그것이 바로 민중신학의 탄생으로 연결되었다.

선생의 가장 큰 업적으로 나에게 다가오는 것은 한국신학연구소의 창설과 민중신학의 제창이다. 이 두 가지는 서로 연계되어 있다. 선생이 '한국신학연구소'라는 명칭을 어떤 구상하에서 사용하였는지는 정확하게 알 수 없으나, 뒷날 '민중신학'을 탄생시키는 데에 이 연구소가 공헌한 것을 감안할 때, '한국에 있는 신학 연구소'라는 의미보다는 '한국 신학을 연구하는 연구소'의 의미로 이 연구소를 창립한 것이 아닐까 하고 생각한다. 물론 이 연구소에서 나오는 〈신학사상〉이라는 잡지가 '한국신학'의 창출이라는 기대를 충족시켜주지 못하고 해외의 신학을 소개하는 데에 역점을 두고 있다는 인상을 강하게 받고 있지만, 그것은 오히려 한국 신학을 잉태시키기 위한 풍부한 준비작업으로 이해한다. 나는 선생이 이 연구소를 창설한 핵심적인 동기가 '한국 신학'의 수립에 있을 것이라 보고 앞으로도 이 연구소가 이 사명에 더욱 매진하기를 기대한다. 아직도 한국 교회가 혼미를 거듭하고 있는 것이 우리의 신학이 없기 때문이라는 지적은 매우 적절한 충고로 받아들이고 싶다. 그렇다면 선생이 선견지명을 가지고 시작한 '한국 신학 운동'이 후학들에 의해 더욱 좋은 결실을 맺어야 할 것으로 안다.   **_ 1997. 10. 19.**

사랑의 사도 손양원 목사

손양원 목사는 한센환자의 격의 없는 친구요, 아들을 살해한 젊은이를 용서하고 자신의 양아들로 삼아 원수까지도 사랑하라는 성경의 가르침을 몸소 실천한 행동하는 신앙인이었으며, 끝내는 자신마저 순교의 제물로 바쳐져 '성자'로 추앙받는 인물이다. 아울러 세계(교회)사에 내놓아도 그리스도인으로서 그 위대함에 조금도 손색이 없는 한국 교회 믿음의 선진이다. 그의 신앙과 인격을 흠모한 작가 안용준은 당시로서는 가장 강한 에너지라 할 '원자탄'에 비유해 그를 '사랑의 원자탄'이라고 했다. 오늘날 같으면 그 이상의 찬사로 그의 신앙의 위치를 설명했을 것이다.

그는 1902년 경남 함안군 칠원면 구성리에서 손종일의 장남으로 출생, 어릴 때 그의 부친과 함께 예수교에 입교했다. 1919년 3월 칠원공립보통학교를 졸업하고 그해 4월 서울 중동학교에 입학했지만, 그의 부친 손종일이 1919년 칠원 3·1독립만세운동의 주동자로 마산형무소에 수감되자 그의 중동학교 생활은 1년 만에 끝났다. 부친이 옥에서 나오자 1921년 일본에 건너가 동경의 스가모중학교 야간부 속성과에서 수학, 1923년에 마치고 귀국했다. 이때 그는 일본 성결교회의 나카다 쥬지와 무교회주의자인 우치무라 간조의 영향을 일정하게 받았다.

귀국한 그는 1926년 4월 경남성경학원에 입학하여 부산 상애원교회 외지 전도사도 겸하게 되었고 이때부터 주기철 목사와 접촉하게 되었다. 1929년 경남성경학원을 졸업, 순회전도자로 활동하면서 부흥사경회도 인도했다. 이 무렵 그는 김교신이 발행하던 〈성서조선〉을 애독하면서 그것으로 설교, 많은 사람들에게 감동을 주었다.

1935년 손양원은 경남노회의 추천을 받아 평양신학교에 입학했다. 이 무렵 총독으로 부임한 미나미 지로는 한국 교회에 신사참배를 강요했다. '종말론적 재림신앙'으로 무장한 그는 신사참배 거부의 단호한 태도를 갖게 되었다. 그 때문에 1937년 10월 그의 아들 동인이 신사참배 거부로 칠원보통학교에서 퇴학처분을 받았으며, 이 무렵 그는 '반전反戰설교'까지 감행했다. 1938년 3월 평양신학교를 졸업, 목사안수를 받지 못한 채 그는 약 1년간 경남노회 부산지방 시찰회 산하 70여 교회의 순회전도자가 되었고, 1939년에는 한센병 환자들로 조직된 여수 애양원교회 목회자로 초빙받았다.

1938년 제27회 조선장로회 총회는 신사참배를 가결함으로 신사참배 반대자들의 수난이 가중되었다. 일제는 1940년 9월

20일 새벽 전국적으로 신사참배 거부항쟁자 193명을 검거, 3년 간 예심 심리를 계속했는데 이때 최봉석 목사, 주기철 목사, 최 상림 목사, 박관준 장로와 그 밖의 여러 분이 순교했다. 이런 상황에서 신사참배 반대에 앞장섰던 손양원도 1940년 9월 25일 수요예배 후 여수경찰서에 수감되었다. 당국은 신사참배 거부 와 종말론 설교를 문제 삼아 '치안유지법 위반' 혐의를 씌웠다. 손양원이 애양원에 부임한 이래 "치열한 신사불참배를 주장" 했고 "일상 불온 기괴한 말세론을 설교하여 원내 환자 신도에 게 반일사상을 고취하고 있는 듯"하다는 것이었다. 1년이 지난 1941년 9월 말에 시작된 공판에서 1년 6개월을 선고받았으나, 만기 출옥일인 1943년 5월 17일에는 다시 예방구금에 처해져 사실상 무기징역이나 다름없는 감옥살이를 하게 되었다. 그동 안 가정은 풍비박산되었고 그의 부친 손종일은 만주에서 돌아 갔다. 손양원은 해방을 맞아 1945년 8월 17일 청주보호관찰소 에서 5년간의 수감생활을 끝내고 석방되었다.

해방 후 순교하기까지 5년 2개월 동안 그는 '사랑의 원자탄' 적 삶을 살아갔다. 그는 다시 애양원교회의 목회자로 돌아가 순 교할 때까지 한센병 환자들을 위한 사랑의 사도로 임했다. 그는 애양원 중환자실의 칸막이를 개의치 않고 드나들었고, 심지어 환우들의 종기를 입으로 빨았다는 증언도 있다.

일제 강점기 신사참배 거부투쟁으로 약 5년간 옥고를 치른 손 양원은 해방 후 여러 곳에 다니며 부흥회를 인도하며 한국 교회의 회개와 영적 회생을 위해 노력했다. 그는 해방 이후 순교하기까지 5년간 93개 교회에서 집회를 인도했고, 2,000회를 넘는 설교를 했다. 그는 또 신사참배 강요로 고난을 겪은 그리스도인답게 정부수립 후 국기배례를 신사참배와 다를 바가 없는 우상숭배로 보았다. 그 때문에 손양원 목사는 장로회 총회를 움직이고 대통령과 국무위원들을 만나 설득하여 국기배례를 현행 '국기에 대한 주목례'로 바꾸는 데에 크게 공헌했다.

신사참배 반대투쟁으로도 손양원은 이미 한국 교회에 돋보이는 존재가 되었지만, 그로 하여금 '성자'의 칭호를 받게 한 것은 그의 두 아들이 '여순사건'에서 희생된 후 그가 보인 '원수 사랑'의 실천 때문이다. 1948년 10월 19일에 일어난 여순사건 때에 순천사범에 재학 중인 큰아들 동인과 순천중학에 재학 중인 둘째 동신이 21일 공산주의자들에 의해 희생되었다. 손양원은 그것을 듣고 잠시 흔들리기도 했다. 당시 애양원교회에서 부흥회를 인도하던 출옥성도 이인재 전도사가 그의 슬픔에 동참, 권면 위로했다. 그는 곧 자기 아들들이 천당 갔을 것이라는 확신 위에서 그의 부인과 성도들을 도리어 위로하게 되었다.

그는 더 나아가 그의 두 아들을 죽인 사람들에 대한 목회자다운 연민을 갖게 된다. 자기 두 아들이 천당 간 것과는 달리 두 아들을 죽인 사람들은 지옥 갈 것이 아닌가? "내 어찌 아비 된 자로 이 일을 그대로 두겠습니까! 나 역시 인간들이 불신의 죄로 지옥 갈까 보아 전도하러 다니는데, 내 아들 죽인 죄를 회개

않고 죽는 사람들을 내 어찌 방관하겠습니까." 그는 곧 순천으로 사람을 보내 "다른 이는 내가 몰라도 내 아들 죽인 자들이 앞으로 체포되거든 절대로 사형치 말고 때리지도 말게 하면 내가 전도해서 예수 믿게 하여 내 아들 삼겠다"고 계엄당국에 전하도록 했다. 이러한 손 목사의 뜻이 계엄당국을 움직여 그의 두 아들을 죽이는 데 가담한 젊은이가 사형을 면케 되고, 손양원 목사는 그를 양아들로 삼았다. 그는 자기 아들을 죽인 자를 용서했으며, '원수를 사랑하라'는 말씀을 실천함으로 십자가의 사랑을 이렇게 이뤘던 것이다. 이런 과정에 대해서는 안용준이 쓴 《사랑의 원자탄》에 자세히 밝혀져 있다.

그는 그 아들의 영결식에서 자기가 느낀바 '은혜받은 감사의 조건'으로 다음과 같이 답사를 대신했다. 그것이 바로 아들을 떠나보내면서 손양원 목사가 고백한 아홉 가지 감사다. 그의 감사는 신사참배 반대투쟁으로 생명을 걸었던 산증인의 신앙고백이기도 하다.

첫째, 나 같은 죄인의 혈통에서 순교의 자식이 나게 하셨으니 하나님께 감사합니다.

둘째, 허다한 성도 중에 어찌 이런 보배를 주께서 하필 내게 맡겨주셨는지 주께 감사합니다.

셋째, 삼남삼녀 중에서도 가장 아름다운 두 아들 장자 차자를 바치게 된 나의 축복을 감사합니다.

넷째, 한 아들의 순교도 귀하다 하거든 하물며 두 아들의 순교이리요, 감사합니다.

다섯째, 예수 믿다가 와석종신臥席終身하는 것도 큰 복이라 하거든 하물며 전도하다 총살 순교당함이리요, 감사합니다.

여섯째, 미국 가려고 준비하던 내 아들, 미국보다 더 좋은 천국 갔으니 내 마음 안심되어 감사합니다.

일곱째, 나의 사랑하는 두 아들을 총살한 원수를 회개시켜 내 아들 삼고자 하는 사랑하는 마음 주신 하나님께 감사합니다.

여덟째, 내 두 아들의 순교의 열매로 말미암아 무수한 천국의 아들들이 생길 것이 믿어지니 우리 아버지 하나님께 감사 감사합니다.

아홉째, 이 같은 역경 속에서 이상 여덟 가지 진리와 신애神愛를 찾는 기쁜 마음, 여유 있는 믿음을 주신 우리 주 예수 그리스도께 감사 감사 감사합니다.

이 아홉 가지 감사가 두 아들의 영결식에서 나왔다는 것은 놀랍다. 이런 감사는 "항상 기뻐하라 쉬지 말고 기도하라 범사에 감사하라. 이것이 그리스도 예수 안에서 너희를 향하신 하나님의 뜻이니라"(살전 5:16-18)는 말씀을 생활화하는 데서 우러나올 수 있는 것이다. 우리가 손양원 목사를 '사랑의 사도' 혹은 '성자'로 부르는 것은 이런 체화된 그의 실천적인 삶 때문이다. 이런 삶은 성 프란체스코와 성 다미앵의 삶 못지않게 진한 감동을 준다. 그래서 그는 한국 교회가 세계에 내놓을 수 있는 그리스도인의 한 전범典範이다.

*

　손양원 목사의 순교는 그의 두 아들의 죽음과 함께 민족비극의 상징이라고 했다. 그는 원수까지도 사랑하라는 성경 말씀을 충실하게 실천한 사랑과 평화의 사도였다. 지금까지 한국의 교회와 사회가 그를 제대로 재발견하지 못한 것은 게으름 때문만은 아닐 것이다. 그걸 큰 수치로 여긴다면 지나친 말일까? 아직도 그와 그의 두 아들을 희생시킨 한국의 분단상황은 지속되고 있으며, 한때 민족화해를 추구하던 분위기는 최근 오히려 더 심한 적대의식을 고양하는 분위기로 돌변했다. 민족 간 적대의식을 재강화한 역할에 장로 대통령이 앞장섰다는 것은 한국 교회의 수치다. 거기에다 한국의 (대형)교회가 이념적 대결에 앞장서는 듯한 모습을 보이고, '종북세력 찾기'에 혈안이 되어 있는 것도 과연 교회가 사랑과 화해의 종교로서 분단사회에서 제 사명을 인식하고 제구실을 제대로 하는 것인지 심히 걱정하지 않을 수 없다.

　우리 민족과 사회는 지금 어느 곳에나 갈등과 분쟁, 대결과 적대의식이 없는 곳이 없다. 남북관계뿐만 아니라 지역 간, 노사 간, 계층 간 심지어는 종교 간에도 그게 점차 확산, 심화되고 있다는 추세이다. 사회대통합을 부르짖으며 등장한 정권은 그 주장과는 판이하게 편 가르기에 여념이 없고, 진영논리에 서서 상대방을 단죄, 추방하고 있다. 적대적 공생관계를 즐기면서 남북 지배자들은 상대방을 통해 자기 권력을 강화하는 데 여념이 없다. 지식인 사회도 예외가 아니어서 이제 정치적·경제적 권력 앞에 곡학아세로 몸을 팔고 있다. 보편적 가치나 정당성의 존재 유무보다는 이해관계와 진영논리에 의해 상대방을 타자화하고 있다. 이런 때에 '사랑의 사도' 손양원 목사를 떠올리는 것은 의미가 있지 않을까? 민족비극의 희생양인 그를 민족화해의 상징으로 삼자는 것이다. 두 아들을 살해한 '원수'를 싸안아 아들로 삼은 그 사랑의 정신으로 우리 사회의 갈등과 대결, 반목과 질시, 파쟁과 투쟁을 포용, 통합하고 극복, 승화하자는 것이다. 그의 사랑과 화해의 정신이 우리 민족과 사회의 상처 치유에 활용되도록 하자는 것이다. 이것은 그를 추앙하자는 것도, 우상화하자는 것은 결코 아니다. 그를 통해 원수 사랑의 정신을 그가 희생된 이 사회 속에 실현해가자는 뜻이다.

다시 한 번 그를 회상해본다. 손양원 목사가 순교한 지 한 달 후인 1950년 10월 29일 서울 남대문교회에서 개최된 손양원 목사 추모예배에서 박형룡 박사는 설교를 통해 그의 신앙과 행위를 이렇게 집약해서 설명했다.

그는 위대한 경건인이요, 전도자요, 신앙의 용사요, 나환자의 친구요, 원수를 사랑한 자요, 성자이다. 그의 일생은 기도로 호흡 삼고, 성경으로 양식을 삼아 영적 만족과 감사, 충만함으로 찬송을 끊지 않은 희세의 경건인이었다. 그리고 수많은 부흥사경회를 통한 감옥에서의 전도 등으로 위대한 전도자가 되었다. 해방 후 그는 부흥회를 5년 남짓하여 약 60여 회를 인도했다. 그리고 그는 또 위대한 신앙의 용사로서 신앙의 절개를 지키기 위해 일제 말기 신사참배를 거부하고 수년간 옥고를 치른 분이다. 나환자의 위대한 친구로 부산 나병원 전도사로 교육을 시작한 이래 여수 애양원과 나환자 교회에서 남은 여생을 헌신했다. 또 그는 원수를 사랑한 위대한 사람이다. 사랑하는 두 아들을 죽인 자를 용서하고 오히려 자식으로 삼아 회개시켰다. 그는 양떼를 위해 의의 영광스러운 면류관을 쓰신 위대한 순교자이다.

그동안 여수 애양원교회를 중심으로 그를 기리는 사업을 해 왔다. 여수 엑스포 때는 그 지역 교회를 중심으로 그의 동상을 건립하자는 운동이 한때 있었던 것으로 알고 있다. 그러나 동상을 세우는 것은 그의 신앙에 배치될 뿐만 아니라 개신교 전통에도 어긋난다는 강력한 반대에 부딪혔다. 이런 반대는 한국 교회에 아직도 순교신앙의 정신이 존재하고 있다는 강력한 증거다. 그를 기념하는 사업은 그를 기리고 그의 정신을 계승, 선양하는 사업에 그쳐야 하는 것이지, 그를 우상화하는 작업이어서는 결코 안 된다.

지금까지 한국 교회는 손양원 목사에 대해서 신학적·교회사적으로 제대로 연구, 평가하지 않았다. 또 교회사에 기억될 하나님의 평화의 종으로 인식하고 시간을 들여 제대로 소개하지도 않았다. 손양원은 교단을 초월하여 소개하고 평가해야 할 존재인데도 어느 특정 교단과의 관련성을 벗어나지 못하고 있다. 이 때문에 아직도 그의 생애와 신앙, 신학을 학문적으로 정확하게 조명하지 못하는 실정이다. 그에 대한 학문적인 연구를 위해서는 무엇보다 그가 남긴 글들을 모아 전집을 간행해야 한다. 그는 그 시대의 목회자치고는 비교적 많은 문헌자료를 남겼다. 설교 자료, 옥중 서신을 비롯한 여러 형태의 서간, 그리고 일기도 남겼다. 그렇다면 한국 교회는 늦었지만 이런 자료들을 수집하여 먼저 그의 전집을 간행하고 그것을 토대로 전기나 평전을 내도록 해야 할 것이다.

또 하나, 이와는 별도로 그동안 교계 일각에서 진행되어온 사업이 있다. 경남 함안 칠원에 그의 생가를 복원하고 그 옆에 기념관을 건립하여 후세들에게 교육의 장으로 만들자는 것이다. 이 사업이 부득이 내가 이사장으로 있는 '산돌손양원기념사업회'에 위촉되었다. 국비, 도비, 군비의 도움을 받아 사업이 진행되고 있으며, 함안 군수도 열성을 다해 돕고 있다. 기념사업회에서도 생가부지 매입에 힘을 보태기는 했으나, 한국 교회와 그리스도인들의 지원은 미미하기 짝이 없는 실정이다. 생가 복원과 기념관 건립이 시작되었는데, 한국 그리스도인들이 여기에 적극 동참토록 하자면 어떤 방안이 있을까? 우리는 가능하면 국가의 도움이 없이 그런 사업을 하고 싶다.　　　　　**_ 2013. 10.**

화해의 사도 이승만 목사

어제 한동대학교의 류대영 교수로부터 이승만(1931. 5. 25.-2015.
1. 14.) 목사가 돌아가셨다는 소식을 들었다. 리치몬드의 유니온
장로교신학교에서 가르치다가 자녀들이 있는 애틀랜타로 옮긴
지 얼마 되지 않았고, 얼마 전에는 투병 중이라는 소식을 들은
적이 있다. 2년 전 한국을 방문했을 때만 해도 그렇게 정정하시
던 분이 이렇게 갑자기 돌아가시다니 잘 믿기지 않았다. 추도식
에서 들으니 그는 입원실에서 늘 '감사'를 반복해서 말했고 임
종을 앞둔 때에는 자신이 못다 한 일은 뒷사람들이 잘 감당해줄
것으로 믿으면서 "다 이루었다"는 말로써 그의 84년간의 생을
마감했다고 한다. 흑백차별과 인종 간의 갈등 및 남북의 적대관
계 등을 화해로 이끌어가려고 노력한 그의 공적은 한미 기독교
와 한국통일운동사에도 길이 남을 것이다.

　평양에서 목사의 아들로 태어난 그는 해방 직후 평안공업학

교의 학생간부로서 시위를 주도하다 퇴학 처분을 받았고 그 후 평양 성화신학교에 입학했다. 그곳에서 박대선·김용옥·김학수 교수 등을 만났고, 뒷날 도움도 받았다. 그는 6·25전란 중에 어머님과 네 여동생을 남겨둔 채 남동생(이승규)과 성화신학교 동학들과 함께 남하했다. 피난생활에서 생존문제를 해결하기 위해 같이 '월남한' 성화신학교 동지들과 함께 해병대에 입대, 5년간 복무했다.

그의 아버지 이태석 목사는 일제 치하에서 일찍이 민족의식에 눈뜬 분이었다. 경신학교 재학 때에 3·1운동에 참여했고 그 후 평양 숭실학교에 편입, '학생의열단'에 참여해 1년간 옥고를 치르기도 했으며, 일본 중앙대학과 경성성서학원을 마친 후 목회자로 나섰지만 늘 일제의 감시하에 자유롭지 못했다. 평안공업학교 퇴학 후 이승만은 숭실전문에 다녔던 아버지가 남겨놓은 영어책과 사전을 가지고, 당시 소련어 외의 다른 외국어 공부가 거의 불가능한 북한에서 독학으로 영어 공부에 몰두했다. 생존의 방편으로 입대했던 해병대에서는 영어 군사교재를 한국어로 번역하는 요원이 되었고, 휴전 직후에는 반년간 미 군사학교에 유학한 적도 있다. 이 유학에서 사귀게 된 미국인 한센 소위가 재정보증을 서줌으로 제대 후 유학길에 오를 수 있게 되었다. 이 같은 도움은 미국에 가서도 루이빌 신학교 3년간의 학자금이 마련되는 기적으로 나타나지만, 하나님은 이렇게 그를 인도하셔서 당신께서 원하시는 인물로 세워갔던 것이다.

한때 성화신학교에 적을 두었다가 남하한 그는 해병대에 근무하면서 부산에서는 감리교신학교에 적을 두고 공부했다. 부대가 서울 근교의 일산, 문산과 금촌으로 옮겨졌지만 그는 학업을 위해 부대장의 허락을 받아 서울 장사동 소재 중앙신학교 야간부에 등록, 수강하러 다녔으니 가히 주경야독이라 할 만했다. 제대 후 1956년 1월, 미국 유학길에 올라 웨스트버지니아 주 데이비스앤엘킨스 대학에 입학하여 그간 한국에서 공부한 학점을 인정받아 1년 반 만에 졸업했다. 1957년 9월, 그는 3년간 한 독지가의 재정적 지원을 받아 켄터키 주 루이빌 신학교를 마칠 수 있었다. 신학교 졸업 후 루이빌 웨스트민스터 장로교회의 담임목사로 부임했고, 이어서 루이빌 신학교 교목도 맡게 되었다. 그 뒤 그는 예일 대학 신학부(석사)를 거쳐 시카고 신학교에서 종교사회학으로 박사학위를 취득했다. 뒷날 미국 연합장로회 선교부의 중동지역 총무와, 동남아시아·태평양 지역 총무 등을 맡았고, 남·북장로교회가 123년 만에 통합하게 되자(1983) 미국 장로교 세계선교부 부총무를 맡게 되었다(1988). 그 뒤 그는 버지니아 주 유니온 장로교신학교 교수(1998) 및 컬럼비아 신학교 교수로 후진을 가르치게 되었다. 그는 미국 NCC 회장(1992)을 역임한 후 2000년에는 미국 장로교의 제212차 총회장에 피선되어 그의 화해 사역을 더 감당할 수 있었다. 이렇게 그가 미국에서 동양인으로서는 전인미답의 직위에까지 오르게 되었으나 그로 하여금 '화해의 사도'로 되게 한 결정적인 계기는 루이빌에서의 활동 때문이었다고 술회한다.

이승만은 루이빌에서 목회 및 교목 활동을 하는 동안 마틴 루터 킹 목사의 인권화해운동에 깊이 공감하게 되어 그의 생이 바뀌는 경험을 하게 된다. 그때까지 미국에서는 대학에서조차 흑백차별이 좀처럼 누그러지지 않고 있었는데, 흑인 학생들을 도우면서 그는 기독교 복음이 강조하는, 소외되고 학대받는 고통에 연민하는 이 같은 진리에 행동으로 응답하게 된다. 그 무렵 흑인인권운동을 주도하고 있던 마틴 루터 킹 목사가 루이빌에 와서 이렇게 힘 있게 외치며 감동의 물결을 일으켰다. "용서는 얻어맞는 사람만이 할 수 있는 행동입니다. 피해를 당한 사람은 화해의 주도권을 가지고 있습니다. 보복하느냐 용서해주느냐는 가해자의 권리가 아니라 피해자의 권리입니다. 우리가 싸우는 대상은 가해자가 아닙니다. 그 마음속에 있는 불신과 의심입니다. 그리고 우리는 용서를 통해서만 이 싸움을 끝낼 수 있습니다. 용서를 통해 가해자와 피해자 모두에게 진정한 자유를 주자는 것입니다." "우리가 생명을 내놓고 하는 인권운동은 다만 억압당하는 흑인들을 해방시키기 위한 것일 뿐만 아니라 억압자인 백인들도 함께 해방시키기 위한 것입니다." 이 외침에 이승만은 인생관이 바뀌는 충격을 받게 된다. 그래서 그는 "이 순간이 내 삶의 전환점이라는 것을 깨달았다"고 고백한다.

그는 그 무렵까지 북한 공산주의에 대해서 응어리진 복수심을 극복하지 못했다. 피난할 때나 해병대에 복무하던 시절은 물론이고 미국 유학생활에서도 한동안 북한 정권에 대한 분노와 미움을 삭이지 못했다. 그들 때문에 아버지를 잃었고, 어머니와 여동생을 볼 수 없게 되었기 때문에 가슴이 터지도록 북한을 원망했던 것이다. 더구나 그의 아버지가 순교하던 1950년 10월을 생각하면 도저히 용서할 수 없었다. 그는 말한다.

> 며칠을 실성한 사람처럼 들로 산으로 다니며 시체 구덩이마다 뒤지던 어머니가 결국 50여 구가 뒤섞인 시체 가운데서 아버지의 시신을 확인한 날 '어떻게든 복수하겠다. 이렇게 살인한 자들을 용서해서는 안 된다'고 이를 갈며 뜬눈으로 지새던 밤들 … 어머니와 동생들 때문에 차마 내지르지는 못했지만, 그래서 더 안으로 박혀 들어갔던 억울함과 분노는 '과연 이 세상에 하나님의 정의가 있는가'라는 질문으로 옹어리졌다.
>
> — 이승만 목사 자서전《기도 속에서 만나자》, 28쪽

이렇게 복수심에 가득 찼던 이승만이었지만, 뒷날 '화해꾼'에게 수여하는 '톰슨상'을 받게 되었다. 이는 마틴 루터 킹 목사를 통해서 나타난 그리스도의 화해를 자기 속에 체화體化할 수 있었기 때문이다. 그가 동양인으로서는 드물게 미국 NCC의 회장이 되고 미국 장로교 212차 총회장이 된 것도 이 같은 화해자로서의 인품이 그들 사회에 요청되었기 때문이다. 그는 남북교회

를 연결시키는 등 스스로 남북화해에 앞장섰을 뿐만 아니라, 백악관의 클린턴을 설득하고 카터를 움직여 북한 방문을 주선하는 등 북미관계를 개선시키는 데도 막후에서 숨은 역할을 감당했던 것이다.

　내가 이 목사를 알게 된 것은 그가 북장로교 선교부 동아시아·태평양지역 담당 총무로 있을(1980-1988) 때다. 1980년 5·17로 집권한 전두환과 신군부는 대학에서 80여 명의 교수들을 4년간 내쫓았다. 그때 이 목사는 남장로회 선교부 아시아지역 총무로 있던 김인식 목사와 함께 미국 교회를 설득하여 한국의 해직교수들을 돕는 데 앞장섰다. 나도 그런 도움을 받은 사람의 하나다. 그런저런 인연으로 나는 한국 교회사 자료를 수집하기 위해, 해직 중인데도 프린스턴 신학교에 갈 수 있었다. 당시는 한국 교회가 곧 선교 100주년을 맞이할 때인지라, 한국 교회사 연구자들은 선교사들이 본국에 보낸 자료를 수집하여 새롭게 한국 교회사를 연구하지 않으면 안 될 시기였다. 그때 이 목사는 그의 사무실이 있는 뉴욕에서 몇 차례에 걸쳐 프린스턴으로 내려와 위로의 말을 건네면서 생활비도 걱정해주었다. 프린스턴 교정에서 그를 만났던 기억이 지금도 선명하다. 그는 또 내가 한국 교회사 자료 수집을 위해 뉴욕 등 여러 지역과 기관을 순방하게 되면, 해당 기관에 미리 연락, 편의를 부탁해주기도 했다. 복직 후 1991년 뉴욕 스토니포인트에서 개최된 남북

기독학자회에 참석했을 때, 그 폐막을 앞둔 저녁, 북한에서 막 돌아왔다는 그는 남북 대표들과 합류, 거의 밤을 새우며 노래와 대화로써 한마당을 이루었다. 이런 추억은 화해의 사도로서 그가 얼마나 분주했던가를 보여주는 일면이기도 했다. 그 뒤 우리는 크리스마스 때나 기회가 닿을 때, 카드와 이메일로 서로 문안하며 위로·격려해왔다.

늘 만면에 웃음을 띠고 양보하기를 좋아했던 분, 갈등과 억울함을 그리스도의 십자가를 통해 사랑과 평화로 승화시킨 목회자, 가는 곳마다 진정한 용서와 화해의 전범典範을 보여준 '화해꾼', 그래서 그에게는 '화해의 사도'라는 말이 조금도 어색하지 않다. 그는 떠나는 날까지도 가족과 주변을 향해 '감사' '감사'를 속삭였고, "다 이루었다"는 말로 생을 마감했다. 이승만 목사는 지금 "화평케 하는 자"에게 주시겠다고 약속하신 "하나님의 자녀"로서의 축복을 하나님나라에서 누릴 것으로 믿는다. 사모님과 유족들에게 하나님의 충만한 위로가 함께하기를 기도한다.
_ 2015. 1. 16.

김교신 선생

지난 11월 28일에 한국기독교회관에서 '김교신선생기념사업회'
가 조직되었다. 김교신 선생(1901-1945)은 '무교회주의자'로 알
려져 있다. 그래서인지 선생이 돌아가신 지 거의 70년이 되어
가는 이 시점까지도 그를 기념하는 기관이 없다. 해방 직후에는
그의 제자들이 선생의 저술과 158호까지 간행한 〈성서조선〉을
복간하는 일을 했다. 지금은 그마저도 중단되었다. 이를 확인하
면서 후학으로서 부끄러움을 금할 수가 없었다. 선생의 이름을
내건 기념사업회를 선생께서 수긍하실까 하는 염려도 없지 않
았지만, 후생의 도리라고 생각하면서 결성에 나섰다. 그날 필자
가 행한 기념강연을 요약하여 김교신선생기념사업회 설립의 취
지를 살피고자 한다.

선생은 함경남도 함흥의 유교적 집안에서 태어나, 12세에 결
혼, 16세에 첫 딸을 얻었고 그 뒤 6녀 2남을 두었다. 1919년

함흥공립농업학교를 졸업하고 그해 봄에 일본 동경정칙학교에 입학, 영어를 배웠다. 1922년 4월에는 동경고등사범학교 영어과에 입학했다가 이듬해 동식물학·광물지질학 및 지리학을 망라하여 공부하는 지리박물과로 전과했다. 이에 앞서 선생은 1921년 4월부터 성결(홀리네스)교회에 나가기 시작했고, 교회에 출석한 지 두 달 후에 세례를 받았다. 이 무렵, 그는 우치무라 간조의 성경공부 모임에 출석, 8년간 강의를 들으며, 그의 신앙과 애국심에 감명을 받는다. 그런 과정을 통해 우치무라의 2J Jesus for Japan는 김교신의 2C Christ for Chosen로 발전하게 된다. 그가 동경고등사범학교 입학 후 영어과에서 박물과로 전과하게 된 것도 우치무라에게서 배운 애국적인 감화와 무관하지 않다. 선생이 뒷날 지리박물학 교사로서 조선의 대형지도를 걸어놓고 각별하게 지리 수업을 진행한 것이나, 서울 근교의 북한산 기슭을 산책하며 계곡이나 백합화를 볼 때조차 흐느껴 울었던 것은 그가 지리박물학을 통해 나라 사랑의 정신을 키워갔기 때문이다.

선생은 1927년 3월 8년간의 학업을 끝내고 귀국, 함흥영생여자고등보통학교와 양정고등보통학교, 제일고등보통학교(경기고등학교) 및 송도고등보통학교에서 교편을 잡았다. 12년을 근속한 양정학교 외에는 1년 이상 근속한 학교가 없다. 선생은 귀국한 후, 그 전해 일본에서 '조선성서연구회'를 조직하고 매주 성서연구 모임을 같이했던 신앙의 동지들(송두용, 류석동, 양인성, 정상훈, 함석헌)과 함께 〈성서조선〉을 창간하고 새로운 신앙운동을 시작했다. 〈성서조선〉은 처음에 신학을 공부한 정상훈이 편집책임을 맡았으나, 16호(1930년 5월)부터 '조와弔蛙'로 폐간되는 158호(1942년 3월)까지 선생이 주필로서 집필·교정·인쇄·우송 등 사무 일체를 전담, 간행했다. 〈성서조선〉이 추구하는 바는, 조선에 성서를 주어 성서 위에 조선을 세우는 것이었다. 이는 '조선을 성서화하자'는 것으로 성서입국聖書立國을 의미했다.

귀국한 6인의 동지들은 처음부터 무교회주의운동의 깃발을 올릴 의도는 없었다. 선생만 해도 공덕리에 거주할 때 근처 장로교회의 초청을 받아 설교도 하고 성경도 공부시켰으며 주일학교 책임을 맡아달라는 제의도 받았다. 그러나 기성 교회가 신앙의 역동성을 잃고 형해화되어가는 것을 보면서, 주일날 서울에서 자기들끼리 공개집회를 가졌다. 소위 '무교회 성서집회'였다. 일본인 우치무라에게 배웠다는 이유로 민족정신이 없는 무리라 규정되어 때로는 공격을 받았고, 이들에게 집회장소를 빌려주지 말라는 전달문이 나돌아 집회장소 찾기도 힘들게 되었다. 그러나 이들은 한국어 성경은 물론이고 일본어, 영어, 독일어, 희랍어, 히브리어 성경을 펴놓고 성서 연구를 계속했다. 특히 그들은 교회의 본래 모습을 탐구하기 위해 초대교회 성경언어인 희랍어성경 연구에 힘썼다.

선생은 성경 연구를 힘쓰는 한편 기도 생활, 특히 한국 교회의 특징인 새벽기도에도 힘썼다. 정릉으로 옮긴 후 그는 새벽에 냉수마찰을 한 후 산에 올라가 몇 시간이고 기도하며 찬송했다. 송도로 옮긴 후에도 만월대 뒤 송악산 깊은 골짜기에 기도의 터를 잡고, 새벽 4-5시경부터 그곳으로 달려가 폭포수 소리에 질세라 큰소리를 내어 기도했다. 20세기 초 한국 교회에 정착한 새벽기도의 모형을 예배당이 아닌 산천에서 실천했던 것이다. 송도로 옮긴 그해 겨울 혹한에도 불구하고 폭포 밑 웅덩이에 살아남은 몇 마리의 개구리를 발견, 선생은 "아! 전멸을 면했구나!"라는 '조와'의 글귀를 민족의 부활과 관련하여 썼다. 여기서 그는 엄동설한을 견뎌내고 살아남은 개구리를, 혹한 같은 일제의 탄압을 인고한 조선 민족에 비유했던 것이다. '조와'는 이렇게 쓰였고 일제는 그 글이 조선민족 부활을 노래하는 것으로 직감, '성서조선사건'으로 얽었다.

성서조선사건으로 처음엔 400여 명이나 수감되었지만, 대부분 수십 일을 넘기지 않고 풀려났다. 13명만을 장기 구금시키고서도 마땅한 기소거리를 찾지 못한 일제는 1년 만에 그들을 풀어주었다. 옥중에 있는 동안 선생은 기도에 더욱 힘써 매일 주기도문을 100번에서 300번까지 외웠다고 한다. 취조한 형사는 선생과 동지들을 두고, "네놈들은 우리가 지금까지 잡아온 조선 놈들 중에서 가장 악질분자다. … 네놈들은 종교의 가면을 뒤집어쓰고 조선 민족정신을 깊이 심어서 100년 후, 아니 500년 후에라도 독립할 수 있도록 그 기반을 닦으려는 악질분자다"라고 했고, 어떤 담당관은 "김(교신)에게는 정말 하나님이 계셔서 도와주고 계시는 것 같다"고 했다. 선생의 옥중생활의 진면모는 이렇게 감화와 감동으로 나타났다.

옥에서 나온 선생은 흥남질소비료공장에 입사, 징용으로 각지에 흩어지는 동지들을 규합하여 수천 동포 노동자들을 위해 헌신하는 기회를 갖고자 했다. 그곳에서도 선생은 스승으로서의 신념을 살려 조선인의 긍지를 살리기 위한 교육·훈련에 힘쓰며 동포 노무자들의 복지향상을 위해 노력했다. 선생의 이런 헌신적인 모습은 일본인 상사들을 감복시키기도 했다. 그러나 당시 유행하던 발진티푸스에 감염된 환자를 간호하다가 선생 자신이 감염되어 1945년 4월 25일, 그토록 갈망했던 조국해방을 넉 달 남겨둔 채 타계했다.

선생은 한국 교회사에서 무교회주의자로 알려져 있다. 우리는 선생과 동지들이 신앙적 활력을 잃은 한국 교회를 향해 왜 무교회주의를 주장했는지를 물어야 한다. 더구나 오늘의 한국 교회의 상황과 관련시켜 볼 때, 선생과 동지들이 던진 물음은 지금도 한국 교회를 향한 도전이 아닐 수 없다. 더구나 그들이 내세운 '성서로 돌아가자'는 주장은, 어느 시대에나 마찬가지로, 본질로 돌아가자는 것이었고, 따라서 불가피하게 개혁을 의미했던 것이다. 그런 의미에서 선생과 무교회주의자들이 꿈꾼 조선 교회상은 성서에 입각한 더 '순수한' 교회였다.

선생은 또 '서구적' 기독교를 통해서 전파된 것이 아닌, 성서를 통해 직접 한국에 유입된 기독교, 그리하여 한국적인 문화

토양에서 자라 열매를 맺는 '조선산朝鮮産' 기독교를 주장했다. 그것은 구미를 통해 유입된 때 묻은 기독교가 아니라, 성서에 기반하여 한국이라는 토양에서 뿌리내리고 열매 맺는 기독교회를 의미했다. 선생의 이 같은 시도가 '조선산' 기독교를 배태하기 위한 꿈이었다면, 그것은 오늘날 우리 한국 교회에 시사하는 바가 크다. 복음을 수용한 지 130년을 넘겼는데도 아직도 한국 교회는 자기정체성을 갖지 못하고 있다. 아직도 한국 교회는 자기 상황 속에서 하나님의 말씀을 새롭게 육화시킨 자기 신학을 갖고 있지 못하고, 번역 신학, 수입 신학의 단계에 머무르고 있다. 수입 신학, 번역 신학으로 자기정체성을 확립하지 못한 결과, 한국 교회는 구미식의 시장화한 교회로, 또 바알과 아세라의 전당과 같은 교회로 변모되고 있다. 선생과 동지들이 꿈꾸었던 '조선산' 기독교에 귀를 기울여야 할 이유가 여기에 있다.

오늘날 구미에 유학하는 이들이 그쪽 학계로부터 자주 받는 질문이 있다. '한국적인' 교회를 소개해달라는 것이다. 그때 내세우는 인물이 김교신이요, 함석헌이다. 그리고 그 자료는 〈성서조선〉이다. 이를 감안한다면 선생은 아직도 우리 신학계, 신앙계에 조언자, 개혁자로 새로이 재등장하지 않을 수 없다. 우리가 선생의 이름을 내세워 기념사업회를 갖게 되는 이유도 여기에서 찾아야 한다. ＿2014. 12. 3.

함석헌: 먼저 그 의를 구하라

오늘 오후 3시부터 '함석헌 읽기' 강독회가 푸른역사아카데미에서 모였다. 이 강독회는 매월 한 번 모여 〈함석헌저작집〉(한길사, 2009) 전 30권 중 1권씩을 읽어나가고 있다. 이번 모임에서는 김제태 목사의 인도로 《먼저 그 의를 구하라》라는 제목의 제18권을 읽고 토론했다. 이 책에는 1927년 7월 〈성서조선〉 창간호에서 1940년 3월 제134호에 이르기까지 함석헌이 쓴 32편의 글을 수록하고 있다. '먼저 그 의를 구하라'라는 글은 32편의 글 중 맨 처음에 나오는 글의 제목이기도 하다.

이 책의 제목 '먼저 그 의를 구하라'는, 신약성경 마태복음 6장 31–33절에 나오는 다음 성경구절에 나온다. "그러므로 염려하여 이르기를 무엇을 먹을까 무엇을 마실까 무엇을 입을까 하지 말라. 이는 다 이방인들이 구하는 것이라 너희 하늘 아버지께서 이 모든 것이 너희에게 있어야 할 줄을 아시느니라. 그런즉 너희는 먼저 그의 나라와 그의 의를 구하라 그리하면 이 모든 것을 너희에게 더하시리라."

함석헌(1901-1989)의 글에는 위의 성경구절 "먼저 그의 나라와 그의 의를 구하라"에서 '그의 나라'는 빼버린 채 '먼저 그의 의를 구하라'라고만 언급했다. 나름대로 이유가 있을 것이다. 이 글이 쓰인 시기가 1927년 일제 강점하라는 사실도 그 점을 이해하는 데 도움이 될 것이다. 일제는 일본 이외의 어느 나라도 용납하지 않으려 한 때가 있었다.

함석헌은 그 시대에 이런 제목의 글을 쓰면서 많이 망설였다. 당시 조선은 이 말을 받을 만한 상황이 아니었다. 그의 말이다.

주린 배를 움켜쥐고 눈물로 양식 삼아가며 북만北滿으로 들어가는 형제의 손을 붙잡고 이 말로써 전송할 이가 몇인가. 벗은 허리를 꼬부리고 모욕을 옷 삼아 현해탄을 건너가는 자매를 보고 이 말로써 진정한 위로를 드릴 이가 과연 몇인가. 없다. 한 사람도 없을 것이다―그 안에 새 생명이 창조된 이를 제하고는. 만일 그리 말하는 이가 있으면 그는 양심을 속이는 자라고 꾸짖음을 들으리라. 그렇지 않으면 미친 자라고밖에 인정을 받지 못하리라. 실로 이 가르침을 그대로 믿기에는 우리 현실문제는 너무 절박한 듯하다. 너무나도 명백한 듯하다. 이 사실을 모르는 체하고 복음을 믿기는 너무나도 무지한 듯하다. 너무나도 시대착오적인 듯하다. 너무나도 고집인 듯하다. 이 가르침을 실행하는 것은 너무나도 개인 중심적이요 너무나도 고식적이요 너무나도 동포애가 없는 듯하다.

함석헌은 그럼에도 불구하고 '먼저 그 의를 구하라'고 말하지 않을 수 없었다. 그 이유를 이렇게 강조했다. "현실문제가 아무리 급박하더라도 지식이 아무리 긍정을 아니하더라도 복음은 진리다. 어찌할 수 없이 진리다. 참 생명을 좇지 않을 수 없는 것이다." 그러면서 그는 당시 조선의 젊은이들과 민중을 향해 이렇게 외쳤다.

그러면 근역槿域(조선)의 자녀들아, 의를 구하자. 생명을 위하여 먼저 그 의를 구하자―현실이 아무리 급박한 듯해도. 이는 우원迂遠하고 어리석은 말 같고 점점 더 패멸로 인도하는 말 같으리라. 끌어올리는 두레박줄을 놓으라는 것같이 믿을 수 없고 이해할 수 없는 듯하리라. 그러나 진리다. 생명에 이르는 진리다.

근역의 자녀들아, 오늘날 우리는 불행에 우는 자다. 환난의 물결은 우리 위를 넘고 비탄의 부르짖음은 우리 입에 가득하다. 우리는 온갖 것을 저주하고 싶고 온갖 것을 파괴하고 싶다. 그러나 아니다. 그로 인하여 살길은 아니 온다. 구원은 오직 의의 신으로부터 온다.

그의 의를 구하라. 그의 "장막이 우리에게 있으며 그가 우리와 함께 거하시리니 우리는 그의 백성이 되고 그가 친히 우리와 같이 계셔 우리 하나님이 되고 눈물을 우리 눈에서 다 씻으시며 사망이 없고 애통하는 것과 곡하는 것과 아픈 것이 다시 있지 아니"할 것이다(계 21:3~4).

흰옷 입은 근역의 자녀들아, 그 의를 구하여라. 네 입은 옷은 정의의 흰 빛이 아니냐. 네 맘도 그와 같이 되기를!

이 글을 쓰던 시기의 함석헌은 27세에 불과했다. 동경고등사범학교를 졸업하기 1년 전, 그는 김교신 등 선후배 동지들이 동인지로 간행한 〈성서조선〉 창간호에 이 글을 발표했다. 글은 당시 일제의 검열을 피할 정도의 수준을 유지하지 않을 수 없었다. 표현과 언론의 자유가 있었다면 아마도 식민지 조선의 비참한 현실 묘사와 더 절절한 호소가 있었을 것이다. 그런 비참한 식민지 상황에서도, 그 비극적 절망 속에서도 낙심하지 말고 '먼저 그의 의를 구'해야 한다고 희망을 강조했던 것이다. 상황이 아무리 다르더라도 함석헌이 강조한 '먼저 그 의를 구하라'는 당부는 오늘날에도 들려져야 한다.

오늘 강독회에서 토론하면서 필자는 내 부끄러움을 고백했다. 함석헌이 27세의 젊은 나이에 조국의 사회·경제적 억압과 궁핍 속에서도 성경의 생명의 말씀을 씨알들에게 소개하고 용기와 희망을 북돋우려고 한 것은 놀랍다고 했다. 그러나 필자는 성경의 그 대목을 여러 번 읽었지만 그 말씀에 주목하지 못했다. 그러다가 젊은이들이 사악한 정권하에서도 '무엇을 먹을까 무엇을 마실까 무엇을 입을까' 등의 사회·경제적 욕구에만 관심을 갖고 스펙 쌓기에만 열중하지, 자기 사회의 정의의 문제에 대해서는 무관심해 하는 현상을 보면서 이 말씀에 주목하게 되었다. 〈복음과상황〉 2011년 5월호에 "빚진 자들이 무임승차까지 한다면"이라는 권두 칼럼에서 다음과 같이 언급했다.

오늘날 젊은이들이 취업전선에 몰두하면서 역사의식마저 상실한 듯하다. 젊은이들을 그렇게 만든 기성세대로서 무력감과 자괴감을 통감한다. 그렇다고 젊은이들의 무기력함이 용서받거나 변명되는 것은 결코 아니다. 시대 풍조도 경제 이외의 것에는 신경 쓰지 못하도록 교묘하게 옥죄고 있어서 무기력증을 반전시킬 분위기 조성 또한 쉽지 않다. 그러나 젊은이들이 이 함정을 벗어나지 못한다면 결국 경제도, 정의로운 사회도 기약하지 못한다. 이럴 때에 "너희는 먼저 그의 나라와 그의 의를 구하라 그리하면 이 모든 것을 더하시리라"(마 6:33)는 약속의 말씀에 용기를 얻는다. 그렇다. 먼저 그의 나라와 그의 의를 구하는 결단 없이는 이 정권, 이 암울한 세대가 파놓은 깊은 수렁을 헤쳐나지 못한다. 이승만 정권이나 유신독재체제, 신군부 파쇼체제의 엄혹함 속에서도 학생과 젊은이들은 투철한 역사의식을 가지고 불의에 항거하면서 자기 몸을 던졌다. 그것이 민주화를 가져왔고 산업화를 이끌었다. 그때도 취업자리가 없는 것은 마찬가지였다. 경제적으로 암담했다. 그러나 그들은 공동체의 비전을 '그의 나라와 그의 의를 먼저 구하는' 데서 찾았다. 그것은 곧 스스로의 희생을 의미했다. 그 요구에 먼저 순응했다. 자기 몸을 불사르는 젊음들의 희생이 이만한 정도의 오늘을 이룩했다. 호구지책과 안일한 도생圖生만을 위해 젊음을 도로徒勞하다가는 '그의 나라와 그의 의'는 말할 것도 없고 거기에 부수적으로 약속한 '이 모든 것'도 기약할 수 없다. 무임승차를 즐기는 공동체에 무슨 미래가 약속될 수 있겠는가.

함석헌은 1927년 일제 강점하 자기 동족이 희망과 용기를 갖도록, 젊은이다운 혈기를 전혀 노출시키지 않은 채 이 글을 썼다. 이를 보고 놀라움과 감사의 마음을 갖지 않을 수 없었다. 그가 27세에 주목했던 그 말씀이 필자에게는 이 나이에 눈에 띄었으니 그것도 부끄럽지만, "그리하면 이 모든 것을 너희에게 더하시리라"는 후반부의 사회·경제적 약속을 보고서야 그 앞에 나오는 "너희는 먼저 그의 나라와 그의 의를 구하라"고 한 말씀에 주목하게 되었으니 더 부끄럽게 느껴졌다. 함석헌이 식민지하의 상황에서 '먼저 그 의를 구하라'고 한 것은, 민주화·산업화 시대에 '먼저 그 의를 강조한' 것과는 차원을 달리하는 것이다. 그는 젊은 시절, 벌써 기독교 사상가의 가능성을 이렇게 보여주고 있었다.　　　　　　　　　　　　　　　_ 2013. 3. 15.

74주기를 맞아 도산 안창호 선생님 영전에 아뢰나이다

선생님, 대한민국임시정부기념사업회에서 독립운동을 하신 많은 선진들 앞에 100년 편지를 드리고 있습니다. '100년 편지' 100회를 맞으면서 도산 선생님 영전에 이 편지를 드리나이다. 올 3월 10일은 선생님이 가신 지 74년째가 되는 날이지요. 선생님께서는 1878년 11월 9일에 태어나 1938년에 돌아가셨으니만 육십을 채우지 못하셨지만, 선생님은 한말 일제강점기의 국민계몽에서 출발하여 교육, 사상, 실업, 결사 및 독립 운동에 힘쓰신 민족 지도자였습니다. 무엇보다 '인간화' 운동에 아름다운 모범을 보이셨습니다.

먼저 저희들이 기억하고 있는 선생님의 생애는 이렇게 정리될 수 있겠지요. 평안남도 시골에서 서당 공부를 이수한 선생님은 청일전쟁이 끝날 무렵 상경하여 구세학당에서 신학문을 닦으셨고 예수교에 입교하여 평생을 예수교인다운 인격으로 활동하셨습니다. 한말 독립협회 평양지부에서 활동하시면서 애국계

몽 연설로 민족을 자각시켰고, 교육구국의 길을 찾아 도미 유학의 길에 오르셨습니다. 미국에서는 동포들을 선도하면서 공립협회를 설립하고 〈공립신보〉를 창간하여 뒷날 대한인국민회와 〈신한민보〉의 토대를 닦으셨습니다. 나라가 기울어지는 것을 해외에서 볼 수만 없어 급히 귀국하여 신민회를 조직, 국권수호에 힘쓰시다가 망명길에 올랐고, 중국과 연해주에서 해외독립운동을 지도하셨습니다. 미국으로 돌아가서는 흥사단을 조직하고 대한인국민회의 중앙총회장에 취임하여 인재 양성과 독립운동을 지도하는 한편 북미실업주식회사를 설립하여 무실역행務實力行 민력증강民力增强에 힘을 기울이셨습니다. 인재를 양성하고 정치적 결사를 공고히 하여 힘을 키우고 실업으로 부강한 공동체를 만드는 것이 자주독립의 기초임을 뼈저리게 느끼셨기 때문입니다.

1919년 3·1독립운동이 일어나자 선생님은 대한인국민회를 대표하여 독립전쟁 준비를 호소하고 파리강화회의에 대표단 파견을 적극 지원하는 한편 상해로 오셔서 대한민국임시정부의 기틀을 마련하고 통합 임시정부를 성사시켜 정부의 말석을 지키셨습니다. 선생님의 민족적 경륜과 아량이 없었다면 좀처럼 성사시키기 어려운 과업이었습니다. 임정이 무기력해지자 국민대표회의 부의장, 인성학교 교장으로 통의군, 시사책진회, 한국노병회 건립에도 참여하는 한편 이상촌 건설을 위해 중국 관내와 만주를 시찰하고 독립군 단체들과 회합했습니다. 1926년에는 미국에서 출발, 다시 하와이, 호주를 거쳐 홍콩, 남경, 상해, 북경 및 만주 일대를 순회하며 한국유일독립당 결성을 호소하면서 이상촌 후보지도 탐색했습니다. 이때 선생님은 한국독립당을 창당하고 대공주의大公主義를 제창하는 한편 경제합작운동을 전개하기 위해 공평사를 설립했고 대일전선통일동맹을 결성, 독립운동전선 통일운동을 추진하시면서 중국 측과도 항일공동전선을 구축하기 위해 노력했습니다. 그러다가 1932년 4월 29일 윤봉길 의사의 의거 날, 일본 경찰에 체포되어 서울로 압송, 옥고를 치르셨고, 1937년 6월에는 다시 동우회사건으로 서대문 감옥에서 옥고를 겪으시던 중 병 보석 상태에서 1938년 3월 10일 돌아가셨습니다.

선생님, 저희들이 이때를 맞아 '100년 편지'를 띄우는 것은 선생님의 기일을 맞았기 때문만은 아닙니다. 선생님의 인격과 공동체 사랑의 정신이 시간이 흐를수록 깊은 감명과 공감대를 형성해주기 때문입니다. 오늘날 국제화·개방화의 시대를 맞으면서 국제적 표준(글로벌스탠더드)을 활성화하지 않을 수 없는 상황에서 선생님께서 보이신 정직과 공정성은 날로 흠모의 대상이 되고 있습니다. 통합 임시정부를 성사시키기 위해 대통령제를 성사시키시면서 당신께서는 한사코 노동국총판 자리에 머물렀던 것은 선생님의 선공후사의 정신을 극적으로 보이시는 것이면서 오늘날 엽관獵官운동에 눈이 뒤집힌 우리 사회를 질책하고 있습니다. 작금의 지도층의 반민주적 편파적 작태는 선생님께서 보이신 민주적 아량을 자주 되돌아보게 합니다. 우리 사회에 만연해 있는 아집과 불통은 선생님의 소통을 사모하게 합니다. 선생님께서는 바람 잘 날 없는 독립운동 전선에 창조적이고 건설적인 의견을 많이 제시하시면서 일방적인 통고 형식을 취하지 않고 상대방이 납득하도록 정성을 다해 설명하고 설득하셨습니다. 선생님의 포용력은 공산주의 세력에 대해서도 총 단결을 호소하였고, 이런 과정에서 형성된 대공주의는 대한민국 건국강령에도 영향을 미쳤습니다. 바로 이런 점들이 오늘 선생님께 편지를 드리게 된 까닭입니다.

선생님은 자신을 엄격히 관리하시면서 주변을 교양하는 것을 게을리하지 않았습니다. 그 근본은 정직과 성실에 두었습니다. 거짓말하지 말자, 거짓은 나의 불구대천지원수不俱戴天之怨讐라고 했습니다. 선생님의 공익정신은 거짓을 버리고 진실을 추구하는 데서 시작, 마음의 거짓 없음을 성실한 행동으로 보여주셨습니다. 바로 그 점이 오늘날 자본주의 사회에서 또 하나의 무형의 자본으로 간주되는 신용(신뢰)이라는 꽃을 피우게 했습니다. 그러기에 선생님은 귤 하나 따는 데도 애국심이 깃든다고 하면서 정직 성실하게 일하는 것이야말로 나라와 민족을 위하는 길이라고 강조했습니다. 독립운동을 한다면서 스캔들에 연루되지 않은 경우가 쉽지 않았지만, 선생님에게서 그런 것을 전혀 발견할 수 없는 것은 바로 몸에 밴 정직, 성실 때문이었습니다. 그러기에 해외동포들은 선생님을 믿고 따랐습니다. 임시정부를 조직, 운영하는 데 소요된 막대한 경비가 선생님을 통해 조달된 것은 선생님의 그런 정직, 성실을 믿었기 때문입니다.

선생님께서는 독립운동이 이념과 투쟁만으로 되는 것이 아님을 간파했습니다. 독립의 기반이 경제력에 기초해야 함을 지실하고 실업운동에 늘 앞장섰습니다. 신민회 시절, 평양의 마산동 자기회사를 설립하셨고, 미주의 북미실업주식회사, 상해의 대생大生철공장, 소비조합운동인 공평합작사公平合作社 등도 선생님이 동지들과 뜻을 모아 일으켰습니다. 또 독립운동의 근거를 마련하기 위해 농토 개발과 이상촌을 구상했으며, 자본 축적을 위해 '동맹저축'을 장려하여 그것으로 사업을 일으키기도 했습니다.

오늘날 우리나라도 점차 다민족사회로 변화해가는 상황에서 일찍이 다민족사회에서 지혜를 발휘한 선생님을 기억해내지 않을 수 없습니다. 종족혈통과 문화전통, 신앙사상과 생활습관에 관계없이 모든 인류가 좀 더 평화롭고 풍요로운 삶을 영위하자는 것이 다문화사회를 살아가는 인류의 소망이기도 합니다. 선생님은 일찍이 다문화사회를 경험하면서 민족 간의 협동과 평화를 이룩하는 데 깊은 관심을 기울였습니다. 그때는 우리 민족이 미국이라는 다문화사회에서 적응하도록 하기 위한 뜻도 없지 않았을 것입니다. 오늘날 우리가 동남아지역의 많은 민족을 포용해야 하는 상황에서 다문화사회 건설에 앞장서셨던 선생님의 그 뜻을 헤아리게 됩니다. 이것은 또한 민족 간의 차별

성을 극복하고 세계의 평화를 열어가려는 선생님의 뜻이기도
합니다.

선생님, 정직과 성실, 공정과 인애, 민주와 민족이 폄훼되는
시대상황에서 한 세기나 앞서서 뒷세대의 귀감으로 살아가신
선생님을 흠모합니다. 도산공원 선생님의 묘소 옆에 서 있는 비
문의 마지막 절을 소개함으로 제 편지를 끝내려 합니다.

정직 성실은 선생의 인품이요, 극기 절제는 선생의 실천이다. 솔선수
범 지행합일은 스승 됨을 보임이요, 애기애타愛己愛他 파당초월은 가르
침으로 살아 있다. 민족운동에 이념과 방략을 제시하고, 조직과 인물
을 설계하며 민족·정치·경제·교육의 평등을 주장했으니, 그 요체는
대공주의요 해방 전후의 건국강령과 민주공화국은 그 열매다. 독립투
쟁에 인간주의를 불어넣고 개인과 민족, 나라와 세계의 접목을 꾀하
며 활동영역을 중국 관내 만주, 러시아, 북미, 하와이, 멕시코, 호주, 필
리핀까지 포괄했으니, 선생은 나라 경계를 넘어 온 누리에 지금도 우
뚝 서 있다.

_ 2012. 3. 7.

오직 너희 말은 옳다 옳다, 아니라 아니라 하라

마 5:37, 눅 12:54-57, 렘 5:30-31(마 16:3 참조)

오랜만에 새길교회 여러 식구들을 뵙게 되어 기쁩니다. 제게 초청을 통고해주신 정경일 박사는 새길교회가 오늘을 종교개혁기념주일로 지키고 있다는 점을 상기시켜주셔서, 저로서는 퍽 부담스럽게 생각하고 이 자리에 섰습니다.

오늘 말씀의 제목은 마태복음 5장 37절에서 언급한 "오직 너희 말은 옳은 것은 '옳다' 하고, 아닌 것은 '아니라' 하라"는 말입니다. NIV 번역은 "단순하게 '예'는 '예'라 하고, '아니오'는 '아니오'라 하라"고 했습니다. 이와 비슷한 말씀이 야고보서에도 있습니다. "너희가 그렇다고 생각하는 것을 그렇다 하고 아니라고 생각하는 것은 아니라 하여 정죄받음을 면하라"(5:12)고 했습니다. 마태복음의 이 말씀의 배경은 맹서와 관련된 부분에서 언급되고 있습니다만, 누가복음 12장 54-57절에서는 "너희가 천지의 기상은 분간할 줄 알면서 어찌 이 시대는 분간하지 못하느냐, 또 어찌하여 옳은 것을 스스로 판단하지 아니하느냐"고 말하고 있습니다. 누가복음은 마태복음과는 달리, 시대를 분간하라는 당부를 옳은 것을 스스로 판단하는 문제와 연관시키고 있습니다. 옳고 그른 문제를 시대적 이슈와 관련시키고 있다는 말씀입니다. 자기 시대 인간 사회의 인문사회적 현상과 관련하여 시대를 분간하라는 뜻입니다. 누가복음의 이 말씀은 마태복음 16장 2-4절에서도 비슷하게 보입니다. "너희가 날씨는 분별할 줄 알면서 시대의 표적은 분별할 수 없느냐"고 한 말씀입니다. 여기서도 기후는 분별할 줄 알면서도 시대의 움직임과 표적은 분별할 줄 모르느냐고 질타하고 있습니다. 누가복음의 말씀이나 마태복음의 말씀은 다 같이 자기 시대를 직시해보라는 말씀으로 이해합니다.

자기 시대를 통찰하고 판단하라는 예수님의 당부의 말씀은 유대가 어떤 정치·사회적 배경하에 있을 때 주어졌을까요? 당시 유대 민족은 지역에 따라 에돔 족속인 헤롯왕과 로마 총독인 빌라도의 이중적·복합적 식민지배를 받았습니다. 이때는 유대 민족이 종교적으로는 야훼 신앙을 잃지 않았습니다만, 정치·사회적으로는 로마 치하의 엄혹한 시대였습니다. 때를 의식하라는 예수님의 말씀은 자기 시대의 식민지적 상황에 냉철한 통찰력을 가지라는 당부로도 이해할 수 있습니다. 그동안 정교분리를 강조받아온 한국 그리스도인들에게는 이런 설명이 부담스러울 수 있습니다. 그런 의미에서, 이 말씀은 자기 시대의 상황을 외면하는 것이 그리스도인인 양 자기 변명적 태도를 취해온 이들에게, 다시 자기를 점검하게 하는 말씀일 수도 있습니다. 이 말씀은 또, 진영논리에 서지 않을 수 없는 현실적 여건 때문에 자기 시대에 대한 통찰과 판단을 유보하고 있는 이들에게도 역사의식을 분명히 가지라고 권고하면서, 그리스도인의 시대적 책임을 묻는 질문으로 확대 해석해볼 수도 있습니다. 따라서 이 말씀은 우리에게, 그리스도인이 사회현실에 관여할 수 있느냐 없느냐 하는 해묵은 논쟁도 더 이상 쟁점이 될 수 없음을 상기시켜줍니다. 우리는 얼마나 오랫동안 이런 해묵은 논쟁 때문에 스스로의 행동을 제약해왔고, 행동하지 않는 지성의 나약함을 시대와 역사 앞에서 변명하거나 합리화해왔습니까? 이 말씀은, 용기가 없어 사회문제에 대한 발언을 외면해왔던 우리들의 나약한 자세가 더 이상 정당화될 수 없음도 적나라하게 폭로하고 있습니다.

오늘 저는, 누가복음의 '시대를 분간하라'는 말씀이나 마태복음의 '시대의 표적을 분별하라'는 말씀을, 마태복음 5장 37절의 '옳은 것은 옳다 하고, 아닌 것은 아니라 하라'는 말씀과 연관시켜 살펴보려고 합니다. 이와 함께 예레미야 5장을 통하여, 자기 시대를 통찰한 예언자 예레미야를 같이 등장시켜보겠습니다.

예레미야는 대략 주전 650년경에 태어나, 유다가 여러 차례 바빌론에 포로로 잡혀갈 때, 그 마지막 포로시기인 주전 586년

경까지 예언자로 활동했던 눈물의 선지자로 알려져 있습니다. 그는 느부갓네살 왕이 이끄는 바빌론 군대가 침입해 왔을 때, 민족주의자들과는 달리, 하나님의 명령을 받아 자기 민족에게 항복하라고 권유했던 예언자이기도 합니다. 그는 자기 민족의 존망을 두고 심각하게 고민했습니다. 5장 1절입니다.

너희는 예루살렘 거리로 빨리 다니며 그 넓은 거리에서 찾아보고 알라 너희가 만일 정의를 행하며 진리를 구하는 자를 한 사람이라도 찾으면 내가 이 성읍을 용서하리라.

이는 국방의 요체가 군사력이 아니라 정의와 진리에 있음을 천명한 것입니다. 바빌론 군대의 침략 앞에서 이 말이 먹힐 리가 없었지만, 그는 하나님의 뜻을 5장 30절과 31절을 통해 계속 선포했습니다.

이 땅에 무섭고 놀라운 일이 있도다. 선지자들은 거짓을 예언하며 제사장들은 자기 권력으로 다스리며 내 백성은 그것을 좋게 여기니 마지막에는 너희가 어찌하려느냐.

예레미야의 외침이 어찌 그 시대를 두고서만 적용되겠습니까? 그 외침을 오늘 서울 도성과 우리 사회에 확대시켜 볼 수도 있지 않겠습니까? 31절에서 선지자와 제사장이 거론되었다고 해서 꼭 종교인들에게만 적용하라는 말씀은 아닐 것입니다. 이 땅에 선지자적 역할을 하는 언론인과 지성인들도 이 범주에 속할 것입니다. 거짓을 예언하는 선지자들이란, 진리와 정의 대신 물신숭배를 강조하는 종교인들도 여기에 속할 것이고, 조직적으로 여론을 왜곡하는 언론인과 지성인들도 여기에 속할 것입니다. 대한민국이 세계 12대 경제강국으로 발전했다고 열창하면서도 이 나라의 자살률이 세계 1위라는 사실을 외면하고 있다면 그 또한 거짓 예언자들일 것입니다. 이 땅의 경륜가들과 지식인들, 목사를 비롯한 종교인들이 귀중한 생명을 자살로 몰아가는 구조적 사회악에 대해서는 일언반구도 언급하지 않으면서, 생명 외경에 대한 개인적 책임만 강조하고 있다면 그 또한 거짓 선지자들이 아니고 무엇이겠습니까? 이는 구조악에 대해서 침묵을 지키면서 개인윤리와 책임만 강조하는 것으로서, 이 또한 거짓 예언자가 아니고 무엇이겠습니까?

민족 공동체에 용서와 화해, 희생과 평화의 존재로 부각되어야 할 목회자들이 거짓 복음으로 갈등을 부채질하고, 이 땅에 권력자들이 봉사와 희생을 앞세우는 공복으로서가 아니라 백성을 짓누르는 압제자로 등장한 것이 오늘의 세태가 아니겠습니까? "이 땅의 통치 권력과 경제 권력, 언론 권력 심지어는 대학 교수들까지 주류 권력 세력으로 등장하면서 이 사회를 자신들의 입맛에 맞게 끌어가고 있습니다. 우리 사회는 과연 5프로를 위해 95프로가 자신들도 모르게 희생을 당한 사회입니다." 이

것이야말로 예레미야가 통탄한 '자기 권력으로 다스리는' 주류 사회의 횡포가 아니겠습니까?

더 큰 문제가 있습니다. 그런 거짓 종교인들과 권력자에게 백성들이 환호하며 지지를 보내고 있다는 것입니다. 현혹하는 말인 줄 알면서도 복을 강조하기만 하면, 그런 거짓 종교인을 환호하는 것이 오늘의 세태입니다. 진실을 은폐하고 공약을 파기해도 지지를 철회하지 않는 것이 오늘의 민중들입니다. 이게 예레미야 당시의 현실이자 오늘의 한국의 현실입니다. 그런 상황에서 책임져야 할 주체들을 무책임하게 내버려두거나 심지어는 용서하는 기괴한 자기모순에 빠지고 맙니다. 국민들이 그들의 거짓 예언과 권력 횡포를 좋게 여기는 것은 그들 편에 서야 떡고물이라도 떨어지지 않겠는가 하고 기대하기 때문일 것입니다. 그러자니 악한 자들의 손을 들어주고 그들의 감언이설에 박수를 보내고 있습니다. 선거 때마다 그런 현상이 나타나고 여론조사 때마다 그런 결과가 나오는 것은 떡고물과 감언이설이 얼마나 영향력이 있는가를 보여주는 것입니다. 하나님께서 탄식하십니다. "그러니 마지막에는 너희가 어찌하려느냐?"

이런 점들을 염두에 두고 한국 사회와 교회를 다시 돌아보게 됩니다. 종교인들이나 지성인들은 옳고 그른 것을 밝혀야 할 시대적 책임을 진 사람들입니다. 그런데도 시비를 가리고 곡직을 밝혀야 할 시점에 지성인들은 침묵의 행렬에 자기 몸을 던지고 있습니다. 이는 왜곡 못지않은 병리현상입니다. 이런 사회적 분위기는 시비곡직을 분명히 하는 것보다는 적당한 선에 머물게 하는 보신주의로 나아가게 합니다. 옳은 것을 옳다 하고 그른 것은 그르다고 정직하게 외치는 것을 두려워하는 세태로 변해 가고 있습니다. 지성인들의 벙어리 현상은 이 땅에 귀머거리 대중들을 양산하는 결과를 가져왔고, '예'를 '예'라 하지 못하고, '아니오'를 '아니오'라고 말 못하는 현상은 급기야 우리 사회에 거대한 '침묵의 카르텔'을 형성했습니다. 사회 분위기가 이렇게 변하면 공동체적 가치가 붕괴될 것은 뻔합니다. "생각하는 백성이라야 산다"고 함석헌이 1950년대 이승만의 시대를 향해 외쳤던 것이 바로 지금의 현상과 같은 것이 아니었겠습니까? 예레미야는 이런 현상을 두고 "이 땅에 무섭고 놀라운 일이 있다"고 했고 "마지막에는 너희가 어찌하려느냐?"고 경고했습니다.

우리는 몇 년 전 한 교육부 장관의 인사청문회를 보았습니다. 그 뒤 이 정권하의 여러 장관들의 인사청문회에서도 같은 현상을 보았습니다. 그것은 5·16이 군사쿠데타냐 아니냐를 대답하라는 것이었습니다. 그 장관 후보자들은 5·16쿠데타에 대해서 '예', '아니오'를 분명히 하지 못했습니다. 지금 새누리당으로 전통이 내려온 김영삼 정권이 이미 5·16은 군사쿠데타라고 정리했고 그에 따라 교과서에 명기하기까지 했고, 그 교과서로 학생들이 배우고 있습니다. 그럼에도 그 교과서 편찬의 수장인 교육부 장관이 그런 내용을 시인하는 데 주저했습니다. 윗선의 눈치가 진실을 말하는 것보다 더 두려웠던 것입니다. 진실을 말할 용기가 없는 분들이 진실에 입각한 정책을 수행하는 것이 과연 가능하겠습니까?

지난 대선에서 개표에 부정의혹이 있다는 것이 전문가들에 의해서 지적되고 있습니다. 전산개표기를 사용함으로써 그걸 사용해서는 안 된다는 선거법을 어겼습니다. 개표의 주 수단이 되어야 할 수개표가 거의 이뤄지지 않았습니다. 이것은 선거무효에 해당한다는 것입니다. 이를 알고 작년 1월 4일에 유권자들이 선거소송인단을 꾸려 소송을 제기했습니다. 그러나 대법원은 선거법상 재판개시 의무기일인 6개월이 1년 반이 지났는데도 아직도 재판기일조차 잡지 않고 있습니다. 뜻있는 분들이 개표상황표에 근거해 수개표가 이루어지지 않은 것을 발견하여 지역 선관위들을 고발해도 검찰은 불기소 처분을 내리기에 바빴습니다. 그럼에도 정치권과 언론은 침묵의 대연대를 형성하고 있습니다. '시대의 표적을 분별하라'고 하고, 옳은 것은 '옳다' 하고, 아닌 것은 '아니라'고 말하라는 예수님의 말씀은 여기에는 해당되지 않을까요? 그렇지 않다면 그리스도인들은 왜 이런 문제에 대해서 예, 아니오를 말하지 않고 침묵을 지켜야 합니까?

우리는 세월호 사건을 통해 시대를 분별하는 지혜와 '예', '아니오'를 분명히 해야 하는 시험대를 만나게 되었습니다. 이 사건은 나라가 국민을 구하지 못한 대표적인 사례로 역사에 기록될 것입니다. 또 이 나라가 총체적 비리사회라는 것도 만천하에 입증시켜주었고, 나라가 국민을 보호하지 못할 때에 일어나는 비극적인 현상도 똑똑히 보여주었습니다. 그럼에도 책임을 지지 않고 뻔뻔스럽게 진실과 책임을 묻어버리려고 하는 것은 국민을 분노케 합니다. 이 사건은 이 땅에 기괴하고 놀라운 일을 속속 폭로하고 있습니다. 목사들, 종교인들, 언론종사자들, 지식인들이 거짓 예언에 동원되고 있다는 것입니다. 그러기에 예레미야의 울부짖음처럼 우리도 지금 최후를 향해 달려가고 있는지도 모릅니다.

최근 대통령에 대한 모욕을 빙자하여 SNS에 가하고 있는 검열 현상은 민중의 입을 틀어막고자 하는 이 정권의 의도를 그대로 보여주고 있습니다. 7시간은 베일에 가려둔 채 민중들의 호기심과 비판을 틀어막기 위해 그 많은 예산 탕진해가면서 검경을 동원하는 것이 온당한 것입니까? 북의 체제를 비판하기 위해 삐라를 살포하는 것은 언론의 자유에 해당하는 것이고, 남쪽의 집권세력을 비판하는 것은 언론자유에서 제외하는 것이 과연 그들이 목메어 부르짖는 '자유민주주의'인지 묻고 싶습니다. 그것뿐입니까? 지난번 〈천안함 프로젝트〉라는 영화와 최근에 세월호 문제를 다룬 영화 〈다이빙벨〉의 상영을 둘러싸고 나타난 갈등은 진실에 대한 접근이나 소통을 방해하는 세력이 누구인지를 보여주고 있습니다. 진실에 접근하려는 의식이 의심으로부터 시작된다면, 강요받는 침묵은 소통과 진실 접근을 가로막고 있습니다. 이런 때에 예수님은 우리에게 어찌 이 시대를 분간하지 못하느냐, 왜 이 시대의 표적은 분별할 수 없느냐고 묻고 있습니다. 옳고 그른 것을 스스로 판단하라고 말하고 있습니다.

옳은 것을 옳다고 용기 있게 소리 내지 못하는 세태가 되고 보니, 옳다는 확신은 점차 사라지고 의도적인 회의론자들이 증가하고 있습니다. 오늘날의 세태가 그렇습니다. 또 옳다는 신념에 따라 행동하는 것이 힘을 받지 못하고 동력도 잃어버리고 맙니다. 옳다는 사람들이 회의에 빠지게 되고 옳다는 신념하에 용기 있게 행동해야 할 사람들이 힘을 잃어버리게 되면, 그 결과는 어떻게 되겠습니까? 그 반대로 그른 것에 대해서도 '아니오'라고 말하지 못하게 됩니다. 그렇게 되니 '아니오'라는 판단에 의해 거부, 청산되어야 할 사회적 병리현상들이 종식되지 않고 오히려 더 기승을 부리고 있습니다. 이게 오늘의 현실입니다.

엊그제 언론에 발표된 전작권 문제를 보면서 우리 민족의 앞날이 어떻게 될 것인지 크게 염려하지 않을 수 없었습니다. 먼저, 교회가 이런 문제에 관심을 갖는 것이 잘못일까요? 아닙니다. 이 문제는 국방주권을 다른 나라에 갖다 바친 것이나 다름없습니다. 옛날에는 그들이 와서 우리의 주권을 강제로 빼앗아 갔습니다. 그러나 이번에는 자진 상납한 꼴이나 다름없습니다. 을사늑약 당시 총칼 앞에서 외교권이 강탈당할 때 협조했다 하여 '을사오적'이니 '정미칠적'이니 하고 있는데 그런 관점에서 본다면 이번 사건을 어떻게 봐야 하겠습니까? 국방주권을 국민의 동의 없이 그렇게 처리하는 것이 가능한 일일까요? 또 국방비를 북한의 33배(2012년)를 쓰고서도 전시작전권을 갖지 못한다면, 언제쯤이면 전작권 확보를 통해 국방주권을 되찾을 수 있을까, 이런 착잡한 생각을 갖게 합니다. 더 중요한 것은 이번 조치가 결코 민족의 화해와 통일을 염두에 둔 조치일 수 없다는 것입니다.

옳은 것을 그르다 하고, 그른 것을 옳다고 주장하는 그릇된 판단들이 난무하는 세상을 보면서 구약성경 열왕기상 22장에 보이는 미가야 선지자를 생각하게 되었습니다. 아합 왕 앞에 선 400명의 선지자들은 아람과의 전쟁에서 한목소리로 이스라엘의 승리를 장담했습니다. 그러나 한 사람 미가야는 그들과 대척점에 섰습니다. 그의 예언자적 지성은, 400명의 가짜 선지자들과 같이 아합 왕의 승리를 열창한 것이 아니라 왕의 죽음과 이스라엘 백성의 유리방황을 내다봤습니다. 미가야는 더 구체적인 하나님의 뜻을 전합니다. 하나님이 이스라엘에 거짓된 영을 퍼뜨려 소위 선지자들이라는 사람들이 거짓을 말하도록 했다는 것입니다. 이스라엘 선지자들의 예언은 이렇게 하늘에서 내려 보낸 거짓 영들에 의해서 조성되었다는 것입니다. 잘못된 판단과 정책이 '선지자'들에 의해서 얼마든지 지지받을 수 있다는 사례를 보여줍니다. 400 대 1의 미가야 선지자는 이 시대의 거대한 사이비언론 권력 앞에 선 정론의 고군분투와 다르지 않습니다. 예언자적 지성이 한국 그리스도인들로부터 나오지 않으면 안 되는 이유입니다.

한국 교회는 어떻습니까? 세습 등 교회의 사유화 현상은 입에 올리기도 싫습니다. 그런데도 많은 목회자들은 이 같은 현상에 대해 '아니오'라는 분명한 입장을 개진하지 않고 눈치를 보고 있습니다. 돈과 물질을 우상화하는 행태의 귀결점이 교회의 사유화 현상으로 나타난 것이 아니겠습니까? 사유화 현상 못지않게 한국 교회는 윤리 부재로 몸살을 앓고 있습니다. 이것은 부와 쾌락을 우상화하는 과정에서 나타난 현상입니다. 이것은 하나님께서 이스라엘 백성에게 제거하라고 명령한 바알과 아세라를 교회 안에 끌어들여 즐기는 현상입니다. 한국 교회는 비난과 저주의 대상이 되었습니다. 거기에다 논문 표절 사건이 터졌습니다. 어찌 표절 사건이 그것뿐이겠습니까? 표절 사건 못지않게 우려되는 것은 이 표절 사건을 감싸고 변호하는 신학 교수들의 태도와 이를 무감각하게 받아들이는 한국 교회입니다. 신학 교수들이 이를 감싸는 것은 영성의 마비를 의미합니다.

한국 교회가 큰 죄를 범해도 회개를 외치지 않는 배경에는 집단이기주의와 진영논리가 한몫을 하고 있는 것은 아닐까요? 우리 사회를 황폐화시키고 있는 지역패권주의에서 한국 교회는 떳떳합니까? 내 편이면 눈감아버리는 한국 사회의 집단패권주의가 교회를 함몰시키고 있습니다. 한국 교회는 진리의 빛을 따라 집단이기주의의 덫을 거두어내는 데 앞장서야 합니다. 우리까지 그런 악마적 집단이기주의에서 벗어나지 못하면 한국의 미래는 참담할 수밖에 없습니다. 집단이기주의는 패거리 진영논리를 만들어냅니다. 파스칼의 《팡세》에는 '강 이편과 강 저편'이라는 '진영논리'가 나옵니다. 강 이편에 있기 때문에 강 저편을 대적하지 않으면 안 된다는 것입니다. 강 이편과 저편은 바로 혈연이나 지연, 학연, 또 이해관계에 의해 편가름 될 수도 있습니다. 가장 큰 영향력을 미치는 것이 이해관계라는 진영입니다. 진영논리에 서게 되면 자기 앞에 옳은 것이 보여도 옳다고 하지 않습니다. 우리가 지금 이 시대를 제대로 분간할 수 없고, 시대의 표적을 분별할 수 없다면 우리가 진영논리에 서 있지 않은가를 스스로 물어야 합니다.

진리에 대한 강한 신념은, 바른 것과 그릇된 것을 분간하게 만들고, 현실적이냐 비현실적이냐보다는 정도正道냐 사도邪道냐에 의해서 행동하게 합니다. 평생을 조국의 독립과 통일 운동에 몸바친 백범 김구는 해방 후 그의 통일평화운동이 비현실적이라는 비판을 받았을 때 이렇게 말했습니다. "우리는 현실적이냐 비현실적이냐가 문제가 아니라 그것이 정도냐 사도냐가 생명이라는 것을 명기하여야 한다. 비록 구절양장九折羊腸일지라도 그 길이 정도라면 그 길을 택하여야 하는 것이요, 우리가 망명 생활을 30여 년간이나 한 것도 가장 비현실적인 길인 줄 알면서도 민족 지상명령이기 때문에 그 길을 택한 것이다." 시대를 분간하고 이 시대의 표적을 분별하라는 말씀은 현실적이냐 비현실적이냐가 판단의 기준이 될 수 없습니다.

한국 교회가 '예'와 '아니오'를 분명히 하고 자기 신념을 행동화하면서 거기에 생명을 걸어본 적이 있을까요? 있습니다. 신사참배 반대투쟁 때와 1960-70년대의 인권·민주화운동 때입니다. 특히 군사정권하에서는 소수의 크리스천만이 반인권·반민주에 침묵하지 않고 '아니오'를 외치며 저항했습니다. 그것이 우리가 오늘날 누리는 인권과 민주화를 가져왔습니다. 그러나 지금은 한국 교회의 그 같은 전통은 사라져버렸습니다. 오늘날 한국 교회는 '아니오'의 열매로 주어진 인권과 민주화를 누리기는 하지만 더 이상 '아니오'를 외치지 않습니다. 오히려 보수화된 체질로 역사의 진전을 가로막고 있습니다. 특히 교회의 시장화는 한국 그리스도교의 '아니오'의 전통을 갉아먹으면서, 하나님나라의 진전마저 가로막고 있습니다.

마가복음 8장 18절에서는 "너희가 눈이 있어도 보지 못하며 귀가 있어도 듣지 못하느냐 또 기억하지 못하느냐"라고 합니다. 예수님은 우리에게, 이 시대의 상황을 보지도 못하고 이 시대의 울부짖는 소리를 듣지도 못하며, 또 과거 암울한 시대와 폭력적이고 사악한 정권의 오만 횡포를 기억하지 못하느냐고 준엄하게 따지고 있습니다. 그 말씀에 귀를 기울여야 합니다.

우리 신앙인들은 어쩌면 바알의 선지자 450명과 아세라의 선지자 400명을 상대로 갈멜산에 나아간 엘리야와 같은 심정으로 오늘을 바라보아야 합니다. 엘리야는, 아합과 이세벨 치하에서 이쪽저쪽 눈치를 보며 어느 편이 이익이 되는가, 어느 것이 현실적인가 주판알을 굴리는 백성을 향해, '여호와냐 바알이냐' 선택하라고 결단을 촉구했습니다. 그러나 눈치 보기에 익숙한 백성들은 한마디도 대답하지 않았습니다. 그들의 침묵은 여호와 하나님을 물질적 풍요를 담보해주는 바알신과 세속적 향락을 약속해주는 아세라신과 동등하게 생각한 데서 나온 것입니다. 엘리야와 같이 이 침묵을 깨고 나갈 책임이 그리스도인들에게 주어져 있습니다.

그러기 위해서는 날마다 십자가 앞에서 죽어야 합니다. 내 속에서 그리스도가 날마다 살아나고 나를 쳐서 십자가 앞에 복종하는 삶이 되지 않으면 안 됩니다. 기도와 말씀, 시대를 보는 예지와 판단으로 무장하지 않으면 이 거대하고 사악한 세속적 권력을 분간하지도, 이기지도 못합니다. 열두 정탐꾼 중에서도 유독 여호수아와 갈렙만이 나머지 열 사람의 정세 판단에 반대하면서 하나님이 약속하신 땅으로 들어가 싸울 것을 주장했습니다. 그것은 그들 속에 하나님의 영이 주시는 용기와 비전을 가졌기 때문입니다. 베틀채 같은 무기를 가진 가나안 사람들 앞에 자기들은 메뚜기와 같은 존재일 수밖에 없다고 생각했지만, 두 사람은 하나님이 주시는 용기와 이스라엘 민족을 향한 비전을 내다봤습니다. 비전은 용기를 갖게 합니다. 골리앗 앞에 선 다윗이 승리하리라고 누가 생각했겠습니까? 그러나 하나님이 함께하시면 승리할 수 있습니다. 이런 용기와 확신이 오늘 이 세대를 분별해야 하는 우리 신앙인들에게 필요합니다.

 '예'와 '아니오'는 그 나름대로 역사를 발전, 변화시킨 강력한 두 동력입니다. 옳은 것에 대한 확신 '예'는 강력한 힘을 축적하여 역사를 발전시키는 동력이 되었습니다. 이번 교종(교황)의 방한 때에 그도 말했습니다. 옳음에 대해서는 강력하게 '예'라고 말할 수 있는 용기를 달라고 했습니다. 그릇된 것에 대한 결연한 '아니오' 또한 역사에서 변화와 개혁을 가져왔습니다. 세계사에 나타나는 각종 형태의 혁명은 바로 이 '아니오'를 동력화한 결과입니다. 프랑스혁명을 포함한 서양의 혁명이나 우리나라의 동학혁명을 비롯한 3·1혁명, 4월 혁명, 6월 혁명은 이 '아니오'의 산물입니다. 불의한 현상에 대한 변화와 개혁은 '아니오'에서부터 시작합니다. 따라서 적시에 주어지는 '예'와 '아니오'는 역사를 변화, 발전시키는 두 동력입니다.

 며칠 있으면 종교개혁 497주년을 맞습니다. 마르틴 루터가 부르짖은 'Nein(아니오)', 이 한마디가 교회사는 물론 세계사를 변혁하는 위대한 시작을 알렸습니다. 우리도 이 시대를 향해서 '예'와 '아니오'를 분명히 함으로 그런 위대한 역사를 창조할 수 있도록, 기도와 말씀으로 날마다 우리의 영성을 새롭게 했으면 합니다.

_2014. 10. 26.

내가 만난 이만열 교수

이이화(역사학자, 전 역사문제연구소 소장)

1970년대에 우리 젊은이들은 방황하고 있었다. 이른바 유신정권이 숨통을 조이는 암흑의 시대였다. 나는 용기가 없어 민주화 운동에 직접 나서지는 못했지만 나름대로 분노하기도 하고 비통해 하기도 하였다. 그런 속에서 나는 몇 편의 논문 발표회를 갖기도 하고 이를 〈한국사연구〉 등에 게재하기도 하였다. 고전 번역을 하는 민족문화추진회에서 근무하다가 서울대 도서관 규장각실에서 해제위원으로 해제집 편집의 일을 맡게 되었다.

이렇게 지낼 적에 몇 분의 선배와 동료를 만났다. 김용섭·성대경·강만길·정창렬·정석종·이만열 교수 등이었다. 나는 이분들과 발표회의 뒤풀이 자리에서 만나거나 무슨 행사나 모임 자리에서 만나 격려를 받기도 하고 세상 돌아가는 얘기도 엿들었다. 나는 촌닭처럼 곁불을 쬐면서 듣기만 했다. 이만열 교수는 규장각에 가끔 들러 인사를 나누었는데 외톨이인 나를 보고 반갑게 대해주었다. 그 무렵에 나는 이만열 교수와는 만나서 대화를 하기보다 글을 통해 잘 알고 있었다. 이 교수는 그즈음 대중을 위한 삼국시대사 관련 책을 낸 적이 있는데, 이 책을 열심히 읽고 그 관점이 신선하다는 찬사를 아끼지 않았다. 이 책이 나올 적에는 한국 고대사 저술이 거의 보잘것없어서 읽을 만한 책이 없었다. 이렇게 교우관계로 이어졌다.

이 무렵 역사학계에 하나의 사건이 있었다. 1979년 유신 막바지에 이른바 크리스챤아카데미사건이 벌어졌는데 소장교수인 정창렬 교수가 여기에 연루되었다. 물론 조작으로 이루어진 사건이었지만 정창렬 교수를 용공이적으로 몰았던 것이다. 이만열 교수는 정 교수의 구명운동에 나섰고 생계를 돕는 모금에도 열의를 보였다. 그 뒤 이 교수는 이런 일에 빠지지 않고 서슴없이 나섰다. 그때로서는 용기 있는 행동이었다.

전두환이 등장하여 민주인사를 탄압할 때, 이 교수 자신도 몇몇 국사학자들과 함께 이들 신군부에 의해 4년간 교수직에서 쫓겨나기도 했다. 세상 물정 모르는 교수나 학자가 뭘로 생계를 꾸리겠는가? 그 뒤 여느 사람 같으면 기가 꺾였을 법도 하지만 결코 지조를 굽히지 않고 살아왔다.

그 뒤 이만열 교수는 교직에 충실하면서 기독교 관련의 일에 열중하였다. 한국기독교역사연구소를 발족시키고 소장을 맡아보고 있었다. 이 무렵부터 그는 한국 기독교의 역사를 학구적으로 연구하면서 보수 기독교의 반성을 촉구하고 세속화를 경고하였다. 또 사회를 향해서는 더불어 사는 공동체 삶을 줄기차게 주장하였다. 나는 그동안 동학농민혁명 발발 100주년을 전후로 해서 후배들을 데리고 자료의 조사 발굴과 기념사업을 펼치는 일에 힘을 쏟고 있었다. 이 활동은 역사운동이지 동학이라는 종교와는 단연코 거리를 두고 있었다.

이만열 교수는 개신교 신자이기는 하나 신앙운동을 한 게 아니라 새로운 기독교 개혁운동 또는 종교인으로서 모순의 현실을 외면하지 않는 참 신앙인이 되어야 한다는 사명감을 지니고 있다고 판단되었다. 특히 유신체제와 신군부의 반역사적 행태에 대해 역사학자로서 물러섬이 없이 저항한 것으로 알고 있었다. 그런 의미에서 나는 그의 의식과 활동을 전폭적으로 지지하고 동의하였다.

나는 1996년부터 한국통사를 쓰기 위해 산골로 들어가거나 집에서 칩거하면서 집필에 열중하였다. 그래서 사회활동을 자제하였다. 이럴 적에 이만열 교수는 역사학자로서 주요한 업적을 남겼다. 한국 기독교 역사를 정리하고 새롭게 해석하면서 한국사 사관에 대한 문제를 짚기도 하였으며 신채호, 박은식 등 민족사학들의 이론과 주장을 쉽게 풀어 대중과 전공학자들에게 전달해주고 있었다. 나는 틈틈이 이들 저술을 읽고 인용하기도 했다.

그가 국사편찬위원회(국편) 위원장으로 재직할 적에는 나도 간간이 국편에서 주관하는 강의에 나갔다. 국편은 그동안 정권에 영합한다거나 고리타분하다는 꾸지람이 더러 있었는데 그가 책임자로 있으면서 새로운 바람을 불러 일으켰다는 평가를 받았다. 그래서 나도 즐거운 마음으로 강의에 나갔던 것이다. 그는 이런 일을 하면서도 남북관계에도 관심을 기울여 서로의 나눔이라든가, 진지한 대화를 위하는 일에 열중하기도 하고 관심을 환기시키기도 하였다. 내가 감히 말하건대 역대 국편위원장으로서 가장 민주의식을 가지고 민주가치에 충실했다고 생각된다.

더욱이 이 교수는 민족문제연구소에서 《친일인명사전》을 만들기 시작했을 때 초대 편찬위원장을 맡아 준비와 기초 작업을 이끌었다. 이 작업은 민족적 사업이라 말해도 모자라지 않을 것이다. 여기에 나도 지도위원으로 이름을 걸었다. 여러 방해공작이 이어졌는데 정부에서는 책정된 예산마저 지원해주지 않아 오마이뉴스와 공동으로 국민모금을 해서 추진할 지경이었다. 그는 온갖 훼방을 무릅쓰고 이 일을 추진해 마침내 완결을 지을 수 있었다. 그 무렵 중견 역사학자들은 이런 일의 책임을 맡지 않으려 하였지만 그는 이 작업을 서슴없이 맡아서 정지整地해주었던 것이다.

2004년 동학농민혁명명예회복특별법에 따라 문광부 산하에 동학농민혁명명예회복심의위원회가 발족되었다. 국무총리가 위원장을 맡아보는 특별 기구였다. 여기에 이만열 교수는 결정 및 등록심사분과위원장을 맡아 보았고 나는 명예회복추진분과위원장을 맡아 보았다. 이 일은 그동안 동학농민혁명을 '동학란'이라 하거나 그 지도자들을 반역으로 보는 역사관을 바로잡는 작업이었다. 이를 개인 연구 수준이 아니라 정부 또는 국가 기구에서 추진한 것이다. 이만열 교수는 여기에 흔쾌하게 참여해 많은 도움을 주었다. 그 무렵에도 기성학계의 원로들은 거의 이런 일을 외면하였던 것이다. 그가 기독교인이면서도 역사를 보는 눈이 넓기도 하고 시야가 열려 있다는 점은 이 한 가지 사례만 보아도 알 수 있겠다.

우리는 이 일을 맡아 보면서 심의위원회에서 주선해 해외 답사를 1주일쯤 다닌 적이 있었다. 그 답사 코스는 필리핀 일대와 싱가포르였다. 모처럼 이 교수와 나는 긴 시간을 가지고 대화할 수 있었다. 마닐라에서는 필리핀 국부로 추앙을 받는 호세 리잘을 추모하는 공원과 필리핀 식민지 시기에 세워진 성당, 관광지로 유명한 세부로 가서 마젤란이 세부 토착민과 전투를 하다가 죽은 유적지를 돌아보았다. 근대 시기, 약소국의 식민지 고통에 대해 새삼 기억을 떠올리게 된 답사였다. 관광지는 거의 돌아보지 않았다. 이어 싱가포르로 가서는 제2차 세계대전 당시 일본군과 영국군이 전투를 벌인 곳들을 둘러보았다.

이 교수는 우리 답사팀을 이끌면서 풍부한 지식을 동원해 학문적으로 도움을 주었다. 게다가 영어 안내판의 내용을 일러주기도 하였다. 그런데 나는 이 교수에게서 세 가지쯤 꼽을 수 있는 모습을 새롭게 보았다. 일요일이 걸쳐 있었는데 주일이라고 해서 자기 자신만 주일을 지키려 답사에 나서지 않고 호텔방에서 기도를 드리고 있었다. 또 여행 중인데도 하루도 빼놓지 않고 노트북에 일기를 썼다. 그 일기의 분량도, 아주 세세하게 써서 하루치가 원고지 분량으로 40장이나 50장 정도 된다고 한다. 예사 사람이 해낼 수 있는 일이 아닐 것이다.

또 한 가지, 술을 입에 대지 않고 일정을 마치고 저녁식사를 하고 나면 어김없이 자신의 방으로 들어갔다. 일기를 쓰려는 시간을 가지려 했을 것이다. 그러면서 나에게 맥주를 적당하게 마시라고 이르기도 하고, 내가 몰래 담배를 피워도 용케 냄새를 맡고 한마디씩 던졌다. 다른 젊은이들에게는 한마디 않으면서 나에게만 불쑥불쑥 주의 비슷한 당부를 던졌다. 나로서는 웃을 수밖에 없지 않은가? 이런 그의 모습을 그동안 몰랐던 바가 아니었지만 함께 다니면서 직접 보고 겪었으니 나에게 화젯거리가 생긴 셈이다. 저런 청교도 같은 모습을 하고 현실에서는 유연하게 살아가는 게 재미있기도 하고 신기하기도 했다.

나와 이 교수는 한길사가 제정한 단재상과 민족문제연구소에서 제정한 임종국상 심사를 오랫동안 같이 하면서 더 깊이 교제할 수 있었다. 두 상의 대상자를 고를 적에 자연스레 학술적·문화적 업적만이 아니라 민족운동 또는 민주화운동에 기여한 공로도 참작하게 되었다. 우리는 이런 점에 유의해 사심 없이 수상자를 골랐다. 이 일을 하면서 이 교수는 누구보다도 심사 자료를 꼼꼼하게 따져 견해를 밝혔다. 심사 자료를 건성으로 넘기는 적이 없었다. 그래서 상을 동호인끼리 서로 나누어 가진다는 꾸지람을 면할 수 있었을 뿐만 아니라 권위를 인정받았다고 자부한다. 우리는 늘 화기애애한 분위기에서 별로 견해 차이를 보이지 않고 동의를 이끌어냈다. 뜻을 같이하였기에 크게 견해 차이가 있을 수 없었다.

근래에 들어서도 이 교수의 활동은 노익장을 과시하면서 멈출 줄을 모른다. 세속화된 보수 기독교를 향해서는 철저한 반성을 촉구하면서 "기독교는 죽었다"고 외치고 있다. 그는 예수의 충실한 제자의 모습을 보여주고 있다. 단순한 청교도가 아니라 개혁운동가였다. 또 북한 정책에 대해서는, 더불어 살자는 생각에 따라 유연하게 대처해달라고 말한다. 그러면서 박근혜 정부의 잘못된 정책이나 행태를 서슴없이 질타하는 용기를 보이기도 한다. 뉴라이트 교과서 문제가 논란이 되었을 적에도 원로로서 앞장서서 문제를 조목조목 제기하고 바로잡아야 하는 당위성을 설득력 있게 설명한다.

오늘날에도 우리 사회의 모순과 파행을 지적하는 모임에는 빠지 않고 참여하고 민주질서를 역행하는 일을 보면 서슴없이 지적하고 나선다. 또 학술모임에서도 기조강연을 통해 후배들에게 방향을 제시해주기도 한다. 그리하여 지사의 모습과 행동인의 자세를 잃지 않고 살아가고 있다. 연구실에 앉아서 아카데미즘에 빠져 자위하는 학자가 아니다. 나는 친구로서 앞으로도 그가 노익장을 과시하면서 굽힘 없이 이대로 살아가기를 바라지만 대화 자리에서는 술을 몇 잔쯤 마시는 게 어떨지? 나처럼 멋대로 소음 공해를 일으키지는 않을 테니까….

빼놓아서는 안 될 말 한마디. 몇십 년에 걸쳐 쓴 일기는 공개하지 않을 것인가? 아마도 거기에는 우리 사회에서 벌어지는 온갖 일과 어느 개인의 신상 평가와 자신의 생각이 담겨 있을 것인데 엿보고 싶은 마음을 지울 수 없네. 내 얘기는 어떻게 썼을까? 꼭 죽고 난 뒤에 공개해야 하는지 궁금하다. 아마 원고지로 따지면 분량이 수만 장이 될 것 같은데 필요한 내용을 뽑아서라도 책을 내는 게 산 증언이 될 것 같기도 하다. 후학들에게 시대사를 알려준다는 의미가 있을 것이다.

마지막, 나도 지금 같이 늙어가고 있다. 이 글을 쓰면서 새삼 40년쯤의 우정을 돌아보니 여러모로 배울 것이 많은 친구였다고 서슴없이 말해본다. 조카들과도 1년에 한 번쯤 만나는 게 예사이고 어릴 적 그리운 동무들도 거의 만날 기회가 없는데 지금도 우리 두 사람은 자주 만나 대화를 나누고 있으니 아름답지 않은가? 우리는 모여 떠들면서도 출세를 말하거나 부동산 투기를 말하거나 자기도취에 빠지지 않고 그 나름대로 품위는 지키고 있으니 말이다.

더 늙어서도 그 신조를 잃지 말고 우리에게 시대의 거울이 되어주기를 바랄 뿐이다. 담배는 조만간 끊을 테니 접어주시고….

_ 2015. 1. 18.